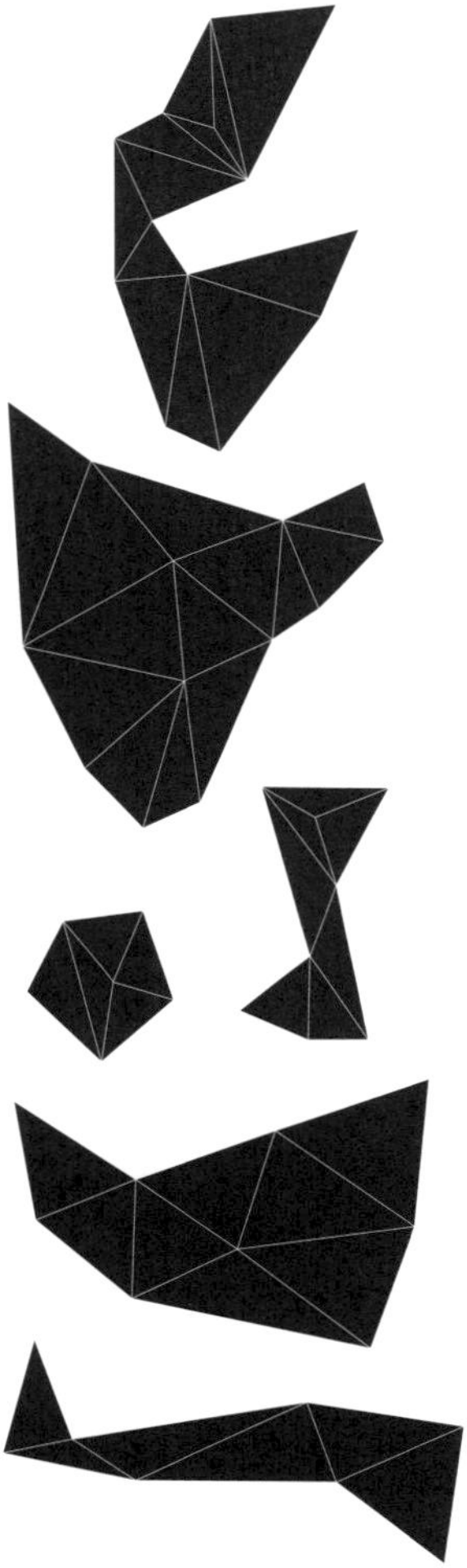

デジタル記号論

「視覚に従属する触覚」がひきよせるリアリティ

松本健太郎 著

新曜社

デジタル記号論——目次

第Ⅱ部 視覚と触覚の現代的な関係性を考える

装幀――荒川伸生

序章　デジタル時代の技術化されたイマジネーション

私たちは、指先でスマートフォンやタブレットの画面をつねに触知しつづける。あたかも、そうプログラムされた存在であるかのように、あまりにも自然に。タップ、フリック、スワイプ、ピンチイン、ピンチアウト——軽くふれたり、たたいたり、はじいたり、ひっぱったり。それこそさまざまなタッチジェスチャーを駆使しながら、つるつるとしたタッチパネルの表層を指先で触りつづける——繰り返し、反復的に。その種の触覚的操作は、もはや現代人の日常に馴染みすぎていて、ほとんどの場合、ことさらにそれを内省してみる機会すらないだろう。

それでは私たち現代人は、一日のうちどれほどの時間を、何かしらの映像を表象するポータブル端末との接触に費やしているのだろうか。博報堂DYメディアパートナーズ・メディア環境研究所の「メディア定点調査」(1)によると、二〇一八年時点のメディア総接触時間は過去最大の三九六・〇分だという——つまり日本人は一日のうち六時間半を超える時間を、メディアとの接触に費やしているわけである。そのうち最も割合がおおきいのはテレビとの接触で一四四分。他方で、二〇〇六年の調査開始以来、その割合を大幅に増大させているのが携帯電話・スマートフォンとの接触であり、二〇一八年の接触時間は一〇三・一分という結果である。これはあくまでも全世代の平均値であり、若い世代に限っていうならば、その種のポータブルデバイスとの接触時間はもっと長い(2)。

一日における生活時間の配分ということでいうと、ジョナサン・クレーリーは『24／7　眠らな

(1)　http://mekanken.com/cms/wp—content/uploads/2018/05/384db15f3ac2bacb5ef92d0951795c1.pdf（最終閲覧日：二〇一八年六月二一日）

(2)　「メディア定点調査」のうち「性年代別メディア総接触時間」の統計データを参照してみると、二〇代男性による携帯電話・スマートフォンとの接触時間は一八八・九分、つまり一日のうち平均して三時間超をポータブル端末との接触に費やしていることになる。

い社会』（図0-1）のなかで次のように指摘している――「二〇世紀を通じて、睡眠時間にたいして、着々と侵略が行われていった。平均的な北米の成人は、いまや夜に、おおよそ六時間ないし六時間半眠っている。ひと世代前の八時間に比べて低下し、二〇世紀初頭の一〇時間（信じがたいことではあるが）からはかけ離れている」（クレーリー 2015：16）。彼によると二四／七、すなわち「連続的な労働と消費のための二四時間／週七日のフルタイムの市場や地球規模のインフラストラクチャー」によって、「いまや人間主体は、いっそう徹底してそれらに適合するようにつくりかえられつつある」と指摘される（同書：6）。市場は二四時間ひらかれており、スマートフォンは活動している時間のみならず寝ている時間でさえ、人びとの身体と接続されつづける（たとえば「Sleep Cycle」のような目覚ましアプリによって、就寝中の睡眠傾向――たとえば睡眠時間・いびき・快眠度など――がデータとしてモニターされる）(3)。ともあれクレーリーによる主張――資本主義が人びとの睡眠を奪う――を額面通りに受けとるならば、現代人は平均して三時間超の睡眠時間を、ここ一世紀のうちに失ったことになるのだ。そしてそのような変化を勘案したとき、スマートフォンをはじめとするポータブル端末は、現代人から睡眠をうばう〝主犯格〟として、存在感を増しつつあるといえるかもしれない。

ポータブル端末は、文字どおり「携帯可能」なデバイスであり、私たちはそれを随伴して空間内を移動することになる。「移動の社会学」で知られるジョン・アーリの言及によると、「一八〇〇年の米国民の一日の移動範囲は平均五〇メートルであったが、今では一日に五〇キロメートルにもなっている」（アーリ 2015：12）とも指摘されるが、昨今では、もしスマートフォンを忘れて外出しようものなら、それこそ一日の行動に支障をきたし、つねに不便を感じる状況に陥ることになる。というのも私たちは外出先で、たとえばGoogleマップのようなデジタル地図、また、乗換案

図0-1　ジョナサン・クレーリー『24／7　眠らない社会』NTT出版

（3）これに関連して、クレーリーは次のようにも語っている――「近年の研究によれば、メッセージやデータをチェックするために夜に一度ならず目を覚ます人の数が急増しているという。取るに足らない流行の言い回しに、機械に由来して使われるようになった「スリープモード」というのがある。低電力の状態でスタンバイ中の装置というこの考えは、睡眠に関するもっと広い感覚を、単に操作やアクセスが遅延され軽減された状

内アプリやグルメアプリなどを検索しながら、目的地を選定したり、あるいは、そこへと至る経路を選定したりするからである。あるいはそれ以外にも、スマートフォンをともなっての移動中に友人からメッセージやメールを受け取って返信したり、また、そこで生じたスケジュール変更を即座にアプリ経由で登録したりすることもある。たとえばアンソニー・エリオットとジョン・アーリによる『モバイル・ライブズ――「移動」が社会を変える』では、携帯可能なデジタルデバイスの影響が次のように語られている。

> 近年にいたると、携帯できる強力な情報伝達基盤のシステム――BlackBerryのデバイスとiPhone、Bluetoothのワイヤレス接続、ノートPCやコンパクトなDVDプレイヤー――の出現が、個人間のコミュニケーション、情報の共有、知識の移転といったものの生産、組織、普及を急速に変えてしまった。このことはたとえば、住所、交際、スケジュール、写真、音楽などに関する個人的なデータベースの大変革において見出すことができる。伝統的なコミュニケーションの道具類の形態（手紙、電信機）は、大きくてかさばる情報の集積（オフィスのファイル、キャビネット、家族の写真のコレクション、大きなレコードの収集）に依存していたが、今日、次世代のデジタル化されたコミュニケーションの世界は、モバイル・ライフにとってますます重要になる新しい種類の「ヴァーチャルな対象」を創り始めている。これらの小型化された諸システムはしばしば直接身につけて持ち運ばれるし、自己の組成にとってますます重要なものとなっている。（エリオット＋アーリ 2016：39-40）

態へとつくり直してしまう。こうした考えは、オン・オフの論理に取って代わり、したがって、もはや何ものも根本的に「オフ（休暇）」になることがなくなり、実際に休みの状態であるものはなくなってしまう」（クレーリー 2015：19）。

「予期」を可能にするシステム

考えてもみれば不思議なことかもしれないが、スマートフォンの操作を含めて「画面を触る」という行為の浸透／常態化は、ここ最近の産物といえるだろう。私たちは現在、画面との継続的な接触が要求される技術的環境のなかを生きているが、ほんの数十年前、そのような習慣は存在しなかったはずである。スマホでゲームをするとき、LINEで友人に返信するとき、あるいは、Evernoteにデータを保存するとき、ユーザーはGUI(4)として描写される各種の記号群を視認しながら、それをタッチパネル上で触覚的に操作することになる。

周知のようにタッチパネルとは、液晶パネルのような映像表示装置と、タッチパッドのような位置入力装置を複合させることで成立する入力装置のことであり、その操作のプロセスにおいては、視覚記号と連動して触覚的な操作が求められることになる。換言するならば、ここでは「視覚に従属する触覚」という構図が浮上するのである。もちろん、ここではタッチパネルだけが問題なのではない。GUIの操作ということでいえば、マウスとキーボードをもちいたパソコンの操作を考えてみてもいいし、あるいは、ゲームパッドをもちいたコンシューマーゲームの操作を考えてもいいだろう。昨今では、各種のコントローラ、あるいは各種のインターフェイスによって、人間の身体と映像メディアとが連結される事例はあらゆるところで散見される。そして、そこでも「視覚的な認知」と「触覚的な制御」とが連動することになるのだ。そして、そのような「視覚」と「触覚」との組合わせは、私たちが他者とコミュニケートしたり、世界を理解したり、さらには、そこから何らかのリアリティを感知したりする際の前提として介在しているように思われるのである。

現代人はたえず画面――すなわち、何らかの映像を表象するタッチパネル――を触りつづけ、さらにそれを携行してもいる。それでは現代人の身体移動に随伴するポータブル端末は、私たちの

(4) グラフィカル・ユーザインターフェイス。コンピュータの操作の対象が絵によってグラフィカルに表現されるユーザーインターフェイスのこと。マウスなどのポインティング・デバイスの使用を前提に直感的な操作を可能にする。

「思考」や「行為」に対して、どのように作用するメディアとして把捉することができるのだろうか。以下では、それを「予期」という観点から素描してみたい。

先述のアーリはその著書である『モビリティーズ――移動の社会学』（図0-2）のなかで、人びとの移動を可能にする「システム」（たとえばチケット発行、住所、安全装置、乗換駅、ウェブサイト、送金、パッケージツアー、バーコード、橋、タイムテーブル、監視など）に論及しながら、それは「旅ができる、メッセージが通じる、小包が到着するといった「予期空間」をもたらす。システムによって、当該の移動が予想可能かつ相対的にリスクのないかたちで反復されることが可能になる」と指摘している（同書：25-26）。彼によると、「この反復システムの歴史は、実質的に、自然界を「支配」し、安全を確保し、管理し、リスクを減らしてきたプロセスの歴史である」とされる。そう考えるなら、移動の前提として各種の情報を提供してくれるスマートフォンもまた、「予期空間」をもたらす重要なシステム／テクノロジーとして位置づけうるだろう。

なお、「予期」ということに関連していえば、谷島貫太による次の言説をあわせて参照することもできるだろう――「電車のなかでスマホを開いている人びとのほとんどは〔…〕自分が起こさなければならないアクションをたえず予期しつづける、という状態におかれている。ゲームであれば特定のコマンドの実行というかたちで、他者とのコミュニケーションであれば適切な返信というかたちで、ポータブル端末に接続された意識は、絶えざるアクションを引きだされつづけるのである」（谷島 2016：51-52）。

アーリが語る「予期」は、どちらかといえば人間に思考や行為の可能性を提供するものといえる。それに対して谷島が語る「予期」は、たえず人間の思考や行為を誘導するポータブル端末のあり方に照準するものといえる。両者の知見を総合してみるなら、スマートフォンをはじめとするモ

図0-2　ジョン・アーリ『モビリティーズ――移動の社会学』作品社

バイルメディアは、私たちにとっては行為の可能性を提供しつつ、同時に、私たちの行為を誘導するものとして機能するといえそうである。

ともあれクレーリーとアーリによるそれぞれの言及では「睡眠時間」および「移動範囲」の著しい変容が指摘されているわけだが、むろん双方の変化とも、携帯可能なデジタルメディアの発達と無関係ではありえない。というのも、私たちはスマートフォンやタブレット端末によって睡眠不足にもなるし、また、それらを携えて長距離を移動してもいるからである。常に身体とともにあるそれらのデバイスは、もはや私たちにとっては身体の一部といっても過言ではなく、また、「身体の拡張」といいうる程度にまで透明化している。

辺りを見渡せば、メディア、あるいはメディアと呼ばれる各種デバイスの氾濫は指摘するまでもない。いや、それは、住まう世界を覆い尽くさんがほどである。朝起きて床につくまで、わたしたちはなんらかのメディア・デバイスの至近距離内にあり、触り、眺め、耳を傾ける。いや、スマートフォンのアプリケーションは、いまや就寝中の身体にまで作用しようとするものさえ現れている。メディアは、いまやなかば飽和状態といってもいいほどに住まう世界を埋め尽くしている。（北野 2014：88–89）

ここで北野圭介が「触り、眺め、耳を傾ける」と語るスマートフォンは、たしかに、今となっては、私たちが「住まう世界」を埋めつくすメディアの、まさに典型的存在であろう。それはあまりにも自然に日常へと浸透しており、また、私たちもそのような技術的環境に馴染みすぎているので、改めてそれを意識化し、考察の対象とすることもない。では、そもそも私たちの世界を構成する「メディア」とは、どのような存在なのだろうか。すこし迂回するかたちにはなるが、この概念、すなわち「メディア」の学問的定義を確認するところから本書での議論を切りだしてみたい。

「メディア」をめぐる定義と、その多様性

「メディア」とは何か。世間的な認識からすれば、その言葉で呼ばれる対象は現代社会に氾濫しているといえよう。私たちは今日、まさに「メディア社会」を生きているといえるのだ。しかし他方で、その「メディア」の本性へと思いを巡らせたとき、実はそれがさまざまな容貌をもち、したがって、しばしば一義的な定義には馴染まないことに気づく。じっさい、この用語は多義的に運用され、ときに把握しがたい。

そもそも「メディア」(media) とは、字義的には媒介物、中間物を意味する「メディウム」(medium) の複数形であり、「出来事に意味を付与し、体験を知識に変換する記号の伝達媒体」(佐藤 一九九八:三) ――いわば〝記号の乗り物〟であり、また〝メッセージの乗り物〟である――として理解することが可能である。しかし他方では、その語彙によって想起される対象が多岐にわたっていることも事実である。たとえば、それによって即座に「マスコミ」「マスメディア」などを想起する者もいるだろうし、また「新聞」「ラジオ」「テレビ」「インターネット」などを漠然と想起したり、より具体的に、それらのコンテンツの制作に携わる組織集団や、その現場で活用されるカメラなどの視覚装置を想起したりする者もいるだろう。さらに一部の論者のなかには、「空気」や「紙」などの物理的な媒体をメディアとして考えたり、「自動車」や「家屋」などをメディアとしてみなしたり、あるいは「権力」や「愛」などの抽象概念をメディアとして認識したりする場合すらある。もちろん、これらの各定義にはそれなりの論拠が示されているわけだが、確実なこと

は、この「メディア」という用語に対する統一的な見解が不在であるという点だ。

それでは従来的には、いかなる定義が「メディア」という用語に対して付与されてきたのか。『オックスフォード英語辞典』によれば、この語彙は一九二三年に用いられたのが初出であるという。比較的歴史の浅いこの言葉は、一般的には新聞、ラジオ、テレビなど「マスコミュニケーションの乗り物＝伝達手段（vehicle）」として規定されるが、それでも、その用法が極めて多様であることにも言及されている（*Oxford English Dictionary* v.9 1989 : 542）。

他方で、たとえば水野博介は『メディア・コミュニケーションの理論――構造と機能』において、この概念に対して理念的な定義を付与しようとしている。そこでは、メディアは〝記号／メッセージの乗り物〟と規定されており、しかも「その乗り物の実体は、物質またはエネルギーから成る物理的支持体である」と解説されている（水野 一九九八：一五）。しかも記号やメッセージに内包される「情報」は、メディアを構成する物質ないしはエネルギーのパターンを通じて伝達されるのだという。付言しておくならば、どのような種類の記号やメッセージが載せられるかに応じて、さらに「メディア」概念が細分化された下位カテゴリーへと分類されうる。たとえば「文字メディア」「映像メディア」「音声メディア」などのように、「どのような記号が組み合わされてメッセージが形成されているかによって、そのメッセージの乗り物となっている「メディア」も区別される」のである（同書：18–19）。

「メディア」という用語は、ときに抽象的であり、ときに多義的であり、ときに曖昧模糊としている。仮にメディアを〝乗り物〟として把握しようとしても、他方で、それはメタフォリカルな定義には収斂されえない実体性をおびている。水野はこの概念がもつ複合的なニュアンスを考慮し、それが一般的に四つの用法をもっていると指摘する――すなわち「①何らかの「情報」を創出・加工し、送出する「発信者」。②直接的に受け手が操作したり、取り扱ったりする「（情報）装置」。③そのような装置において利用される利用技術や情報内容（紙面や番組など）、つまり「ソフト」。④情報「発信者」と端末「装置」あるいは利用者（受け手）とを結ぶ「インフラストラクチャー（社会基盤）」もしくはそれに準ずる「流通経路」の以上四点である（同書：1）。ここで留意すべきは、それぞれ四つの意味合いを分離して「メディア」を考えることが事実上不可能であるということだ。たとえばテレビであれば、それは単なる受信装置ではなく、番組コンテンツがあり、それを制作・放映する組織があり、さらに電波の伝送路があってはじめて成立する――それら各要素が、ある意味において「メディア」なのである。したがって水野が続けるように、「テクノロジーレベルだけで考えるならば、それぞれを切り離して考えることもむずかしくはないかもしれないが、社会科学的にメディアを考察する場合には、少なくとも以上の四つの要素を常に視野に入れなければならない」というのである（同書：2）。

　水野が取り上げている「メディア」概念は包括的であり、しかも比較的、標準的なものとして捉えられるだろう。しかし、これに対して拡張的で、しかも一般性を欠くようにみえる理論的な定義が存在していることも確かである。じっさいに幾人かの理論家たちのメディア観を参照してみよう。マーシャル・マクルーハンは独創的なメディア理論を展開した人物のひとりだが、彼の汎メディア論的な立場によると、たとえば自動車、家屋、衣服なども「メディア」の範疇に組み込まれてしまう。彼は「メディア」を、人間の身体および能力を拡張するものとして把握しようと試みたが、まさに自動車、家屋、衣服などはその規定と合致するのである。彼のテクストを参照するならば、「車はどんな馬にも負けないほど乗り手をスーパーマンに変えてしまう人間の拡張形態」であり、だからこそ「それは社会伝達の「熱い」外爆発的なメディアである」と説明されるのだ（マクルーハン 1987：226 傍点引用者）。

また、ジョシュア・メイロウィッツによれば、彼に先行するメディア論者――ここではハロルド・イニスやマクルーハンなどの論者――の所説が重要であるのは、メディアが「複数環境間の情報伝達のチャネル」であるだけではなく、「もともとそれ自体が環境であった」と示唆されるからだという（メイロウィッツ 2003：46）。つまり、ここで「メディア」は場所の一カテゴリーとして解されているのである。そしてさらにメイロウィッツは彼らの見解にもとづいて、たとえばテレビというメディアの存在意義を、放送内容よりも、むしろ「共有アリーナとしてのテレビの存在それ自体」に求めている（同書：179）。というのもテレビは、年齢、職業、階級、宗教の異なる人びとに同じ情報を共有させ、それによって新たな状況意識をもたらすからである。

さらに例をあげると、ニクラス・ルーマンはコミュニケーション・メディアを、社会的諸制度（たとえば市場など）の内的メカニズムに含まれる複雑性を縮減するものとして考えようとしたようである。コミュニケーションは常に相互の偶発的な選択に依存するが、メディアとは偶発的な選択と選択とを媒介し、コミュニケーションを成立させるものとして作用するのだ。その具体例として挙げられているのが「愛」「真理」「権力」「芸術」「貨幣」などなのである（Luhman 1976：508-515）。

また、ロジャー・シルバーストーンは、メディアをD・W・ウィニコットがいうところの「過渡的対象」になぞらえて論じている。ジャン・ラプランシュとJ-B・ポンタリスによる『精神分析用語辞典』を紐解くならば、この「過渡的対象」とは「乳児、幼児で独特の価値をもっているもの、とくに入眠時にその力を発揮する対象」を意味するものとして説明され、その具体例として、子供がしゃぶる毛布や乳房などが挙げられている（ラプランシュほか 1977：58-59）。さらに過渡的対象は「錯視領域」に属しており、それは内的現実に属すとも、外的現実に属すとも、あるいは、それら双方の領域に跨《また》るとも言いうる体験の中間領域を形成し、また子供の経験にとって重要な部分を構成し、さらには生涯を通じて芸術、宗教、想像的生産、科学的創造などの諸経験とも関連していくと述べられる。そう考えるならば、子供たちの〝ベビー・シッター〟代わりに利用されもするテレビやスマートフォンなどは、まさしく過渡的対象であり、新たなメディア的現実を「錯視領域」として形成する媒体であるといえよう。いずれにせよ、シルバーストーンはテレビというメディアに論及して、それが過渡的対象として機能していると主張してみせるのだ（シルバーストーン 2001：67）。

メディアの媒介作用

以上のように「メディア」というひとつの概念に対して、諸氏の見解は必ずしも一致をみせてはいない。数多くの論者が十人十色の理論的定義を「メディア」に対して与え、それがまた多岐にわたる一般的用法とも不整合を生じているために、この概念の指示対象を同定する試みには困難がともなうといわざるをえない。具体的に何を「メディア」と呼ぶのか、そして、どこまでを「メディア」として概念化するのか。これらの問いに対する共通認識は残念ながら存在しないように思われる。たとえ「メディア」という言葉が物理的な実在物を想起させたとしても、あるいは抽象的な概念を想起させたとしても、状況はかわらない。モノ＝対象ベースで概観しようとする限り、「メディア」という語の指示対象には一貫性が認められないのだ。それは、ときに組織体であったり、紙切れであったり、愛であったり、自動車であったりする。では、いかにして「メディア」を語ればよいのか。

本書の立場としては、対象物に重心をおいたアプローチの代替案として、「メディア」そのものではなく、むしろ「メディエーション」(mediation) に着眼したい(5)。先述のとおり「メディア」とは「中間物」や「媒介物」などを意味する「メディウム」(medium) の複数形である。つまり「メディア」とは、コミュニケーションに参与する者/物の間に介在する「中間物」であり、情報やメッセージのやりとりを仲介する「媒介物」だと理解することができる。そして、この定義にしたがえば、どのようなメディアもそれがメディアである限りにおいて、コミュニケーションを媒介する作用、すなわち「媒介作用」をもつと理解することができる。

ところで「メディア」が、その辞書的な意味として「媒介物、中間物」を指し示すとするならば、そもそも、それは何と何とを媒介し、何と何との中間に介在するといえるのか。おそらく多くの人びとは「メディア」という観念について、それを自己と世界とを仲立ちするツールとして直感するだろう。たとえば新聞やラジオ、あるいは、テレビやインターネットなどといった情報メディアは、私たち人間を非直接的な体験の領域へと連れ出してくれる。そのとき、それらの情報メディアは、私たちと外界とを仲立ちしたり架橋したりする、有用な道具として機能することになる。むろん、それだけではない。たとえば「言語」を、媒介作用をもつひとつの〝メディア〟として広義に解釈するならば、人間はその分節作用なくしては、外的環境をまとまりのある意味世界としては受容しえない、という見解すら提起されうる。ともかく一般的にいって、人間は自らが産出した文化的な媒介項を経由して、あるいはその補助によって、あくまでも間接的に外界と触れ合うものなのである。そう考えてみると、人間を他の動物たちと決定的に相違させるのは、まさに媒介的なコミュニケーションの有無であり、その複雑さと多様さの程度だといえよう。一定の媒介作用をもったメディアとは、それが言語的なものであれ、装置的なものであれ、人間と外部世界との関係性を

(5) シルバーストーンは『なぜメディア研究か——経験・テクスト・他者』と題された著作の中核的な概念として「媒介作用」(mediation) をあげている。その日本語版に添えられた序文によれば、「媒介作用という概念の要点は、生活の営みにとって、さらに現代社会における権力の行使にとって、メディアが中心的な位置にあることを把握することにある」と述べられ、とくにメディアによって媒介された相互行為が分析の対象となっているのだ（シルバーストーン 2003:8)。

(6) メディアがわれわれ人間と外界とを仲立ちするものだとしても、その形式や作用は一様ではない。フレッド・イングリスは「メディア」が極めて扱いにくい概念であることを認めた上で、次のように語っている——「メディアとは、いかなるものであれ伝達の手段のことで、メッセージを運ぶ、または「仲介する」。〔…〕電話、ラジオ、映画、テレビ、これらはいずれも

左右するものといえる。[6]

メディアの延長作用

メディアという概念に関して、もうひとつ「媒介作用」の他にキーワードとなるものがあるとすれば、先に紹介したマクルーハン的な意味での「延長作用」(extension)であろう。たとえば写真を例にとった場合、カメラは肉眼を代補する機械の眼としても機能しうるだろうし、また、その映像は遠隔地の時空を鑑賞者の「今ここ」へと現前させる補助器具としても機能しうるだろう。すなわち写真は人間の身体的な能力や可能性を延長し、かつ、その時空意識までをも拡張する装置として作用することになる。[7]

マクルーハンは電気的なメディアの延長作用に関連して、次のような主張を展開している。

> われわれは、拡張された神経組織のなかに自分の身体を入れることによって、つまり、電気のメディアを用いることによって、一つの動的状態を打ち立てた。それによって、これまでの、手、足、歯、体熱調節器官の拡張にすぎなかった技術――都市も含めて、すべてこの種の身体の拡張であった――が、すべて情報システムに移し変えられるであろう。電磁気の技術は、いまや頭骨の外部に脳をもち、皮膚の外部に神経を備えた生命体にふさわしい、完全に人間的な穏和と瞑想的な静寂とを求めている。(マクルーハン 1987:60)

この引用文のなかで、マクルーハンは自身が提起する人間拡張論の観点から、人間という生命体の特殊性に論及している。それによると人間の身体は外部的なテクノロジーと融合することで、電

等しくメディアであり、同様に活字や人間の声もそうであり、絵画や彫刻は言うまでもない。すでにお気づきだろうが、ひとつひとつを取り上げていかに作用しているかを分析しようとすると、これらが決して同じとは言えないのでたいへん面倒になる」(イングリス 1992:33–34)。ここでイングリスは多種多様なメディアについて「媒介作用」を基点としながら論じつつも、他方では、メディアの作用が一面的な規定になじまないものであることを認めている。

(7) マクルーハンの理論は、個々のコミュニケーション媒体がそなえる技術的特性から人間の意識や社会の変容を演繹しようとするあまり、しばしば技術決定論として批判されることがある。たとえばレイモンド・ウィリアムズなどもマクルーハン理論に対して否定的なまなざしを向ける人物のひとりであるが、彼によるとマクルーハンは「諸々の「メディア」間の種別的な差異を認めながらも、狭隘な

気的に構築された情報システムのなかに組み込まれる。それはむろん電気的、電子的なメディアが台頭してきたここ最近に限った話ではない。美学者の室井尚と吉岡洋が指摘するように、人間とは「遺伝子による生物内部の情報処理機構の「外部」に、もうひとつの「記憶装置」を作り出そうという意志＝力」をもち、言語・道具・儀礼という「「外部」の情報処理装置」を基盤としながら文明を構築してきたという側面をもつ（室井＋吉岡 1993：146–147）。そしてそのような見解を前提として考えるならば、人間は自らの外部にあるテクノロジーと相互浸透を繰り返しながら、自らの存在を保護する文化的環境を不断に更新してきたといえる。

それではマクルーハン的なメディア理解を前提とした場合、スマートフォンなどのポータブル端末は人間の何を拡張するといえるのだろうか。彼の人間拡張論からみた場合、スマートフォンが特定の／単一の能力を拡張している、と判断することは難しい。というのも、ユーザーがそのデバイスのなかでどのようなアプリをダウンロードし、どのような機能を担わせるかによって、スマートフォンの「メディア」としての機能は変化していくからである。

たとえばヴァーチャル地球儀ソフト「Google Earth」をダウンロードしてそのアプリをたちあげれば、縮尺を自在に操りながら、地表の形状を思いどおりに鳥瞰することができる。ライブストリーミング形式によるインターネット・テレビ「AbemaTV」のアプリを立ちあげれば、テレビのように数々の番組を視聴することができる。あるいはDJソフトウェア「djay2」のアプリを立ちあげれば、スマートフォンをDJコントローラ代わりにして曲をミックスすることができる。それだけではない――スマートフォンはときに写真機や計算機やゲーム機に化け、また、新聞やラジオや映画に化け、さらには、手紙やメモ帳や目覚まし時計にも化ける(8)。そして、立ちあげられたアプリの機能に応じて、ユーザーはそのつど「視聴者」になったり、「DJ」になったり、「カメラマ

技術決定論に陥ってしまう。そこではメディアをめぐる社会的関係性や使用法が、そのメディアの性格によって技術的に決定されると見なされ、そのメディア自体が発達し、使用されてきた社会関係や生産力の複合的総体には注意が払われない」と指弾する（ウィリアムズ 2001：43）。その一方で、門林岳彦が指摘するように、マクルーハンのテクストを直接引用せずに展開されるウィリアムズの批判は「マクルーハンのテクスト自体というよりは、そのテクストが効果として持つイデオロギーとしてのマクルーハニズムに向けられている」（門林 2008：28）という点をわれわれは差し引いて捉えるべきかもしれないが、それにしても個々のメディアを構成するテクノロジーの特性を過大視するというマクルーハン理論の傾向性は無視しがたい。

(8) ウィリアム・J・ミッチェルは『サイボーグ化する私とネットワーク化する世界』（原著は二〇〇三年に刊行）のなかで、ポータ

ン」になったり、「計算機の使用者」になったり、ゲームの「プレイヤー」になったりといった具合に、その役割の更新を意図せずとも受け入れていることになる。つまるところ、ユーザーがどのようなアプリをダウンロードし、それを起動させるかによって、スマートフォンの「メディア」としての機能やそれを使用するユーザーの役割、さらには延長作用の様態が刻々と変化していくのである。そう考えてみた場合、従来のアナログ媒体におけるメディウム的な特性と比較すると、デジタルメディアとしてのスマートフォンは「メディアのメディア」あるいは「メタ・メディア」として位置づけうるものであり、またその作用によって、個々のメディウムの輪郭を溶解させせつつある、といえるのかもしれない。

しかし忘れてはいけないのは、その「〇〇フォン」という名称が示唆するとおり、当該デバイスがもともとは「電話」だった、という点である。スタジオジブリによるアニメーション映画『となりのトトロ』（図0-3）では、その一九五〇年代という時代設定のなかで、旧式の電話機が家屋の玄関付近に配置されていたが、吉見俊哉によると、それ以後、電話は「しだいに応接間や台所、リビングルームへと移動」していったという（吉見 2004：198-199）。しかも一九七〇年代まではダイヤル式の黒電話が主流であったが、一九八〇年代以降になるとコードレスフォンや「FAX、そしてポケベルや携帯電話、PHSといった新しい「電話のようなもの」が次々に登場し、普及」することになった。そして「電話の個人化」が進展する過程で、かつて玄関口に置かれていたそれはリビングへ、個室へ、さらには個人の鞄やポケットへと侵入し、今となっては（スカイプやLINEでの通話を含めれば）「電話のようなもの」の拡散は新たな段階をむかえつつある。

電話（telephone）は「遠い」を意味する接頭辞「tele-」に、「音」を意味する「phone」が結びついて構成された単語であり、そもそもは「遠くの音を聞かせてくれる」というその機能こそが第

ブル端末の多機能性について次のように論じている——「小規模システムへの信頼の高まり、特に小型化した携帯用電子機器への信頼は、自由奔放な混成装置をもまた生み出してきた。例えば、電話が音声コミュニケーションのための卓上・ポケット装置であり、カメラが写真を撮るための光学的・機械的・化学的装置であり、GPSナビゲーション・システムが船や飛行機のための嵩張る設備の類いであったことは、それほど昔の話ではない。しかしながら、概ね二〇〇二年までには、これらの装置をすべて、同一の携帯用電子機器の箱の中に押し込むことが可能になり、この組合わせにより驚くほど便利な新しい可能性が切り開か

図0-3　『となりのトトロ』スタジオジブリ

一義的であったはずである。しかしメディウムとして発展を遂げるなかでそれに数々の機能が付加され、たとえば「コードレスフォン」「フィーチャーフォン」「スマートフォン」などがその典型となりうるように、「電話」というメディウムの輪郭も曖昧化していった。

これは、なにも電話だけに限った話ではない。たとえば映画を例にあげよう。あえて古いバージョンの『広辞苑』（第五版、一九九八年）を紐解いてみると、その媒体の定義として「長いフィルム上に連続して撮影した多数の静止画像を、映写機で急速に（一秒間に一五こま以上、ふつうは二四こま）順次投影し、眼の残像現象を利用して動きのある映像として見せるもの」との記載がある。この技術的解説は、はたしてDVDで見る映画、あるいは「Hulu」でみる映画にも該当するだろうか。フィクション研究者の河田学が指摘するように、「映画を技術という側面、つまりハードの面だけから定義するのは無理そうだ」（河田 2007：47–48）。

同様に、私たちは次のように問いかけてみることもできるだろう――「電子書籍リーダー「Kindle」をつうじた読書体験は、紙の本をつうじたそれと同質だろうか」、あるいは「スポーツの試合《ゲーム》としてのテニスと、『Wii Sports』の（コンピュータ）ゲームとしてのテニスは同じものといえるだろうか」と。むろん、答えはすべて「否」であろう。デジタルテクノロジーの時代にあっては、さまざまなメディアやそれに付随する私たちの行為や体験が新たなメディア環境のなかで技術的に再構成、もしくはシミュレートされる。そしてスマートフォンを介して「電話をかける」「映画を見る」「本を読む」などの行為に従事するとき、まったく異なる技術的基盤にもとづいて「デジタル」的に形成されたそれらのメディウムの「幻影」を、私たちは外面的な類似性を根拠に、いってみれば「アナログ」的に認識しているにすぎないのである。

れた。〔…〕しかしながら、空間／時間の重大なトレードオフについては考慮しておかなければならない。スイス・アーミー・ナイフやPDAのように装置が多くの異なる機能へのアクセスを提供するとき、一度に一つの機能しか利用することができないので、モードからモードへの切り替えが求められる。例えば、ナイフからコルク栓抜きに、あるいはアドレス帳からカレンダーにという具合だ。反対に、単機能のナイフ、コルク栓抜き、その他の物を並べておくためには多くの場所が占有されるが、時間を無駄にすることがなく、モードを切り替えるのに迷う可能性もなく、ワイン棚脇のコルク栓抜きのように利用する状況に応じてそれぞれ特別な装置が確保できる。ハイカーのバックパックのように、空間にゆとりがなく、また頼りになる固定したインフラストラクチャがほとんどあるいはまったくない場合には、多機能性と形状因子の小型化に軍配が上がる傾向がある」（ミッチェル 2006：106–107）。

スマートフォンにおける各種メディウムの再構成

既述のように、現代人は一日のうちかなりの時間を、スマートフォン上の情報を制御するために費やしている。つまり指を酷使して、たえず四角い画面の表層に触れつづけながら、そこでさまざまな記号群を呼び出し、操作を遂行している。石田英敬はつぎのように語っている――「いまほとんどの人がスマートフォンなどモバイルメディアを持ち歩いているということは、人間の生とコンピュータが常に一対一で対応しているということです。年がら年中、寝ている間以外は付きまとっている。起きている時のコミュニケーション活動のほとんどをコンピュータが担っており、モバイルメディアのネットワークによる人間の生の囲い込みがほぼ完成しました」（石田 2016：138）。

では、ここでの「生の囲い込み」の一翼を担うスマートフォンとは、どのような特徴をそなえたメディアといえるのだろうか。アプリを加除することで意中の機能をそなえうるそれには、人類が過去に考案した各種メディアの姿かたちが集約されている、と解することができよう。あるいは視点を変えてみると、人類が過去に発明してきた各種のメディウムは、スマートフォンのなかで一定の物質的な基盤をそなえた「モノ」として実在するというよりは、むしろその画面上で「記号」として描画され、その姿や働きがシミュレートされている、とも捉えることができよう。たとえば図0-4に示されているのは、iPhone 上で駆動する「テレビ」であり「DJコントローラ」であり「計算機」であるが、別にそれらのガジェットが「モノ」として実在しているわけではない。むしろそれらはスマートフォンという装置＝「モノ」のうえで、その外見や機能が記号的な水準で模倣的に再現されているのだ。

今しがた「記号」と表現したが、デジタルデバイスが表象するＧＵＩは、記号論／記号学でいうところの「記号」として位置づけうる。記号というと、一般には地図記号とか道路標識とかを想起する人が多いかもしれないが、この分野でいうそれはもっと幅広いカテゴリーであり、言語・映像・音楽などを含め、人間がそこから意味を読みとりうるもの全てが「記号」ということになる。

記号論／記号学とは、人間による「意味」をめぐる活動を対象とする学問分野である。そのなかでも、とくにヨーロッパ系の記号学を創始した人物、フェルディナン・ド・ソシュールに由来する定義を参照するならば、記号とは「シニフィアン」（記号の表現面）と「シニフィエ」（記号の内容面／意味）の複合体として規定される。たとえば私たちは「木」のイメージを意味として誰かに伝えようとする際に、/ki/という音声を発したり、漢字や平仮名で「木」や「き」と記したり、それが映像としてうつりこんだ写真を提示したりすることができる。その場合、/ki/という音や、鉛筆で記した文字や、写真の視覚的パターンなどはシニフィアン、すなわち「記号の表現面」となり、誰かがそれを受容することで「木」の意味、すなわち、そのシニフィエが想起されることになる。むろんこれはほんの一例にすぎないが、私たち人間は言語的なもの／非言語的なものを問わず、あらゆるものを「記号」として意味づけたり、解釈したりしながら日々の生活を営んでいるという点で、「〈象徴《シンボル》〉を操る動物（アニマル・シンボリクム）すなわちホモ・ロクエンス」（丸山 1992：34–35）だといえるのである。そして、そのようなアニマル・シンボリクムにとって現代的な「象徴」操作、あるいは「記号」操作の対象として急浮上しつつあるのが、それを描出するスマートフォンの画面なのである。

付言しておくと、そのような記号解釈のメカニズムは現実世界だけではなく、小説やゲームなどのフィクション世界とむきあう際にも基本的には同じである。というのも、それらのコンテンツに含まれるストーリーや世界観を私たちに提示するのは、小説の場合には言語記号の総和であったり、コンピュータゲームの場合にはモニターやスピーカーをつうじて再生される視聴覚記号の総和

図0−4　iPhone のなかの「テレビ」「ＤＪコントローラ」「計算機」

であったりするからである。さらに図0-4で提示した「テレビ」や「DJコントローラ」や「計算機」などのケースを考えてみると、それらは一定の物質性をともなったモノとして存在するというよりも、むしろスマートフォンの画面上で、あくまでも各種メディウムの外観と機能をシミュレートすることにより、それらを「記号」として再構成したものと理解しうる。このように何らかのメディア――本・ゲーム機・テレビなど――を介して何らかのコンテンツを受容したり、あるいは物語を消費したりするとき、その前提として、私たちはそこに表象される記号群を認知し、それを解釈しているわけである。

知のデジタル・シフト

「デジタル」がもたらしたもの、もたらしつつあるものを、もうすこし掘り下げて考えてみよう。土橋臣吾は「Windows95を契機にインターネットの個人利用が本格化し、また、携帯買い切り制への移行によってケータイ市場が急拡大した時期」として一九九四－一九九五年を転換点として位置づけながら、それ以後に「デジタルメディアが日常生活レベルへ浸透」していったと指摘している（土橋 2013：13）。

新たな媒介技術が踵《きびす》を接して考案されるデジタル社会のなかで、新旧のテクノロジーの関係はどうなっていくのだろうか。以前にもましてメディア間の関係性が複雑化しつつある背景には、デジタル技術の普及が介在している。ノルベルト・ボルツは、マクルーハンの見解を敷衍しながら次のように語る。

新しいメディアが進化していく過程を観察すると、最初は常により古いメディアを模しながら発展し、次第に自己自身の技術的可能性のものさしで自己を計るようになる。そして最後には、新しいメディアが初期の依存状態を脱し、逆に他メディアとの関係を管理するようになり、メディアのメディアとしてふるまうようになるのだ。そのため、あるメディアの内容は常に他のメディアである。（ボルツ 1999：118）

さらにボルツは〈メディア複合体〉という用語をもちいながら、デジタル技術によって、もはやそれぞれのメディアが単独で存在するわけではなくなっていると指摘する。

フリードリヒ・キットラーは一九八六年の段階で執筆された『グラモフォン・フィルム・タイプライター』（図0−5）のなかで、いちはやく「デジタル」がもたらすであろうものを予見していた——「情報とチャンネルをことごとくデジタル化してしまえば、個々のメディアの差異は消滅してゆく。音響や映像、声やテキストといった差異は今となっては、インターフェイスという美名のもとで消費者に受容されるときの、表面的な効果として何とか棲息しているにすぎない。〔…〕コンピュータそのもののなかでは一切が数字だ。一切が量だ。映像も、音響も、言葉もない。〔…〕これまでは分離されていたすべての情報の流れがデジタル的に統一された数値の羅列になってしまえば、どんなメディアも任意の別のメディアに化けることができる」（キットラー 1999：10−11）。

たしかにコンピュータでは、文字・画像・音声・動画などの各形式を「0、1」のパターンで同列に扱うことができるし、また、インターネットでは、すべてのメッセージをデジタル・データとして同列に伝送することができる。そのような新たな状況のなかで、アナログメディアの時代に問われたような個々のメディウムの質的差異は、意味を失いつつあるのかもしれない。

ともあれスマートフォンなどのデジタルメディアでは、人類が過去に考案した多種多様なメディ

図0−5　フリードリヒ・キットラー『グラモフォン・フィルム・タイプライター』筑摩書房

ウムの姿がインターフェイス上の表面的な効果として「棲息」していることになる。そしてスマートフォンとは、記号的にシミュレートされた複数の、さまざまなメディウムを載せる「乗り物」として機能しうるのだ。

ここで「乗り物」というメタファーをもちいたが、先にその定義を確認したように、「メディア」とは「記号の乗り物」であるといえる。既出の定義を反芻しておくなら、『オックスフォード英語辞典』でそれは「マスコミュニケーションの乗り物＝伝達手段（vehicle）」として規定されていた。その一方で水野は、メディアを〝記号／メッセージの乗り物〟と規定し、また佐藤卓己は、それを「出来事に意味を付与し、体験を知識に変換する記号の伝達媒体」と規定していた。それらの定義を総合してみると、メディアを「記号の乗り物」としてイメージすることが可能だろう。たとえば私たちは記号の集積によって織りなされたあるニュースを、新聞で活字をとおして読むこともできるし、また、テレビやインターネットで映像をとおして知ることもできる。さまざまな場合がありうるだろうが、それらのケースにおいて新聞やテレビやインターネットといった各種のメディアは、あるニュースを記号として運搬する「乗り物」として、送り手と受け手を仲立ちする媒介作用を発揮するものといえる。

他方で、石田英敬は「メディア＝記号＋物質」という図式を提示しながら、メディアの「乗り物」としての性質について以下のような解説を加えている(9)。

> 例えば、紙という物質は、文字が書き込まれることによりページとなり、メッセージを伝達するメディアとなります。つまり、メディアが成立するためには、紙という物質が存在するだけではだめで、その物質に記号が記入されている——あるいは白紙のページのようにそこに記

(9) たとえば書記言語の発明によって、文字を刻みつけるのに適した物理的媒体——粘土板、石版、パーチメント（羊皮紙）、パピルスなど——が必要とされるようになった。エリック・ハヴロックによると、「ギリシャは、石や焼き固められた粘土がアルファベットの使用についてのもっとも古い証拠を提供しているところ」とされるが、現代人が大量消費する紙のように、当時の人々にとって気軽に書きつぶせる「表面」が入手されたのは、パーチメントと呼ばれる動物の皮が最初のものであったといわれている（ハヴロック 1995：70）。

号が記入されるよう予定されている——状態となる必要がある。物質が記号活動の支え、つまり記号活動を媒介するエレメントとならなければならないのです。メディアとは、物質的なモノが、記号活動を支える媒質と化した状態なのです。（石田 2003：87　傍点引用者）

メディアとは、その物質に「記号」が記入される（あるいは、その予定の）モノである必要がある。石田はそれを「メディア＝記号＋物質」という式でもって表現するわけだが、ここで指摘される物質性は、たとえば写真であればカメラというモノのかたちで、あるいはデジタルメディアであればスマートフォンというモノのかたちで確認することができる。ただし、このうち後者のデジタルメディアの場合、たんにそのモノとしてのメディアによって何らかの記号が運ばれるというよりは、むしろその表層で、多種多様なメディアの姿が記号的に再現される、という構図が認められる。つまりデジタルメディアとは「記号の乗り物」というよりは、「メディアの乗り物」と考えられるのだ。

とはいえデジタル革命のはるか以前から、あるメディウムがそれのみで自律的に存在している、というわけではなかった。むしろ歴史上、あるメディウムは「入れ子構造」のように他のメディウムと重なりあいながら、複雑なパターンを織りなしつつ発達してきたといえる。参考までに紹介しておくと、マクルーハンによれば「どんなメディアでもその「内容」はつねに別のメディアである、ということだ。書きことばの内容は話しことばであり、印刷されたことばの内容は書かれたことばであり、印刷は電信の内容である」（マクルーハン 1987：8）と指摘される。あるいは、キットラーによれば「テレビという統合メディアの内容を形成するのは映画とラジオ、ラジオという統合メディアではレコードとカセットテープ、映画では無声映画と磁気音」であると指摘される（キットラー 1999：10–11）。彼らの言説が示唆するように、歴史的にみてメディア間の関係性はさほど単純なものではなかったはずだが、それが画面上であらゆる媒体をシミュレートできるデジタルデバイスが登場したことで、メディア間の関係性はより錯綜したものになりつつある。それは見方を変えれば、メディアの実体をとらえることが難しい時代ともいえるかもしれない。これに関連して、北野圭介は次のように指摘している。

> コンピュータは、それがおこなう計算処理に際して基体となる技術を選ぶところがないが、一方でコンピュータが組み込まれたメディアは、なんらかの物質的規定性に拘束されるところがない。今日「メディア社会」と呼ばれる状況のなかでのメディアとは、媒体の物質性がメディアの特性と結びつかない、実体なきメディアにほかならない。機械なき機械としてのデジタル技術、制御の技術が実現したのは、言葉遊びを承知でいえば、メディアなきメディア、といっていいだろう。メディアなるものの実体がすぐれて見えにくい社会に生きているといえばいいすぎなのかもしれないが、メディアの個別具体的な形態がかくも変幻する昨今、「メディアの時代」とは「ポスト・メディアの時代」であるとつぶやいてみるのも、けっして的はずれなことではないのかもしれない。（北野 2014：91）

スマートフォンが登場したのはごく最近の出来事だが、それもまた「デジタルメディア」として、キットラーが語るようにあらゆるものに化ける（すなわち、メディアの個別具体的な形態が変幻する）。そしてそのような媒体の出現は、長いメディア史の末端に位置づけられる最新の事象だといえよう。「すべてをデジタルな計算に置き換えるデジタル技術の出現によって、およそすべての文字、音声、映像に関わる記録活動が、一挙に同じフォーマットで扱いうる「情報」へと姿を変えることになった」（石田 2006：11）。そう語る石田は、現代人が直面しつつある〈知のデジタル・シフト〉に関して、次のように説明している。

> 〈知〉を生み出したのは〈人間〉だが、〈人間〉を生み出したのも〈知〉である。〈人間〉と〈知〉との不可分な関係は、人類の歴史をとおしていくつかの大きな転換を経験してきた。道具と言語の使用、文字の発明、学問や宗教や政治や法の成立、近代文明を生み出した活字、本、印刷技術の発達、一九世紀以後の写真、電信、電話、フォノグラフ、レコード、映画、ラジオ、テレビなどのアナログ・テクノロジーの発達、そして、コンピュータと情報コミュニケーション・テクノロジーの登場……。〈知〉の〈転換《シフト》〉は、人類文明の〈時代《エポック》〉を画してきた。そのサイクルは加速し、いまでは〈人間〉が〈知〉の変化に追いつかないほどのスピードで事態は進展しつつあるように見える。（同書：10）

急激なスピードで変化が進展していく現代にあって、石田が「〈人間〉が〈知〉の変化に追いつかない」と表するほどの流動的な、リキッドな状況が発生しつつある。ではそのような時代を、私たちはどのように把捉することができるだろうか。

リキッド化する世界

筆者はかつて、日本記号学会の機関誌として二〇一三年に刊行された『ゲーム化する世界——コンピュータゲームの記号論』（図0-6）の編集を担当したことがあるのだが、その際、同様の書名の本がないかどうかを検索してみて驚いたことがある。じつは、類似したタイトルの書籍があまりにも多いのである。ほんの一部の事例をあげるならば、トーマス・フリードマンによる『フラット化する世界』、ニコラス・G・カーによる『クラウド化する世界』、ジグムント・バウマンによる『リキッド・モダニティ——液状化する社会』、アラン・ブライマンによる『ディズニー化する社会』、ジョージ・リッツアによる『マクドナルド化する社会』など、そのような事例は枚挙に暇がない、といいうるほどである。

日本記号学会第三一回大会における討議の成果をとりまとめて出版した『ゲーム化する世界』では、コンピュータゲームそのものを内在的に分析するというよりは、むしろゲーム的な想像力が社会に拡散・浸透しつつある現況をふまえ、私たちの世界がどのようなロジックのもとに組み変わりつつあるのかを解明しようとした。というのも昨今では、ゲームは「テレビ」「パソコン」「ケータイ」「スマホ」の画面を含め、さまざまなメディウムや装置のなかに侵入し、人がそれをつうじて、生きていくうえで重要な何かを学んだり、現実のなかでは不可能な何かを体験したり、あるいは社会の誰かと交わったり結びついたりする、きわめて影響力の大きな媒体としての役割を演じつつあるからである。他方で「ゲーミフィケーション」(ゲーム化)なる術語が端的に示唆するように、ゲームという媒体がその枠を超過して、そこに包含されるロジックやデザインが(教育分野や経済分野を含む)多様な領野へと応用され、人びとの行為や欲望のかたちを大きく変質させつつある、という現況にも目を向けたのである。[10]

上記の「〇〇化する世界」もしくは「〇〇化する社会」をめぐる言説群のなかで、「ゲーム化/ゲーミフィケーション」とは、「今」を読み解くための切り口のひとつにすぎないかもしれない。しかし改めて再考してみるならば、乱立する「〇〇化」言説の源泉にあるものは、私たちが生きる

図0-6　日本記号学会編『ゲーム化する世界——コンピュータゲームの記号論』新曜社

(10)　わかりやすいところで、プレイヤー自身の能力向上を目的とする「脳トレ」的なゲームを例にあげると、それによって、それまでは“しんどい”と感じられていた学習が“遊び”へと転換される。

文化のあり方が、さらには、そのなかに生きる私たち自身のあり方が急激な「変化」にさらされている、という直感ではないだろうか。

よくあるメディア史的な言説を紐解いてみると、最古の文字が使用されたのは数千年前、その後、ヨハネス・グーテンベルクが活版印刷を発明したのが数百年前、さらに時代をくだって一九世紀以降にはさまざまな電気メディア・電子メディアが踵を接して発明され、それが近年になってからは各種の／新種のデジタルメディアやソーシャルメディアが爆発的に台頭する、という状況が顕在化しつつある。人間とは自らが作ったメディアによって作りかえられる存在である――メディア論的にそう考えてみるならば、現代人はまさにその等比級数的な変化の〝まっただなか〟にいる、と考えたほうが良さそうである。

社会学者のバウマンは、現代人が直面しつつある状況を「リキッド・モダン」（液体的・流動的な近代）と呼んでいる。彼によるとそのような時代においては、「そこに生きる人々の行為が、一定の習慣やルーティンへと〔あたかも液体が個体へと〕凝固するより先に、その行為の条件の方が変わってしまうような社会」（バウマン 2008：7）が現出しつつあると理解される。私たちが生きる現代社会は「液体」の隠喩、「液状化」のイメージで表象されるほどに、急速な変容の時を迎えつつあるのだ。

現代人の情報世界は多種多様なデジタルメディア、あるいはソーシャルメディアによって急速に組み変わりつつある。いわゆる〝ガラケー〟と呼ばれた多機能型携帯電話とは異なり、アプリを加除することでいくらでも機能をカスタマイズできる〝スマホ〟のように、昨今の若者たちはLINE、ツイッター、インスタグラムなど、手許にある複数のコミュニケーション媒体を組み合わせて――それも自らの所属する文化的グループの基準におうじて――情報世界を巧みにカスタマイズしようとする。そしてそのような技術的前提の変化は、ポストモダン的状況における〝文化の島宇宙化〟とも称される傾向、つまるところ（〝ジャニオタ〟にしても〝バンギャ〟にしても）細分化された小集団、あるいはトライブカルチャーを社会のなかで林立させる遠因ともなっていよう。

近年、私たちがそのなかに生きる記号世界と、（私たちと他者とを、あるいは私たちと世界とを媒介する）メディアテクノロジーとの関係性は以前にもまして錯綜したものになりつつある。じっさいに私たちが記号――言葉にしても、あるいは、言葉以外の非言語的な記号にしても――をもちいて展開する思考のプロセスに対して、メディアテクノロジーが干渉する局面は多々認められる。たとえばオンライン通販サイトの「レコメンデーション機能」――これは過去の購買履歴から特定のユーザーの趣味や関心を割り出し、サイト内でそれと関連するカテゴリーの「おすすめ商品」を推奨してくれるもの――にしても、あるいは携帯電話・スマートフォンなどに搭載されている「予測入力」――これはキーボードによる文字入力を省力化してくれるもので、言葉の選択肢を先回りして表示してくれるもの――にしても、自分が次に考える可能性があること、次に欲望する可能性があることが、あらかじめテクノロジーによって制御される（便利ではあるが、気持ち悪くもある）。その〝大きなお世話〟的な巨大システムのなかでは、思考や欲望のどこまでが自分由来で、どこからがシステムの要請に応えたものなのかが、じつはそれを行使する本人にとっても判然としないという場合も少なくないだろう。ともあれ〝リキッド化〟という用語を選択するかどうかはさておき、私たちをとりまく文化のあり方が、さらには、文化とともに生きる私たちのあり方がドラスティックに変容しつつある、という点に関しては衆目の一致するところではないだろうか。

クリフォード・ギアツは、人間とは自らが紡ぎ出した〝意味の網の目〟に支えられた動物であると捉え、その〝意味の網の目〟こそが「文化」であると規定した（ギアツ 1987）。コミュニケーションを媒介するメディアが技術的に進歩し、またそれが社会的文脈において位置づけられていく一連の過程をつうじて、メディア文化を構成する〝意味の網〟は刻々と更新されていく。とくに各種のデジタルメディアやソーシャルメディアが台頭したことによって、文化という〝意味の網の目〟が変換されていく速度は格段に上昇したようにも感じられる。そして他方では、それにともなって人と人との結びつき方、あるいは人とテクノロジーとの付きあい方なども確実に変質しつつあるのだ。

本書の構成――記号とメディアの間隙を問う

冒頭で述べたように、私たちはデジタル化されたメディア環境を生きている。そのなかで私たちが遭遇しつつあるのは、言語記号／非言語記号、あるいは、それらを載せる各種のメディアテクノロジーによって構築された〝意味の網の目〟、すなわち「文化」がドラスティックに組み換えられていく流動的な状況だといえる。そのような状況を、私たちはどのように理解することができるのだろうか。

本書ではそのような問いかけを起点としながら、また、「記号」と「メディア」の現代的な関係性を多角的に考察しながら、デジタル時代における想像力やリアリティの組成を分析していくことになる。以下、本書の構成について素描しておく。

まず第Ⅰ部では、そこに所収された四本の論考――「第1章　バックミラーのなかのメディア文化――テクノロジーの隠喩的理解をとらえなおす」「第2章　メディアテクノロジーが陶冶する想像力の現在――「予めの論理」と「象徴の貧困」」「第3章　メディアの媒介性と、その透明性を考える――「テクノ画像」概念を再考する」「第4章　私たちはどのように写真をまなざすのか――

言語との差異を中心に」——によって、記号とメディアの現代的な関係性を分析の俎上に載せることになる。

つづく第Ⅱ部では、やはり、そこに所収された三本の論考——「第5章　タッチパネル考——画面との接触が求められる現代」「第6章　「接続される私」と「表象される私」——記号論／メディア論の間隙で考えるゲーム」「第7章　スポーツゲームの組成——それは現実の何を模倣して成立するのか」——によって、視覚と触覚の現代的な関係性を分析の俎上に載せることになる。

最後に第Ⅲ部では、そこに所収された三本の論考——「第8章　ポケモンGOでゲーム化する世界——画面の内外をめぐる軋轢を起点として」「第9章　拡大される細部——マイケル・ウルフとダグ・リカードの写真集を比較する」「第10章　テクノロジーによる「行為」のシミュレーション——トリップアドバイザーを題材に」——によって、空間と身体との現代的な関係性を分析の俎上に載せることになる。

以上の、計一〇本の論考によって、記号とメディアの相互作用を視野に収めながら、デジタル時代の技術化されたイマジネーションの組成について、本書が新たな視座を拓く一助になることを願っている。

第Ⅰ部

記号とメディアの現代的な関係性を考える

第1章　バックミラーのなかのメディア文化
——テクノロジーの隠喩的理解をとらえなおす

ロラン・バルト晩年の写真論『明るい部屋——写真についての覚書』には、壁にもたれる若い男性の姿をうつした写真が掲載されている（図1-1）。アレクサンダー・ガードナーが一八六五年に撮影した写真であるが、バルトはそれに「彼は死んでおり、そして死のうとしている」（Barthes 1995：1177）というキャプションを添えている。

謎めいた言葉のようにも思われるが、バルトがこれに加えた解説をみれば、その意図は明らかになる。被写体の名前はルイス・ペイン。彼は時の国務長官W・H・シューアードの暗殺を企て、独房に収監された。そして写真が凍結させた瞬間のなかで、「彼は自らの絞首刑を待っている」（同書：1175）。

写真を鑑賞する私たちの「現在」からみれば、男性は過日、それもすでに百数十年も前に亡くなっている（彼は死んでいる）。しかし写真家がそれを撮影した瞬間＝「過去」からみれば、被写体の姿は画像のなかに固定され、その直後に彼を襲う「死」を永続的に待ちつづけているわけである（彼は死のうとしている）。

Alexander Gardner : Portrait de Lewis Payne, 1865.

図1-1　ルイス・ペインの写真

写真と死

死を待つルイス・ペインの肖像が示唆するとおり、写真というメディウムに随伴する時間性とは不思議なものである。一枚の写真を介して、「撮影の過去」と「鑑賞の現在」とが交錯する。ふだん、私たちがそう想像することは稀かもしれないが、写真とは「ここ、とかつて、のあいだの非論理的な結合」(Barthes 1993 : 1423)を実現するものであり、また、「時間が破壊したものの〔…〕代替物を提供」するもの(ブルデュー 1990 : 18)であり、さらには、「まさにこの瞬間を薄切りにして凍らせることによって、すべての写真は時間の容赦ない溶解を証言」するものでもある(ソンタグ 1979 : 23)。

写真とは過去の時空(すでに過ぎ去った、という意味で「死せる時空」)の忠実な証言者であり、それゆえに「過去」のみならず、「死」のイメージとともに語られることも少なくなかった。じっさいにバルトによると、写真とは時間の流れに抵抗して過去を保存する墓のごときものであり、生を保存しようとして死を産出するものとして理解される。つまり、ある写真が死を直接的に表象するか否かにかかわらず、そもそも、その表現形式そのものが「死の影」を宿しているわけである。ちなみにバルトは、写真を「ものをみる時計」という隠喩でもって表現してもいるが、つまるところ、それは本来であれば時間の経過とともに失われてしまうはずの「過去の現実」を、客観的に、あるがままに反映する媒体として理解されたわけである……。

デジタル時代における写真の変容

ともあれ、以上のような写真をめぐる説明を耳にして、納得できる人が現在どれほどいるだろうか。一九八〇年に他界したバルトが考察の対象としたのは、あくまでもフィルムカメラで撮影されたアナログ写真である。たしかにその段階にあっては、写真は「光の痕跡」として、あるいは、被写体の真実をあるがままに表象する表現形式として、ある種の客観性や信憑性を獲得していたのかもしれない。だが、従来的にはそのように把捉しえた写真も、アナログからデジタルの段階へと移行するにつれて、その表現形式としての、あるいは、そのメディウムとしての特性が大きく変化したといえる。

かつてフィルム写真の時代にあっては、「シャッターを切る」という行為は、ちょっとした決断を要する行為だったように思われる。二四枚撮りや三六枚撮りといったように、枚数が限られたフィルムを購入し、それをカメラに入れてシャッターを切る。フィルムを使い切ってからそれを写真屋にもちこんで現像してもらい、ようやくそれを映像として眺めることが可能になる。つまり、インスタントカメラのような例外を除けば、撮影から鑑賞までのタイムラグが受容の前提だったわけであり、たとえば旅行中にたくさんスナップ写真を撮ったとしても、もし旅先でフィルムを使い切らなければ、その現像、そして鑑賞のタイミングがだいぶ後にずれ込むということも、よくある話だったわけである。

それが今ではどうだろうか。携帯可能《ポータブル》なデジタルカメラで、あるいはスマートフォンに搭載されているカメラで、たとえば旅行中に、私たちは気軽に、しかも（端末の容量が許す限りは）無際限に写真を撮ることができる。撮影された写真はすぐにデバイスの液晶モニターで、あるいは端末のタッチパネルで確認でき、それらの画像データを指先による操作で取捨選択をして、不要な画像を容易に消去することができる。そして空間を超えて存在する他者のまなざしを意識しながら、選んだ画像を即座にSNSへとアップロードできる。同じ「写真を撮る」「写真を見る」という行為だとしても、アナログ時代のそれとはまったく異質なプロセスがそこには介在しているのだ。

じっさいに写真がデジタル化されるようになった今、フォトショップなどによるその画像の加工・編集はいっそう容易になったともいえるし、また、フェイスブックやインスタグラムなどソーシャルメディアの回路を経由して交換されるようになった今、その画像を介した新たなコミュニケーションやコミュニティが台頭しつつあるともいえる。(1) もはや写真とは時間的な深度を感知させるメディア、あるいは、ハロルド・イニスの言い方を借りれば、（時間を超えて情報を運ぶ）「時間バイアスをもつメディア」という側面よりも、むしろ（空間を超えて情報を運ぶ）「空間バイアスをもつメディア」としての側面が前景化されつつある、といえるかもしれない。

もちろん「メディア」という概念からすると、写真は人と人との関係、あるいは人と世界との関係を仲立ちする映像コミュニケーションの手段として「媒介作用」を発揮するものだといえる。じっさいに私たちは写真によって、地球の反対側に住む人びとがどんな暮らしをしているのかを知ることができる。あるいは写真によって、一九世紀に生きた人びとがどんな暮らしをしていたのかを知ることもできる。写真とは時空の壁を飛び越えてさまざまな映像を記号として運ぶ「乗り物」であり、また、情報を保存したり伝達したりする媒体＝「メディア」として機能するものである。だがその一方で、「写真」と呼ばれるものは歴史的にも技術的にも多様な様相をもち、ゆえに、それをその名称によって一括することは困難である。たとえばレフ・マノヴィッチは『インスタグラムと現代視覚文化』（図1-2）のなかで、次のような指摘をおこなっている。

> この論考で調査している期間の、インスタグラムが必然的に持っている単純な構造——世界中で同じUI（ユーザーインターフェイス）を持つ単一のデバイスと（大部分のユーザーにとって）単一のインスタグラムアプリの使用、二〇一五年の中頃までの画像サイズと比率の規格化、日付と位置情報の記録——は、私たちがしばしば、単一のものとして議論している古いメディアによって歴史化された想像力が、いかに架空のものであったのかを認識させてくれる。

（1）角田隆一は「コミュニケーションをつくる映像文化」と題された論考のなかで、現代的な「写真コミュニケーション」について次のように語っている——「九〇年代半ばのプリクラ文化でもすでに見出されていたこのコミュニケーションは、その物質性と身体性をともなった営み——プリクラ手帳の持ち歩き！——をデジタル・ネットワーク技術によってお手軽化して、さらにローコストな写真の流通（＝拡散）を実現した。こうして二〇〇〇年代半ばには、デジタル写真を介して（不）特定多数の人とのコミュニケーションを楽しむ「写交性」が広く展開していく。今日〝炎上〟をともなって社会問題にもなっている「バカッター」なども、その一側面としては、この志向が強迫的そして倒錯的に強まって表出したものとみることができるだろう」（角田 2016：109）。

実際、「写真」というものなど存在していたのだろうか？　タルボットの一八三〇年代の塩化銀の写真、レンズを使わなかったマン・レイの一九二〇年のフォトグラム、そして動いている被写体に自動的に焦点を当てるカメラが1／8000秒で撮影した現代の〔…〕写真の間に、何か共通のものはあるだろうか？（マノヴィッチ 2018：24-25）

ここでいわれるように、私たちが単一のものと想定しがちな「写真」というメディウムは、じっさいのところ、歴史の表舞台に登場した個々のテクノロジーや表現形式に裏づけられるかたちで、そのつど変容を繰り返してきたといえる。それはタルボットの塩化銀の写真にはじまり、そして現代では、マノヴィッチが分析の俎上に載せるインスタグラムに至るまで、一応は「写真」と呼ばれ一括されるわけだが、他方では、たしかにそう写真の単一性を私たちにイメージさせるメディウム論的な想像力そのものが虚構性をおびている、ともいいうるだろう。

ちなみに写真におけるアナログ／デジタルの差異を勘案するならば、遠藤薫による次の言説を参考にしてみることもできるだろう。

図1-2　レフ・マノヴィッチ『インスタグラムと現代視覚文化』ビー・エヌ・エヌ新社

カメラとデジタル・カメラは、一見似ているし、最終的な出力としての画像も相応のものであると考えられるかもしれない。しかし、カメラは、現実の〈光〉を印画紙上に定着させる。カメラは〈現実〉と〈写真〉とを媒介するものであって、〈写真〉は〈現実〉の写しなのである。これに対して、デジタル・カメラの役割は、もっと積極的である。デジタル・カメラは、〈現実〉をデジタル信号へと変換し、このデジタル信号を変換して〈画像〉として出力する。すなわち、カメラでは、〈写真〉はいつまでも〈現実〉に囚われ続けていたが、デジタル・カメラから出力された〈画像〉と〈現実〉とは完全に遮断されているのである。そもそもカメラの形態自体、もとのカメラは物理的合理性によって形態が決まったわけだが、今日のデジタル・カメラの形態は、単にかつてのカメラに似せてあるだけである。現代のメディア技術をメタ複製技術と呼ぶのは、そのような意味である。（遠藤 2009：12）

遠藤はデジタル技術とネットワーク技術との融合を基盤としてうみだされた「メタ複製技術」について、その特性を「①劣化なきコピーの無限複製可能性」「②イリュージョンの可視化」「③イリュージョンと現実の相互浸透とモンタージュ」「④コピーのハイパーリンクと再帰的自己増殖」の四点に求めているが、ともあれ以上のような視点に依拠した場合、スマートフォンのアプリが駆動させる「テレビ」や「DJコントローラ」や「計算機」などもまた、それぞれ従来的にそう呼ばれていたものと同一の媒体ではありえないはずである。だとすれば、アナログメディアがデジタルメディアへと移行することで、何がどのように変化するのだろうか。

アナログ革命

石田英敬は『大人のためのメディア論講義』（図1－3）のなかで、一九〇〇年前後に到来した「アナログ革命」に言及している。その著書によると「アナログメディアの革命は、すでに一九世紀をとおして技術的には準備されていました。一八二五年にニエプスが写真を発明する。一八七六年にベルが電話を、一八七七年にエジソンがフォノグラフ（蠟管再生機）を発明した。一八九五年リュミエール兄弟が工場から女工たちが出てくる映像を撮影した。一九世紀を通して、こうした一連のアナログ・メディア技術が発明されていきました」（石田 2016：61－62）と解説される。さら

図1－3　石田英敬『大人のためのメディア論講義』ちくま新書

に、これらの発明を前提として、「二〇世紀になって、写真、映画、電話、レコード、ラジオの普及のように、これらのアナログメディア技術が産業的にも使われるようになって、じっさいに人間の文明を大幅に書き換えていく「アナログメディア革命」が起こっていくわけです」（同書：62）と指摘される。

ではその革命とは、アナログ媒体のいかなる特徴によって支えられていたのだろうか。石田によると、「写真以降のこれらのメディアの特徴は、機械が書く文字であること」（同書：同頁）と整理される。つまり写真、レコード、映画などのアナログ媒体はその語尾に「グラフ」（graph）という要素が付いており、総じて「書き取り」を実現する「文字テクノロジー」なのだという。

> 写真（フォトグラフ Photograph）は「光（photo-）を書く文字」、レコードつまりフォノグラフ（Phonograph）は「音声（phono-）を書く文字」、映画（シネマトグラフ Cinémato-graphe）は「運動（cinémato-）を書く文字」です。フォトグラフ、フォノグラフ、シネマトグラフというように、これらはみな、語尾にグラフ（graph）という言葉が付いてます。グラフというのは「書き取り」という意味で、語源になっているgraphein はギリシャ語でカく（書く・描く・画く・掻く）という意味です。つまりこれらの呼称が示しているのは、これらはみな一種の文字であるということ、メディアとは、「文字テクノロジー」の問題なのだという事実です。（同書：63）

この引用で取り上げられる「写真」「レコード」「映画」などのアナログメディアは、記号を書き取ってそれを物質のうえに痕跡化するテクノロジーであり、石田の言葉を借りると、「アナログ革命以降のメディアは、機械によって人間の知覚＝意識や表象の活動を書き取り送受信する技術」（同書：65）として総括される。しかも彼によると、この「アナログメディアの時代」では、写真やレコードなどのように機械が文字を書くが、「しかしその意味の判断や批判はまだ人間がおこなう」段階であったという（同書：81）。その一方で、これが「デジタルメディアの時代」へと移行すると、「機械が文字（数字）を書き、その解釈や判断も、機械が一部または全て代行する」ようになると洞察される（同書：同頁）。

デジタル革命

それでは、石田は一九五〇年以降に到来した「デジタル革命」をどのように説明しているのだろうか。引き続き『大人のためのメディア論講義』を参照しつつ、彼の説明を紹介しておこう。

デジタル革命は、一九五〇年頃コンピュータが開発されて始まりました。コンピュータは、それまでに五〇年かけて、アナログメディアによって蓄積されてきたアナログ記号をデジタル記号に書き換えていき、二〇〇〇年前後、それらがすべてデジタル記号に書き換えられました。まず、フィルムカメラがデジカメに移行していき、アナログカメラを使っている人はごくわずかになり、いまではよほどの趣味人でない限り、フィルムで写真を撮ることはないでしょう。それよりも前には、アナログレコードを聴いていた人たちがCDなどのデジタルメディアに移行していきました。このように、デジタルメディアの原理でどんどんデータが書き換えられていきました。そしてテレビも、二〇一一年七月二四日には、被災三県を除く四四都道府県でアナログ波が終息し、すべてデジタル化しました。これにより、アナログメディアであった

テレビがデジタルメディアになった。テレビの地上波デジタル化は、デジタル革命のひとつの完結を意味します。(同書：119)

石田は「デジタルメディア革命」について、それを「平たく言えばすべてがコンピュータになるということ」であると指摘している(同書：120)。つまり「電話・カメラなどといったアナログメディアの形状を残していながら、中身はコンピュータ」になる、というのがその内実なのだという(同書：同頁)。つまるところコンピュータとしてのデジタルメディアによって、あるいは、その「0」と「1」であらゆる記号がデジタル的に処理される数学的なパラダイムによって、従来のアナログメディアの形状がシミュレートされ、記号的に残存しているわけである(2)。

既述のように石田は「メディア＝記号＋物質」として理解していたが、それでは現代社会において、情報はいかにして物質の次元に関与しているのだろうか。河島茂生はこの点に関して次のように語る。

デジタル情報が膨張している状況下では、脱物質化が進み物質が軽んじられかねないように感じられる。たとえば、書物の制作の場面である。かつては職人によって手で活字が拾われ版が組まれた。〔…〕しかし、一九八〇年代よりコンピュータで印刷までの前処理をおこなうようになって物質性は薄れたといえるだろう。また、コンピュータでは文字や画像、音声、動画などは機械的に「0、1」のパターンで同列に扱われているため、同じルールに基づきさえすれば別のコンピュータで処理可能である。そのコンピュータ端末でなければならない必然性はゼロに近い。インターネットはといえば、媒体の区分を崩し、媒体ごとの流通経路を半ば壊し

(2) むろん写真のデジタル化といっても、レンズなどを含めそのすべてがコンピュータ化されるわけではない。石田によると、そこでは「アナログで撮った画像の明度・彩度をコンピュータがすべてデジタル記号(0と1)に変換し、情報処理」することになる(石田 2016：127)。

ている。すなわち、映画は映画館で視聴され、音楽はCDで流通し、新聞は販売店を通じて頒布されるといった媒体ごとの縦割りの構造が変容して、映画であれ音楽であれ新聞記事であれ、インターネットを通じて流通するようになった。（河島 2014：17–18）

彼が指摘するように、デジタル化されたメディアは私たちをとりまく環境を変容させながら、脱物質化を進展させている面があるのだ。

新たなテクノロジーと古いイマジネーションの交錯

アナログとデジタルの分水嶺を挟んで、写真や映画やテレビなどに限らず、あらゆるメディウムがコンピュータ化、つまりコンピュータを基盤に再構成され、別のテクノロジーへと変質を遂げつつあるはずである。しかしそのようなデジタル化の内実があるにもかかわらず、私たちはスマートフォンやタブレット端末の画面のなかに、過去に培われたイマジネーションの残滓を認めることになる。ようするにデジタル革命以後の世界では、あるメディウムの機能や形状をめぐって、新しいテクノロジーと古いイマジネーションが交錯するのだ。

既述のようにデジタルの時代にあっては、さまざまなメディアやそれに付随する私たちの行為が新たなメディア環境のなかで技術的に再構成、もしくはシミュレートされる。そしてスマートフォンを介して「電話をかける」「映画を見る」「本を読む」などの行為に従事するとき、まったく異なる技術的基盤にもとづいて「デジタル」的に形成されたそれらのメディウムの「幻影」を、私たちは外面的な類似性を根拠に、いってみれば「アナログ」的に認識する傾向があるのだ。そしてそのような構図があるなかで、私たちはいかにして新しいテクノロジー、およびそれが形成する新しい環境に接触しつつあるのだろうか。

本章ではリキッドに流動化するメディア環境の「今」を把捉するために、いくつかの学問的視点に依拠しながら議論を展開することになる。そのために、まずその端緒としてとりあげてみたいのは、マーシャル・マクルーハンが「バックミラー」の隠喩をもちいて提示した視座である。

第一節　バックミラー越しにみえる「今」

「われわれはバックミラーごしに現在を見ている。われわれは未来にむかって後ろ向きに後進している」（マクルーハン 2015）――マクルーハンは自らのメディア論的思想の精髄をポップにまとめた本『メディアはマッサージである――影響の目録』（図1-4）のなかで、馬車をうつしたバックミラーの挿絵（図1-5）とともに、この言葉を読者に対して提示している。

すこしイメージしにくい構図かもしれないが、ドライバーの視点からみると、車の前方には「過去」がひろがっていて、後方には未来がひろがっている、と想像してほしい。マクルーハンの喩えによれば、私たちは「バックミラーごし」に、いったん過去を経由して現在をみている、ということになる。そして車は未来に向かって、後ろ向きにバックしている、というわけである。

ちなみにバックミラーにうつる馬車、これは上記の構図を理解するうえで象徴的である。ポール・レヴィンソンは『デジタル・マクルーハン――情報の千年紀へ』のなかで、この「バックミラー」の隠喩に関連して次のような解説を加えている。

電話は最初「話す電報（talking telegraph）」と呼ばれていたし、自動車は「馬無し馬車

図1-4　マクルーハンほか『メディアはマッサージである』河出文庫

図1-5　われわれはバックミラーごしに現在を見ている。

(horseless carriage)」、ラジオは「無線機（wireless）」と呼ばれていた。しかしそうしたテクノロジーのどれもが、呼び名以上の存在だった。電話は家庭のプライバシーをなくし、自動車は石油産出国の国力を増大させ、ラジオは全国に同時に発信するマスメディアとなった。そして最初に付けられていた懐古的なレッテルにこうした影響の意味は込められていなかったために、バックミラーのせいで私たちは重大な成果を見逃してしまった。（レヴィンソン 2000：40）

自動車を「馬無し馬車」と呼ぶのは不思議な気もするが、それが登場した当時、人びとは過去に培われた想像力を「懐古的なレッテル」として応用し、そのつど、新しいテクノロジーを何とか理解しようとしたのである。ちなみに、これに類似した例は日本にもあって、たとえばテレビが登場した当時、人びとはそれを「電気紙芝居」と呼んだということもある。つまりそれ以前から存在する「紙芝居」というメディウムのイマジネーションを隠喩的にあてはめることで、当時としては最先端のテクノロジーである「テレビ」を何とか理解しようと試みたわけである。

新しいものを理解することの困難性

テレビを「電気紙芝居」と呼んでいたと聞いて、おもわず、くすっと笑ってしまう人もいるかもしれないが、じつは現代人の認識も似たようなものかもしれない。吉岡洋が問いかけるように、「私たちはたしかにデジタル情報環境に取り囲まれているけれども、いまだに基本的にはそれらをデジタル以前の思考様式によって——電子テキストとして書かれる著作物を紙の書籍の比喩によって、データとして配信される音楽をアナログ録音技術の比喩によって——何とか理解しようとしてきたのではないか？ そしてそうした比喩は、今や役に立たない時が来ているのではないだろうか?」」（吉岡 2015：4）。

他方、水越伸によれば、「いつの時代においても私たちは、新しいメディアの「新しさ」という特性を純粋に知覚することはできない」（水越 2002：39）とも指摘されるが、ともあれ、バックミラーをめぐるマクルーハンの言葉が教えてくれるのは、私たちが「現代の眼」で現代をみることの困難性である。たしかに今、多種多様なかたちで進化を遂げたデジタルメディアやソーシャルメディアによって、私たちをとりまく環境は以前にも増してリキッド化しつつある。しかしその一方で、私たちは自らが直面しつつある変化がいったい何であるのか、その意味を十全に理解することはできない。そのような認識をふまえたうえで、本章ではこれ以後、メディア考古学のエルキ・フータモによる「トポス」、心理学者のシェリー・タークルによる「インターフェイス・バリュー」、ゲーム研究者のイェスパー・ユールによる「カジュアル革命」などの各概念を援用しながら、新しいテクノロジーと人びととの想像力を接続するために記号化された各種の「隠喩」を分析の俎上に載せてみたい。

第二節　メディアテクノロジーの隠喩的理解①――フータモの「トポス」概念

フータモがその第一人者であるメディア考古学とは、「抑圧され、無視され、忘れ去られたメディアの歴史」（フータモ 2015：8）に着眼することで、メディア文化やメディア史をめぐる従来の権威化／規範化された物語に対して、それとは異なる見方を提起するものといえる。本章でとりあげてみたいのは、その彼の思想でもとくに重要なもののひとつ、「トポス」概念である。本人によると、トポスとは「心を打つ視覚的なもしくはテキストによる決まり文句を供給して、見る側の好

図1-6　Kindle Paperwhite の広告

（3）太田純貴は「トポス」概念について次のような解説を加えている――「もともとトポスは「決まり文句」などと訳される言葉で、フータモはこの概念を文学研究者エルンスト・ローベルト・クルティウスから受け継いだ。だが、クルティウスが基本的には文学におけるトポス以外を認めなかったのに対し、フータモは美術史家アビ・ヴァールブルクらの発想を援用し、「こびと」などの実例を提示しつつ、トポス概念を視覚文化やメディア（文化）研究へと拡張した」（太田 2016：107）。

奇心をそそる」（同書：55）ものと説明されるが、つまるところ、それは時代や媒体の差異を超えて反復される常套的なイメージとして理解することができよう[3]。

一例をあげれば、フータモはサムスン製の携帯電話の広告（図1－7）をとりあげながら、そこに描かれた小人の姿――冬季オリンピック仕様の広告ということで、スキーのジャンプ台にみたてられた携帯電話の画面から小人の選手が飛びだしてくる――を分析したり、あるいは、『ニューヨーカー』誌に掲載された風刺漫画（図1－8）をとりあげながら、そこに描かれた小人の姿――メインフレーム型コンピュータから扉をあけて小人が出てくる――を分析したりしている。両者ともに、各時代の最新のテクノロジーが「小人」の姿とともに描出されている。フータモの言葉を引用するならば「伝統的なトポスである「妖精エンジン」を使えば、先端テクノロジーを別ものとして表象できる。言ってみれば、トポスは文化を当たり前のものに、耳慣れないものをお馴染みのものに偽装する」というわけである（同書：32）。つまり先述の「電気紙芝居」の場合と同様に、ここでは既知のもの（装置の「エンジン＝動力」としての小人）をイメージとして流用することで、「耳慣れない」あるいは「馴染みのない」最新のテクノロジーを理解可能なかたちに変換するわけである。

現代でも「小人」のトポスは、たとえばコカコーラ社によるCM「Happiness Factory」（Japan Version）[4]のなかで確認することができる。そのCMでは、ある若者が自動販売機にコインを入れ、コカコーラのボトルが商品として製造され、そこから排出されるまでのプロセスが描写されている。じっさいにはありえない設定なのだが、自動販売機内部のテーマパークのような空間のなかで無数の小人たちが働いており、彼らが空の瓶にドリンクを注入し、それに蓋をし、さらに冷却して出口まで送り出す様子が祝祭的な雰囲気とともに演出さ

（4）https://www.youtube.com/watch?v=rnDKEtWDnR8（最終閲覧日：二〇一八年八月二八日）

図1－7　携帯電話のなかの小人

図1－8　コンピュータのなかの小人

れているのだ（図1-9）。

コインを入れて商品が出てくるほんの短いあいだに、自動販売機の内部でそのような工程が起きているわけでないことは、もちろん誰もが理解しうることである。しかしこのCMでは、消費者にとって不可視である自動販売機という機械的なシステムの内部が「小人の労働」によって演出されることにより、未知のものが既知のものへと置き換えられ、その楽しげなイメージによって商品に新たな価値が付与される。ともあれこのCMもまた、現代における「小人」のトポスの使用例といえるだろう。

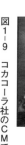

なお、フータモによると「インターネットの時代では、古代の伝統から現代のメディア文化に至るトポスの流れは枯渇するどころか、その勢いをいっそう増すかのようである」と主張される（同書：47）。そして、彼はその原因として「急速に成長するデジタル・オンライン・データベースと従来よりもはるかに強力な検索エンジン」の存在をあげ、インターネットを「巨大なトポス伝達装置」あるいは「トポス生成装置」と呼ぶのである。じっさいに上記のコカコーラ社によるCMは、それが公開されて一〇年以上が経過した現在においても、インターネット上で閲覧可能である。

図1-9　コカコーラ社のCMで商品を製造する小人たち

第三節　メディア・テクノロジーの隠喩的理解②
――タークルの「インターフェイス・バリュー」

タークルはその著書である『接続された心――インターネット時代のアイデンティティ』（図1-10）のなかで、「モダニズムにおける計算の文化から、ポストモダニズムにおけるシミュレーションの文化へと移りつつある」（タークル 1998：25）という事態について論及している。その移行を説明するために彼女がもちだすのは「インターフェイス・バリュー」という概念である。タークルは自身の体験をからめながら、それを次のように語る。

> たとえば、私たちは、脚のついた机《デスク》を使うと同時に、マッキントッシュ・スタイルの〝デスクトップ〟も使っている。また、実際に住んでいる場所のコミュニティに参加するとともに、コンピュータ・ネット上でコミュニケートする人たちだけの間に存在するヴァーチャル・コミュニティにも参加している。現実と仮想の単純な区別が、できにくくなっているといえよう。画面上のデスクトップが現実のデスクトップより現実っぽくないとかいうことは、意味がないのだ。私が今使っている画面のデスクトップには、「プロフェッショナル・ライフ」というラベルのフォルダーがある。中身は仕事の手紙類、手帳、電話番号簿だ。「講義」というラベルのついた別のフォルダーには、講義の時間割、リーディングの課題、クラス名簿、講義ノートが入っている。三番目は「現在の仕事」というラベルで、中身は研究メモと本書の原稿だ。こうしたオブジェクトと私との関係では、非現実性といった感覚は感じられない。シミュレーションの文化のおかげで、私は画面上に見えるものを〝(インタ)フェース・バリュー〟でとらえるようになったのである。(同書：30)

タークルが「インターフェイス・バリュー」を説明するうえで注目するのは、フォルダーやゴミ箱などのように視覚的に提示されるアイコン、すなわち「デスクトップ・メタファー」である。たとえば何らかのファイルを削除するとき、ユーザーはマウス操作によってそれをゴミ箱までドラッグ&ドロップするわけだが、その一連の作業を完遂するために、とくに複雑なコードの内面化が要求されるわけではない。特別な知識を必要とせずとも、画面上に表象されている各種アイコンを直

図1-10　シェリー・タークル『接続された心――インターネット時代のアイデンティティ』早川書房

感的に操作することで、ユーザーはその目的を遂行することができるわけである。

内部の透明性と不透明性

タークルはこのような革新的システムが誕生することになった重要な契機として、一九八四年のアップルコンピュータによるマッキントッシュのパソコンの発売をあげている（図1-11）。彼女の指摘によると、そのシステムにおいて前提とされているのは、ある種の〝不透明《オペーク》な〟テクノロジーであるという。ここで、なにがどのように〝不透明〟であるのかを理解するために、それと対比される〝透明な〟テクノロジーをまず紹介しておこう。

> 一九七〇年代のパソコン初期モデルや、一九八〇年代初頭に登場したＩＢＭ ＰＣは、その基本的メカニズムが〝透明《トランスペアレント》〟でオープンなマシンという説明をしていた。こうしたマシンは、中を開ければその〝装置《ギア》〟が理解できるという想像をユーザーにさせたが、そのレベルの理解をしようとしたことのある人間は、かなり少なかった。初期のパソコンでは〝中にあるもの〟を〝見る〟ことができたものだ、という話をする人たちがいるが、彼らのほとんどにとって、マシンそのものとのあいだにはまだ仲介役のソフトがたくさんあったのだということを、忘れてはならない。だが、そうしたパソコンについて、画面のむこうに隠されたものを知っている、つまりテクノロジーを理解しているということが、彼らにとって励ましになったのだった。（同書：29）

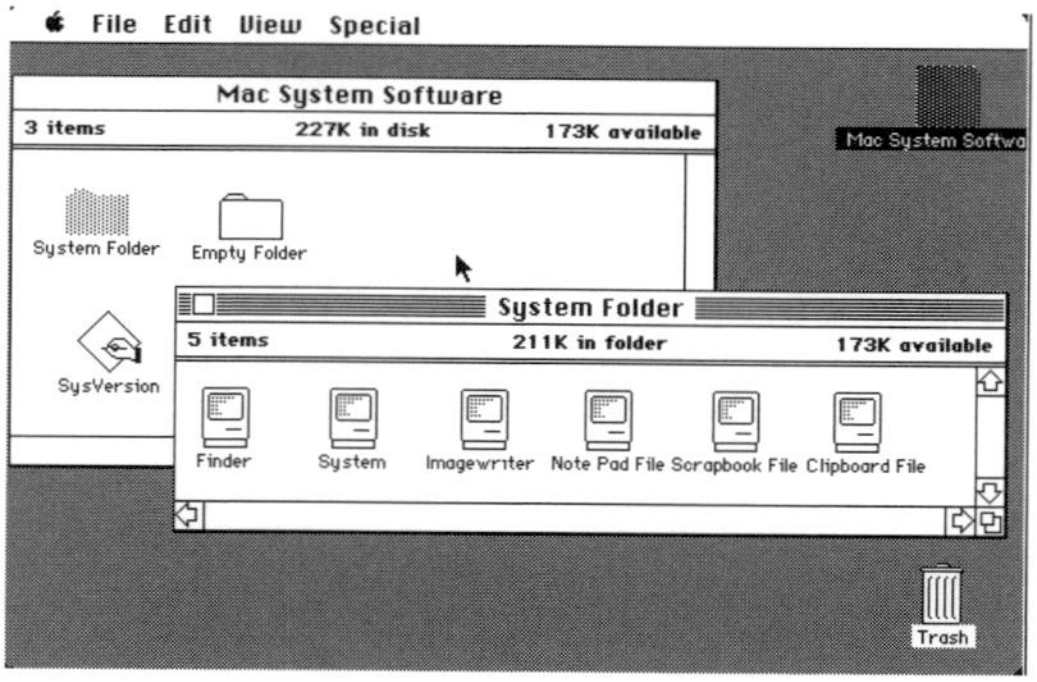

図1-11　マッキントッシュのパソコン(5)

（5）「Macintosh」システム・ソフトウェアの最初のバージョンである「System 1.0」は、米国時間一九八四年一月二四日にリリースされた。サイズはわずか二一六Kバイトで、「Macintosh 128K」に搭載されていたOSだった。このOSは、デスクトップ、ウィンドウ、アイコン、フォルダ、メニューバー、書類、アこのように、たとえば一九八〇年代初頭のＩＢＭ ＰＣにおいては、ユーザーにとってその内部のメカニズムが可視的であるという点において、それは〝透明〟であると捉えられている。では、これに対してマッキントッシュのパソコンはどのように解されているのであろうか。タークルは次のように語る。

> 一九八四年に発表されたマッキントッシュの場合は、ファイルフォルダーやゴミ箱やデスクトップのアイコンによって、大衆に対しシミュレーションが示された。だが、その下の構造について知る手だてはなかった。各機能の結果を通じてしか見ることはできないのだった。（同書：同頁）

このマッキントッシュのシステムにおいては、デスクトップの表層で可視化されるアイコンの下でどのような処理が実行されているのか、ユーザーにとっては不可視であり、ゆえに〝不透明〟であると捉えられている。表面的にあらわれるグラフィカル・ユーザーインターフェイス（ＧＵＩ）は「マシン本来の部分をユーザーから見えないところに隠してしまった」（同書：同頁）のである。ようするに、デイヴィッド・ボルターらが指摘するように、「デスクトップというメタファーは幻想である。実際に起きていることは「カーテンの背後」だからだ（ハードウェアのレベルにせよ、ソフトウェアのレベルにせよ）。実際に起きていることは、実際のデスク上のフォルダーや書類とは似ても似つかない。ＧＵＩの役割は、ユーザーに、〝コンピュータとはデスクトップである〟と信じさせることなのである」（ボルター＋グロマラ 2007：64）。

ＩＢＭとマッキントッシュの対比というかたちで提示される「モダニズムにおける計算の文化」

プリケーション、「Trash」（ゴミ箱のこと）、システムソフトウェアで構成されていた。一度に一つのアプリケーションしか動かせず、白黒表示だった（https://japan.cnet.com/article/35043244/　最終閲覧日：二〇一八年八月二八日）。

から「ポストモダニズムにおけるシミュレーションの文化」への移行によって、複雑な知識を前提とせずとも、より多くの人びとがそのシステムの挙動をコントロールできるようになる。つまるところタークルの語る「インターフェイス・バリュー」とは、コンピュータ内部の記号世界をそのインターフェイス上の表面的な価値判断によってユーザーに制御させるためのテクノロジーとして登場し、さらには普及していったのである。

第四節　メディアテクノロジーの隠喩的理解③——ユールの「カジュアル革命」

操作にかかわる複雑性を縮減するという点でＩＢＭ ＰＣ／マッキントッシュ・パソコンの対立に類似した構図は、じつはゲームの発達史においても認められる——この問題に関連して本節でとりあげてみたいのは、イェスパー・ユールの「カジュアル革命」をめぐる見解である。ユールによれば、カジュアル革命とはビデオゲームの歴史における飛躍的瞬間であり、また、それはビデオゲームが再発見された瞬間でもあるという。彼はその著書 *A Casual Revolution : Reinventing Video Games and Their Players* のなかで、次のように指摘している。

簡単なカジュアルゲームは、複雑なハードコアゲームよりも人気がある。たしかにカジュアルゲームは新たなプレイヤーを獲得し、また、その新たなプレイヤーはしばしばカジュアルプレイヤーとして呼ばれることになった。では、なにがカジュアルなのだろうか？　カジュアルプレイヤーおよびカジュアルゲームという概念は、より伝統的なビデオゲーム（それは、ここでいうハードコアゲームであり、それを遊ぶ人はハードコアプレイヤーと呼ばれる）との対比のなかで、二〇〇〇年あたりから一般的になっていった。〔…〕ハードコアプレイヤーは、SF、ゾンビもの、ファンタジー・フィクションを好み、ビデオゲームをプレイすることに膨大な時間と資源を投資する人物、難易度の高いゲームを楽しむ人物というステレオタイプによって同定することができる。カジュアルプレイヤーのステレオタイプは、このハードコアプレイヤーの逆のイメージである――彼らは楽観的で愉快なフィクション作品を好み、多くの時間と資源を費やすことなく、また難しいゲームを好まない傾向がある。(Juul 2010 : 8)

二〇一〇年に刊行されたこの本でユールが「カジュアルゲーム」を語るとき、そこでは次の二つのタイプのゲームが想定されている――第一のものは擬態的なインターフェイス(mimetic interface)を搭載したゲームであり、第二のものはダウンロード可能なカジュアルゲームである。前者の例としてあげられているのは、任天堂が二〇〇六年に発売したWiiのような体感型のゲームである――それらのゲームにおいては、プレイヤーが自らの身体を動かし、ときに画面内のキャラクターの動作と連動することになる。これに対して後者に関連して説明されているのは、インターネット経由で購入され、短い時間で気軽に遊ぶことができる、あるいは、そのプレイのために多くの知識を必要としないようなタイプのゲームである。

カジュアルに遊べるこれら二つのタイプのゲームが普及する以前――すなわち「カジュアル革命」の前夜ということになるが――ゲーム産業はある意味で行き詰まりを迎えていた、とユールは語る。その当時ゲームのファンたちの多くは、いわゆる「ハードコアプレイヤー」であり、複雑化するゲーム操作を前にしてもなお長い時間と多くの労力とを投入しうる一部のファン層しかゲーム産業は取り込むことができていなかったのである。

それが二〇〇〇年代以降のゲームではどうか。たとえば発売された直後、人びとの話題をさらった『Wii Sports』に関していえば、それは当初から健康増進の手段として宣伝され、老人ホームなどにおいてその目的で活用されることもあった。あるいは「カジュアルゲーム」ということで、スマートフォンで遊べるゲームアプリを想像してみるなら、それは最近ではスーツを着たサラリーマンやOLなどが電車内で没頭する姿をよく眼にする。予備知識がなくとも気軽に遊べるカジュアルゲームの普及によって、ゲームが人びとの生活に侵入する仕方が大きく変わった。そしてその「革命」によって、従来であればゲームに興味をもつことがなかった層が新たなファンとして取り込まれることになった、というのである。

いうまでもなくテニスでラケットを振る動作は、『Wii Sports』でリモコンを振る動作と同じではない。それはまったくの別物であるはずだが、しかしこの作品では、それらの同一視がプレイの前提になっているのである。ともあれ、ユールによる「カジュアル革命」をめぐる議論を本章のテーマに即して再考してみたとき、そこから何が見えてくるだろうか。あるいは、それを前節でとりあげたタークルの「インターフェイス・バリュー」をめぐる議論と関連づけてみたときに、そこから何がいえるのだろうか。まず指摘しておくべきことは、ゲームによって提示されるものが人工的に構成された記号世界であり、それをプレイヤーが何らかのインターフェイスをもちいてコントロールし、所期の目的を達成するというプロセスが、そこにはたえず随伴しているという点である。さらに付言しておくと、その人工的な記号世界に対する制御感が「カジュアル革命」によって(具体的にいえば、直感的に操作できるWii リモコンのような体感型インターフェイスや、あるいはいつ始めてもいつ終えてもよいスマートフォンで遊べるゲームアプリなどの登場によって)大きく変容したと理解されるのである。

●結びにかえて

文字、映像、音楽――記号論の視点からいえば、それらは私たちに何かしらの意味を伝える「記号」といえるだろう。私たちは日々スマートフォンをつうじて、膨大な文字・映像・音楽、すなわち無数の記号群をたえまなく浴びつづける日常を過ごしているわけであり、その点で、手許にあるデジタルデバイスが私たちの記号世界をより複雑なものに転換しつつあることは容易に実感できる。しかし他方で、その複雑な変化をもたらすテクノロジーの現在を、私たちが「現在の眼」で理解できない、という側面もある。

これまで本章では、フータモによる「トポス」、タークルによる「インターフェイス・バリュー」、ユールによる「カジュアル革命」という三つの概念を紹介することで、人びとが各時代の新たなメディアテクノロジーを、それとは別の何かによって記号的に認識したり、操作する術を獲得したりしてきたことを確認した。既述のように、デジタルメディアの時代では個々のメディウムの輪郭が曖昧化するが、デジタル技術を前提としたポストメディウム的状況にあって、私たちの記号的想像力とメディアテクノロジーとの関係は、従来よりもはるかに錯綜したものとなりつつある。

たとえば現代人は「小人」のトポスを経由して、未知のテクノロジーを既知のイメージによって置換しようとし、また、デスクトップ・メタファーを経由して、コンピュータを簡単に制御する仕組みを考案しようとし、さらに、体感型のインターフェイスを経由して、身体とゲームとを連結する新たなアプローチを模索しようとしてきた。そして人間は各時代に活用可能なテクノロジーを駆使することで、そのつど、自らをとりまく情報世界を巧みに制御《コントロール》しようと試みてきたのである。

ケヴィン・ロビンスは「技術によってわれわれは、世界から距離を保つ」（ロビンス 2003：27）

と語る。テクノロジーの本質が何かというと、それは人間が迫りくる恐怖やカオスを回避し、意味の秩序を打ち立てることにある、と捉えることもできよう。つまりテクノロジーというインターフェイスにより、人間は現実世界との直接的な接触を回避し、我が身にふりかかる恐怖や不安をコントロールしようとする存在なのである。そう考えてみると、たとえば序章で詳述したスマートフォンなどは、コントロール可能な意味世界を現前させることで、ユーザーを不安から解き放つ「箱庭」のような存在ともみることができよう。

ただし、その「スマホ」と称されるデバイスは、「そこでできることがメーカーの意向によってさまざまに制限」される「箱庭」でもある（土橋 2013：40）。そのデバイスは昨今ではクラウドにつながれ、「ひも付きアプライアンス」[6]として人びとの認知や欲望を制約するものと化しているのだ。

コントロールの両義性

ところでスマートフォンの使用には、ある種の両義性が認められる。それは「コントロールの両義性」とでもいうべきものであるが、以下ではフータモによる主張を引用しておこう。

不可視の遍在する手が、モバイルメディア装置を、したがって、ユーザーたちを操っている。そこではインタラクティヴィティが中心的かつ逆説的な役割を果たしている。理想主義者たちによれば、インタラクティヴィティはユーザーにイニシアティヴを与える解放の力であり、文化産業の抑圧的戦略の呪縛から彼／彼女を救ってくれる。インタラクティヴィティを通してユーザーは自分自身のメディア経験をかたち作る、というわけだ。だが、モバイルスク

（6）土橋は「ひも付きアプライアンス（＝器具）」の事例としてiPhoneやXbox360をあげているが、それは「ネット端末として機能しながらも、従来のパソコン＋インターネットの組み合わせとは大きく異なる世界を作り出している」（土橋 2013：40）と指摘される。

リーンを通して流れるようにインタラクティヴィティの楽園に入り込んでも、そこは悪魔抜きには存在しない場所なのだ。どこにでもデバイスがあり、簡単にタップできることが「反対の面」を見えなくしている。（フータモ 2015：155）

ここで言及される「不可視の遍在する手」とは、いうまでもなく、モバイルメディアのユーザーのそれではありえない。むしろ、その不可視の「手」とは、ユーザーの存在を引き寄せ、ユーザーを絡めとって管理する「反対の面」に関連づけることができる。

モバイルメディアの画面をタップするとき、それによってユーザーは画面が表象する記号世界を制御しているように感じられるが、その反面で、まさにその当のプロセスによって、ユーザー自身の行為や欲望が制御されている、ともみることができる。つまり端的にいってしまえば、「自身でコントロールしているようにみえて、自身がコントロールされている」という両義的な状況が派生しているのだ。フータモ本人が指摘するように、モバイルメディアのインタラクティヴィティはそのユーザーに「解放の力」を付与するようにみえるが、じっさいのところは逆である。つまりユーザーは「文化産業の抑圧的戦略の呪縛」から逃れるどころか、ユーザー自身が操作の対象へと籠絡されてしまうのである。

第2章　メディアテクノロジーが陶冶する想像力の現在

——「予めの論理」と「象徴の貧困」

現代人が何かを思考するとき、あるいは何かを欲望するとき、その対象を選定するプロセスに関与するメディアテクノロジーの比重は昨今、増大しつつある。たとえばオンライン通販ショップAmazonのサイトでは、特定のユーザーによる過去の購買履歴から析出された商品の選択肢がトップ画面に列挙される。ユーザーがそのシステムを通じてリストアップされた商品のいずれかを購入するとき、その行為が意味しているものとは、メディアテクノロジーによる記号的想像力の陶冶として位置づけることができよう。

記号論の創始者の一人として知られる論理学者・哲学者のチャールズ・サンダース・パース[1]によれば、人間とは記号にもとづいた知覚や認知や推論の連続体であると理解される。そしてさらに彼は、ある記号を他の記号へと関連づけながら思考を展開するたえざるプロセスを「セミオーシス」（記号過程）と呼んでいるが、いわば上にあげたレコメンデーション機能などはそのセミオーシスの動向をテクノロジーが先回りして規定している事例として認識することができるのだ。

ところで、ここで問題となる「テクノロジー」という概念だが、それは私たちにとってどのようなものとして理解しうるだろうか。ここでロジャー・シルバーストーンによる言説を援用しておこう。

（1）論理学者・哲学者のチャールズ・サンダース・パース（一八三九–一九一四）はアメリカ系の記号論（semiotics）の祖として位置づけられる人物である。人間と宇宙のあらゆる現象を記号のプロセスとして捉える汎記号説的な記号観を特徴とする。

メディアについてさらに考えていくためには、私たちはどうしてもテクノロジーについて考察を深めていかないわけにはいかない。テクノロジーこそ、私たちと世界とのインターフェイスだからだ。（シルバーストーン 2003：59）

「メディア」を考えることは、必然的に「テクノロジー」を考えることへと結びつく。というのも、あらゆるメディアは何かしらの物理的な基盤をもち、その物理的な基盤は一定のテクノロジーの集積によって形成されるからである。

この「テクノロジー」という言葉だが、これはギリシア語に起源をもち、技巧や技芸といった意味をもつ「テクネー」と、言語や学問分野といった意味をもつ「ロゴス」の複合によって構成されている。それは一定の知識や理論的認識に基づいた制作を実現するものであり、ゆえに同じ制作行為でありながらも、他の生物によるもの、たとえば鳥や蜂の巣作りなどはその範疇から除外される（室井 2000：19）。つまりテクノロジーとは、一定の知の体系を背景として構築され、人間と環境をつなぐインターフェイスとして機能するものなのだ。しかも技術の基盤となる知識はそれ自体が技術（すなわち「知＝技術」）でもあり、さらにいうと、技術の展開はそれを顕現させる言説のシステムによって規定される。つまり「技」と、その前提となる「知」は容易に切り離したり、あるいは明確に区分したりすることのできる性質のものではないのだ。

レジス・ドブレは人間を「人工補綴具をつけた神」（ドブレ 2001：89）として形容したが、私たちの思考や認知機能をサポートする、言い換えれば、意識を内的に拡張する補綴具ともいいうる多様なデジタルデバイスが発達を遂げた今日、パースが記号的存在として規定する人間はどのように変容していくのだろうか。本章の目的は、従来の記号論的視座が孕む理論的陥穽を指弾したうえで、現在のメディアテクノロジーがいかにして人間の記号的想像力を陶冶しつつあるのかを明らかにすること、さらにはテクノロジーが記号活動を制御することでいかにして人間そのもののあり方が変化していくのかを明らかにすることにある。哲学者ベルナール・スティグレールは現代における「象徴の貧困」を批判しているが、そのような文化的状況を精緻に分析していくためにも、現代社会における記号作用とメディア作用の間隙を考察の俎上に載せることは一定の意義を有しているといえるだろう。

第一節　感覚器官とメディアテクノロジーのリコネクト

昨今、私たちがそのなかに生きる記号世界と、（私たちと他者とを、あるいは私たちと世界とを媒介する）広義のメディアテクノロジーとの関係性は以前にもまして錯綜したものになりつつある。私たちが記号をもちいて展開する思考のプロセスに対して、ＩＣＴ（Information and Communication Technology）が干渉する局面は多々認められる。そのような現場では、私たちは自らの感覚器官とテクノロジーとをリコネクト（再接続）しながら、新たに現前するメディア環境に適宜順応していかなくてはならない。すでに本書では序章でマクルーハン的な「延長作用」――メディアは人間を拡張する――に触れたが、参考までに、ここではノルベルト・ボルツによるメディア論的言説を確認しておこう。彼は人間とメディアテクノロジーとの関係性を次のように説明している。

人間の能力を拡張するような技術革新が起こるたびに、新たに諸器官を連結し直さざるを得なくなる。〔…〕新しいメディアの条件のもとでは、人間はもはや道具や装置の使用者ではなく、メディア複合体のなかでのスイッチのひとつにすぎない。人間はこうして〈有機的構築物〉へと変化していく。（ボルツ 1999：125‒126）

また、ボルツは「人間というのは今日では、道具の使用者ではなく、連結しあうメディア複合体のなかのスイッチのひとつにすぎない」と解説しながら、「［人間の］「ガジェット化」、つまり人間‐機械の共生」についても論及している。彼によると現代における新たなメディア論的状況では、「コンピュータ・キッズたちが、エレクトロニクス・ネットワークのなかでの連結を楽しんでいる」というのである（同書：122‒123）。いずれにしてもボルツは、マクルーハン的な意味での人間拡張論をさらに発展させながら、新たなテクノロジーが発明されるたびにそれと私たちの感覚器官との再接続＝リコネクトがなされると捉えている。

なお、そのリコネクトのプロセスは、見方によっては、まさに（メディアをコミュニケーションの道具として使用する）私たち人間を再構成する契機ともなりうる。J・M・カルキンによると、「私たちは道具を形づくり、次に道具が私たちを形づくる。私たちの感覚のこうした延長は私たちの感覚と相互作用を始める」（カルキン 2003：35‒36）と説明されるが、これが典型となるように、メディア論的な言説では、人間は自らがつくりだしたメディアによってつくりかえられる、と捉えられる傾向がある。

テクノロジーが形成する人工的な自然

ウォルター・J・オングやヴィレム・フルッサーは、人間が生きる特殊な環境について、それぞれ以下のように論及している。たとえばオングによると「技術とは人工的である。しかし、これも逆説なのだが、人工的であることは、人間にとって自然なのである」と主張される（オング 2002：82）。他方でフルッサーによると、「〔人間にとって〕コード（およびコードの要素であるさまざまの記号）は第二の自然といったものになり、われわれが生きているコード化された世界（頷くこととか、交通標識とか、家具調度とかいった、意味をもつ現象の世界）は、〈第一の自然〉の世界を忘れさせる」と主張されている（フルッサー 1997：3）。これらの言説のなかで、オングはメディア論的な観点から「技術」を軸とし、他方でフルッサーはむしろ記号論的な観点から「コード」を軸として議論を展開しているが、両者に共通するのは（「技術」が構築するものにせよ、「コード」が構築するものにせよ）人間が自らに対して外在する人工的な環境に保護されて生きている、という認識である。

ちなみに室井尚と吉岡洋はメディアの歴史について、それが「遺伝子のように、情報の処理をより確実に、高速に、大量に、低コストで、広範に遂行することを目指して発展してきた」と述べ、身体的なコミュニケーションから文字・モノ・複製技術をもちいたコミュニケーションへの転換を概観し、さらに電子化されたネットワークが神経網のように全世界を覆うことで新たな「情報生態系」が誕生するといちはやく予告していた（室井・吉岡 1993：150）。あるいはボルツも、マクルーハンがメディアを「人間の拡張」という観点から定義したことをひとつの出発点にして、人間の伝達形式やデータ処理のプロセスを自然発達史という観点から言及している。ボルツの指摘によると、「進化は情報の品種改良と理解できる。そして中枢神経システムを技術的にサポートできるようになってから、私たちは生命を情報の河と理解できるようになった。そうなると人間の五感は通信技術として、つまり時代の趨勢のなかで安定した伝達形式を析出する通信技術として機能する。このようなコミュニケーション構造に適宜対応しなければならないのが、意識と呼ばれるものなのである」と説明される（ボルツ 1999：32）。ともあれ彼が語ったように生命の進化を「情報の品種改良」として理解するならば、まさにその延長線上で、テクノメディアの技術的発達のプロセスを位置づけることも不自然ではないだろう。

第二節　記号論批判――そのプログラムの超時代性の問題

既述のようにクリフォード・ギアツは、人間が紡ぎだすと同時に人間を支える「意味の網の目」として「文化」を把握している。これ自体は記号論的な文化観として位置づけることができるが、彼のいう「網の目」を組み替える外部的な媒介テクノロジーの歴史的変化や、あるいはその現代における影響を、二〇世紀の後半に耳目を集めた記号論的な言説が十分に補足しえているかというと、残念ながらそうとはいえない。

歴史学者マーク・ポスターのメディア論的な言説によると、コミュニケーション媒体の歴史がシンボル交換の差異にもとづいた三段階――①肉声による対面的なシンボル交換、②書き言葉や印刷物によるシンボル交換、③電子メディアによるシンボル交換――へと分割され、記号（シンボル）の交換に関与するテクノロジーの歴史的変容に対して一定の関心が払われていることが理解される。しかし従来の記号論的な言説では、一般的にいって、人間の記号活動をサポートする技術的基盤に注意が払われることは稀であった。現代的なメディアテクノロジーによる記号的想像力の陶冶という本章が掲げる問題への考察を深化させるためにも、以下ではまずその前提として、記号論的なプログラムに対して向けられてきた批判を精査しておこう。

記号論者のウンベルト・エーコは「過去、現在を問わず、多くの記号論的研究を特徴づけているもっとも厄介な点は、さまざまの記号を言語のモデルによって解釈しようとすることであった」と指摘している（エーコ 1996b : 47）。しかも彼によれば、「記号論は、記号として捉えられうるすべてのものを対象とする」とされ、さらに「記号論の研究計画はこのように文化の総体を研究し、それによってぼうだいな範囲の対象なり出来事を記号と見做そうとする〔が、これは〕記号論の研究者たちのごうまんな「帝国主義」であるという印象を与えるかも知れない」と危惧されることになる（エーコ 1996a : 7–8）。ただし、その場合の「帝国主義」とは、あくまでも言語中心的な理論構成の帰結として表面化するものなのである。もちろん、このような記号論的アプローチに対しては批判的な意見も噴出している。W・J・T・ミッチェルは『イコノロジー』のなかで、記号論のプロジェクトそのものが挫折した経緯を「言語帝国主義（linguistic imperialism）のプロジェクト」という表現を用いて明確化している（Mitchell 1986 : 58）。この、しばしば記号論的なアプローチ全般に向けられる「帝国主義」という言辞は、たとえば、かつてソシュール研究の第一人者として知られた丸山圭三郎が標榜する「唯言論」に関しても該当するといえるだろう。ともかく人間文化の総体に向けられた記号学者のまなざしは、あらゆる事象を言語学的なモデルの応用によって説明し、また、あらゆる文化的事象を言語的なレベルの問題に還元してしまうという点で一定の危うさを孕んでいると考えられるのだ。

全体化の奸計

かつてロラン・バルトや丸山圭三郎の「記号学的」な言説が放っていた魅力は、それらが人間の文化的営為を全面的に照射する総合的な視座を提供していることに一因があるだろう。その背景には、記号学という当時の新興分野の学問的な地位を確立しようとする情熱が見え隠れしている。

じっさい二〇世紀の後半にあって、彼らは注目されつつあった「記号学」を自ら規定し、擁護しようとする積極的な意志を保持していた。しかしバルトや丸山の記号学に通底する包括的な企図は、その魅力の多寡にかかわらず、一定の危うさを拭いさることができない。なぜならば、そこにはマーク・ポスターなら「全体化の奸計」として指弾するであろうような理論的アポリアが含まれているからである。

ポスターは、ダニエル・ベルのポスト産業社会論を取り上げながら、そこに潜在する全体主義的な思考様式を厳しく非難している。その際、ポスターは「一般理論」と「全体化の理論」の区別を前提にして次のような論陣を張っているのだ。

> 一般理論と全体化の理論とは、区別される必要があるのである。一般理論とは、〈分析のある特定のレベルで、あるいは経験のある限定された部分のために〉、社会の大多数に通用するような領域を特定するものである。人口統計は一般理論の一例となる。だがそれがみずからの領域内にすべての社会現象、あるいは社会の「本質」を包含すると主張するとき、すなわちみずからの領域外にある見方や経験を周辺へと押しやるとき、一般理論は全体化の理論となる。全体化の理論とは、私のいう意味では、敵対する見方の資格を剝奪し、社会領域全体の意味を言い尽くせるのだと主張するものである。あるいはそれほど極端ではなくても、それが研究対象として構成している社会領域の部分については、言い尽くせると主張するのである。（ポスター 1991：42）

ポスターによる「全体化の理論」の規定と照合するなら、まさにバルトや丸山の記号論などは

〝全体化〟の誹《そし》りを免れえないと考えられる。なぜなら彼らの記号学が言語決定論的なパースペクティヴに依拠し、しかも「みずからの領域内にすべての社会現象、あるいは社会の「本質」を包含する」という全体主義的な発想を秘めていることが明白だからである。記号学が「社会領域全体の意味を言い尽くせる」ことを目指して設計されている以上、この分野に対して「帝国主義」や、あるいは「全体主義」というラベリングがなされたとしても決して見当違いとはいえない。

ジョン・カーロス・ロウもまた記号論を否定的に捉えている論者の一人である。彼によると「構造主義の問題とは、文化記号のもつ統制的機能に着目し、それをもとに、文化をまるごと説明できるような全体的システムをこしらえてしまったことである。たとえば、文化表象に包括的にアプローチする研究としての〈記号論〉のように」と述べられている（ロウ 1994：66）。つまるところ記号論／記号学は、映像を含めた文化的表象のすべてに対して包括的なアプローチで挑んだが、その結果として構築された「全体的システム」は、まさにポスターが非難するような理論的アポリアを抱え込んでしまったことになるのだ。

脱歴史化の陥穽

ところでポスターは「全体化の理論」に顕著な要素として、それが「社会領域を脱歴史化する傾向をもつ」という点があることを指摘している（ポスター 1991：42）。この脱歴史化とは共時的な次元を重視する構造言語学、および、そこから派生した記号学に関しても認められる傾向といえるだろう。たとえばバルトは言語権力の遍在性について考察するなかで、それが「歴史的時間においては永続的」であると指摘することで、言語権力の問題を脱歴史化してしまっている。他方で丸山の場合には、〈汎時的文化 la culture panchronique〉（＝時代・地域の別なく人間文化一般を通して普遍的に見出されるもの〉を〈特定共時的文化 les culture idiosynchroniques〉（＝時代・地域によって隔てられた個別的なもの〉から分離させる配慮をみせてはいるが（丸山 1984：81-82）、基本的には、いかなる時代についても、文化の統制機能を「コトバ」に帰属させてしまっている――というのも、言語テクノロジーは人間という存在に対して普遍的かつ超時間的に与えられたものと前提されているからである。丸山が用意する下の図式は、一見すると通時的な次元に対する彼自身の配慮を反映しているようにも思われるかもしれない（図2-1）。しかしじっさいには、それは言語活動に起因する〈文化のフェティシズム〉の超時間的な遍在性を説明するためのものに他ならない。この図に関して、丸山は「クロマニョン人やネアンデルタール人、さらに遡ってホモ・ハビリスの時代から、すでに〈文化のフェティシズム〉のは種《たね》は蒔かれており、ヒトがたどってきた下降線のグラフは描かれ始めていたのではあるまいか」と自問自答してみせる（同書：60）。

この図で前提となっているのは、丸山の持論たる「人間＝病んだ動物」という見方である。しかも図中の下降線が示唆するように、人間と動物との乖離は時系列を追うごとに拡大の一途をたどっている。それは一万年前の「食料生産革命」、そして一八世紀・一九世紀の「産業革命」を経て、人間が自然状態から放逐され、徐々に本能残基が減衰していくプロセスに合致するとされる。この図において、たしかに丸山は通史的な次元に対する一定の関心を示している。だが結論からいえば、丸山の言説では、人類に固有の〈文化のフェティシズム〉は単一の項目、つまるところ「コトバ」という観点から普遍的に説明可

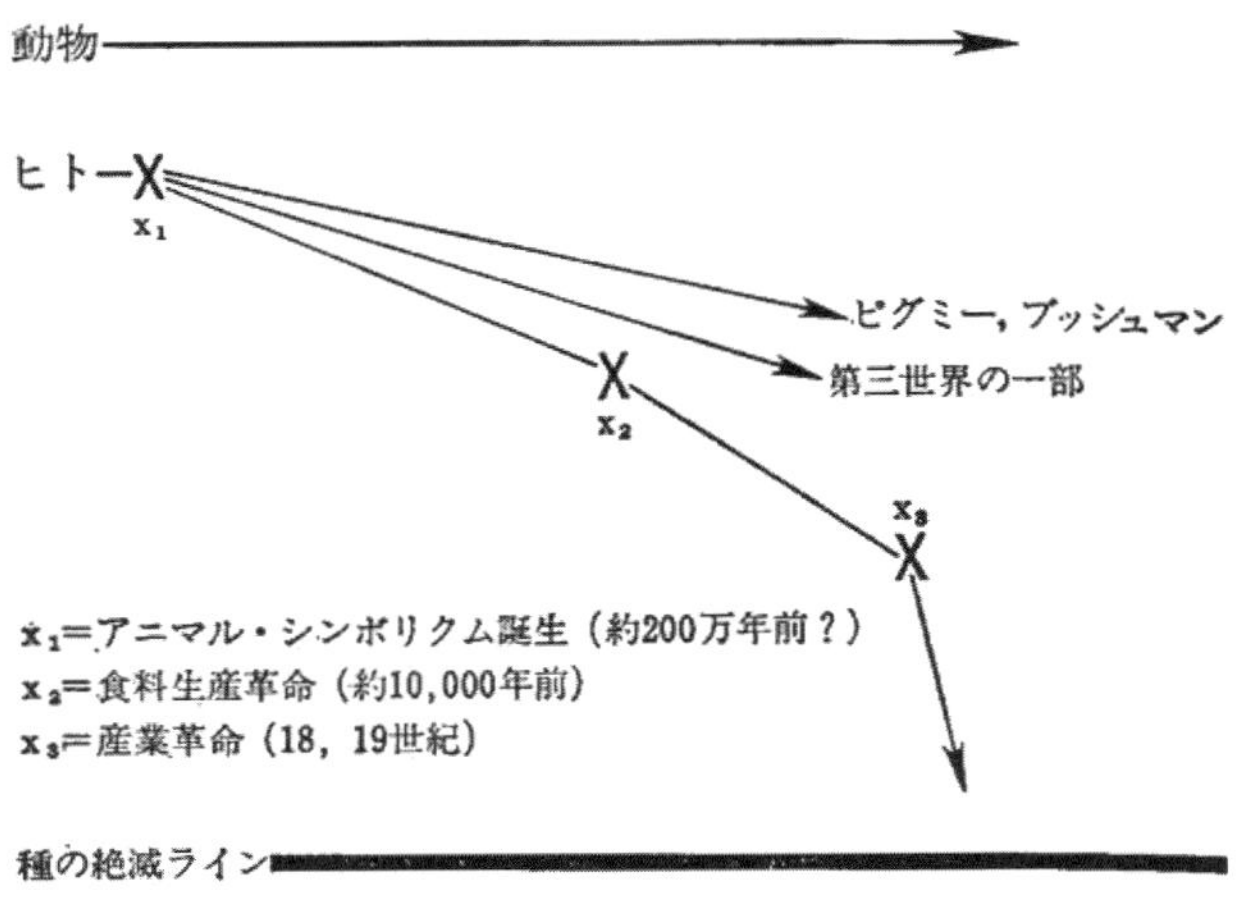

図 2-1　ヒトと動物との乖離（丸山 1984：61）

能であるということになる。このように丸山の理論には、あらゆる文化的事象の成因を「コトバ」という要素へと単純化する還元主義的な傾向がつきまとっている。そのようなわけで、人間と動物の乖離関係が拡大するという現象は、いわば程度の問題に過ぎないのであって、それは「コトバ」という超時代的な宿命の帰結でしかないのである。

なお、このような脱歴史化の陥穽は、記号論者であるエーコの言説に関しても指摘されている。フレッド・イングリスはエーコの記号論に論及して、そこに認められる歴史性の問題を批判するのだ。イングリスによると、エーコの主張は「意味の歴史性を強調する」点で好ましいものであるといえるが、他方では「エーコは記号論を恐ろしく形式主義的な方向へと連れ去る」ものであり、結果として「彼の理論的体系をわれわれはすぐに現実の歴史的体験の流れに転換することができないのである」と指摘される。そのことによってイングリスは「〔エーコの〕形式主義と、すぐれたメディア理論家が実践に対して払う関心との間の距離は遠い」と結論づけるのである（イングリス 1992：152–153）。ともかく以上のような脱歴史的、超時代的な傾向性によって、記号論的な言説では、記号を運ぶ「乗り物」とも位置づけられるメディアや、それを形成するテクノロジーの発達過程はさほど重視されないのである。私たちは記号論的なプログラムが孕む問題を理解したうえで、それをメディアテクノロジーとの関係性のなかでアップデートしていく必要があるだろう。

第三節　記号の作用／メディアの作用

アメリカ系の記号論の源流に位置づけられるパースによると、「人間が使っている言葉や記号こそ人間自身である」と指摘される（パース 1986：191）。また彼は「意識の状態はすべて推論であること、それ故、生は推論の列あるいは思考の列に過ぎない」と指摘し、さらに「いかなる瞬間にも、人間は思考であり、思考は象徴記号の一種であるから、人間とは何かという問いへの一般的な答えは、人間は象徴記号である、ということになる」と語っている（同書：193）。パースは、ようするに人間を「セミオーシス」（図2-2）として、すなわち、ある記号を他の記号へと関連づけながら展開される「推論の列あるいは思考の列」として把握しようとしたが、そのプロセスにメディアテクノロジーがどのように介入するのかを既存の記号論的な枠組みが明らかにしてくれるのかというと、必ずしもそうとはいえない。

ベルナール・スティグレールが言及するように、現代社会では「たとえばオーディオビジュアル（音声・映像）やデジタルといった aisthēsis〔知覚〕に関わる技術をコントロールすることが問題なのであり、そしてその技術のコントロールを通じて、魂とそれが住まう身体の意識と無意識の時間をコントロールしようとしているのだ。それは流れをコントロールすることで意識と生の時間を調整することとなのである」（スティグレール 2006：22-23）。つまり、ここでは人間の意識の流れ＝セミオーシスを制御する技術が問題として浮上するのである。

前節で論及したように、これまでの記号論的な言説では、記号のやりとりに関与するメディアテクノロジーの歴史的展開のプロセスが十全に検討されてきたとは言い難い。だが他方ですでに詳述したように、私たちをとりまくメディア環境はドラスティックに変容しつつあり、記号とメディアの関係が従来よりも格段に複雑さを増しているという現況があることも確かである。そのような状況のなかで、私たちは記号とメディアの相互作用をどのように理解すれば良いのだろうか。次節では、人間が自らの思考を展開するうえで紡ぎだすセミオーシスに対して、現代のメディアテクノロジーがどのように介入しているのかを検討していきたい。

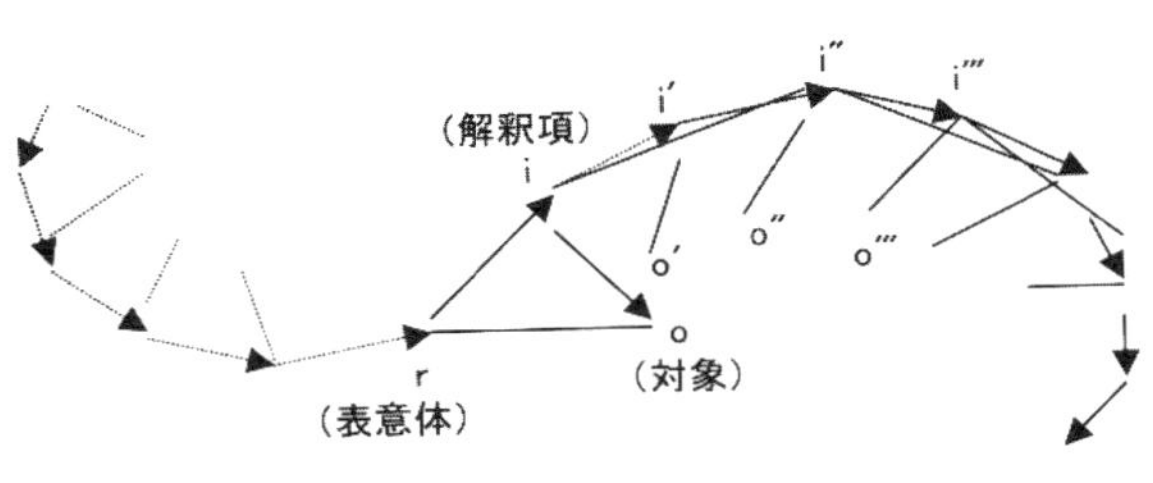

図2-2 「推論の列あるいは思考の列」としてのセミオーシス
（石田 2003：67 を参考に作成）

第四節　記号的な想像力を陶冶するメディアテクノロジー

人間と他者との、あるいは人間と世界とのコミュニケーションを媒介するテクノメディアの役割を考えるとき、フルッサーがその著書『写真の哲学のために――テクノロジーとヴィジュアルカルチャー』（図2-3）で提起する「装置」概念は大いに参考になる。彼によれば、カメラなどの装置とは「特定の思考プロセスをシミュレーションするために作り出されたもの」として規定される（フルッサー 1999：39）。この定義に準拠するなら、絵画などの伝統的な画像に取って代わるものとしての写真とは、視覚的な表象化のために不可欠であったはずの「思考プロセス」を、カメラという装置によって模倣的に代替するものなのである。ちなみに彼は「装置」を、それ以前から存在する「道具」（身体の模倣＝延長）や「機械」（産業革命以降の技術的形態）と比較しながら、次のように述べている。

> 道具と機械は、自然からさまざまな対象をもぎ取り、それに形を与える／情報化する（in-formieren）ことによって、つまり、世界を変化させることによって労働を行います。しかし、装置はこの意味ではいかなる労働も行いません。装置が意図するのは世界を変化させることではなく、世界の意味を変化させることです、その意図はシンボル的なものなのです。（同書：30）

ここで思考プロセスをシミュレートする「装置」とはシンボル的なもの、世界の意味を変化させ

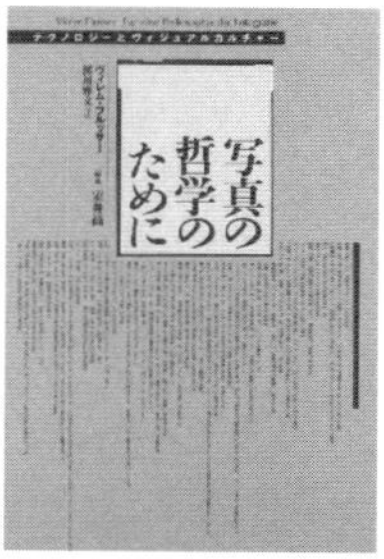

図2-3　ヴィレム・フルッサー『写真の哲学のために――テクノロジーとヴィジュアルカルチャー』勁草書房

るものだといわれるが、まさに今日的なテクノメディアはそのような作用を人びとの記号活動に対して行使しつつあるといえよう。

予測入力

現代のメディアテクノロジーは、ときに人間の記号活動を制御する鋳型のような作用を発揮する。以下、これと関連して二つほど事例をあげよう。まず、第一のものは、携帯電話やスマートフォンなどに搭載されている「予測入力」である（図2-4）。

これはキーボードによる文字入力を省力化できるものであるが、小町守と木田泰夫はスマートフォンにおける予測入力として、「入力時予測」と「確定時予測」の二つのタイプのものをあげている。入力時予測は図2-4のように、たとえば「よそく」という文字列を「入力中に表示される予測で、前方一致で候補が提示される」ものであり、他方の確定時予測は、たとえば「「どうぞよろしく」を確定したあと「お願いします」が表示されるといった予測で、前者と違って未確定の入力が存在しない、という違いがある」と説明される（小町・木田 2011：1096）。

付言しておくと、予測入力には候補群をあらかじめ用意された辞書にもとづき提示するものと、ユーザーによる過去の入力履歴にもとづき提示するものがあるが、いずれにせよ、それらの機能はユーザーによる記号活動を技術的に方向づける。つまりパースの概念でいえば「セミオーシス」と呼ばれるもの、すなわち、ある記号を他の記号に関連づけながら思考を展開する連続的なプロセスに対して、予測入力は介入的、誘導的に作動するのだ。

図2-4　スマートフォンにおける「予測入力」

見方を変えると、このような予測入力のメカニズムは、記号論における「サンタグム／パラディグム」概念と関連づけて捉えなおすこともできよう（図2－5）。このうち前者の「サンタグム」とはひとつの記号の実現の次につづく記号の実現の系列を指定する「結合関係」のことであり、後者の「パラディグム」とはパロールが実現されるとき、記号の現動化を規定している記号間の「連合関係」のことである（石田 2010：53）。

図2－4に例示される予測入力で生じていることが何かというと、それは次に選択される可能性のあるパラディグム軸のなかの要素があらかじめ、先回りして技術的に提示されている、という状況である。つまり通時的に展開される記号列のなかで、その先につづく記号の選択肢が同時に複数、共時的に並置され可視化されるという仕組みが採用されているのである。

レコメンデーション機能

つづいて第二の事例としてとりあげたいのは、オンライン通販サイトAmazonのレコメンデーション機能である（図2－6の「チェックした商品の関連商品」「本のおすすめ商品」を参照）。これは過去の購買履歴から特定のユーザーの趣味や関心を割り出し、サイト上でそれと関連するカテゴリーの商品を推奨するシステムである。まさに個人の欲望に最適化したシステムともいえるが、これも先述の予測入力と同型の構図が前提となっている。つまりパラディグム軸のなかで次に選択される可能性のあるものを共時的に並列化するテクノロジーとして、それを使用する人物のセミオーシスを誘導することになるのだ。

予測入力とレコメンデーション機能――これら双方の「おせっかい」ともいえるような機能に共通するのは、私たちが次に思考する可能性があるもの、あるいは次に選択する可能性があるもの

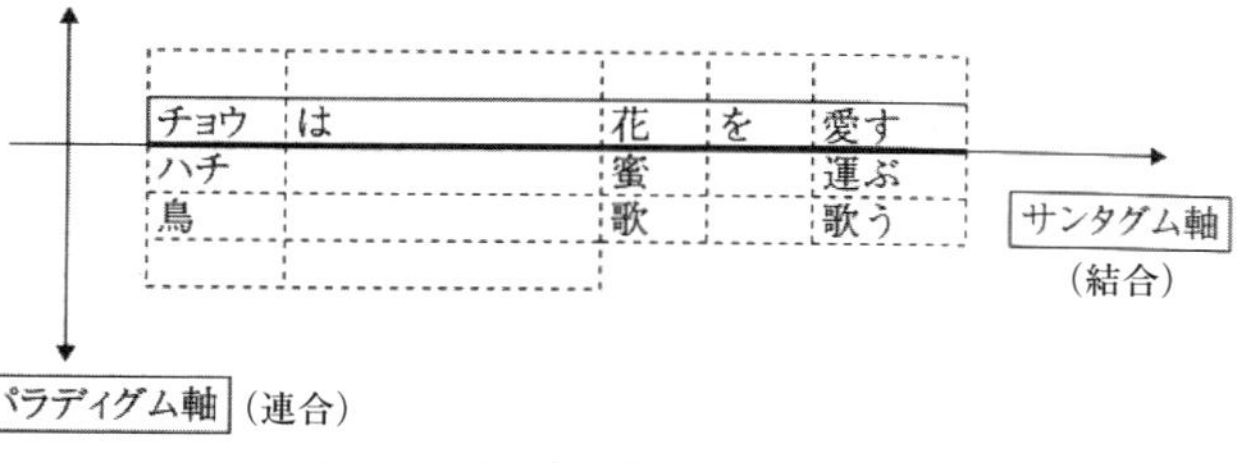

図2－5　パラディグムとサンタグム

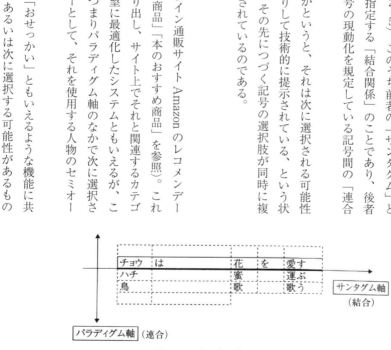

を、その選択の瞬間に先行してあらかじめ技術的なシステムが提示する、という構図である。それは福田裕大が監視社会を論じるなかで「予《あらかじ》めの論理」として示した構図と合致するといえよう。彼は現代における個人情報への監視——まさにレコメンデーション機能の前提となっているもの——を取り上げながら、次のような主張を展開している。

> 今日の監視が、私たちの存在やその状況、あるいは私たちがもつ身体性や感性のありようを問うことなど決してないままに、常に、それ以前に、私たちが何ものであるかを決定しようとしてくるということである。あるいはこのようにいうこともできるだろう。今日のデータ監視は、安全《ゲイン》-収益と危険《リスク》-損失を変数とした能力値を私たちの上に前もって書きつけようと《プロ・グラムしようと》しているのである。（福田 2010：174）

福田はそのように語りながら、人間という存在がデータ監視のテクノロジーによって囲い込まれている現況を「予めの論理」という表現で示し、それを指弾するのである。

たしかに今日の社会では、たとえばクレジットカードやＥＴＣなどの利用履歴が個人情報としてデータベースに蓄積されており、それをもちいることで、人びとの思考や行為を予測することが以前にも増して容易になりつつある状況がある。たとえば私たちがクレジットカードを利用する際、「コンピュータは、通信回線で送られてきた取引データを常に監視」しており、「誰が、いつ、どこで、どんな方法で、何を、何と、いくらで、次

図2-6　Amazonにおける「レコメンデーション機能」

には何を買ったのか、など、次々と変化する消費行動がカード利用データで捕捉されている」――そして「ここにGPSを組み合わせると、たとえば店舗の半径数キロ圏内にいる消費者だけに広告を通知することも可能になる」（山本 2016：75–76）。

監視システムによる「予期」

今日の監視システムが可能にする「予期」に関連していえば、ブルース・シュナイアーによる次のような言葉を参照してみることもできよう。

> 監視は、きわめてプライベートな面にまで及ぶ。あなたの携帯電話は、あなたがどこに住み、どこで働いているかを追跡している。週末や夜をどこでよく過ごすかも監視するし、バーで何時間飲むか、車のスピードをどれくらい出すかも監視する。近くにいる人の携帯電話もすべて追跡されているので、あなたが誰と一緒にいるか、誰とランチに出かけるか、そして誰と寝るかも筒抜けだ。データが十分に蓄積されれば、あなたの日々の行動をあなた自身よりも正確に説明できるようになる。人間の不確かな記憶に頼らずにすむからだ。二〇一二年、ある研究チームは、人々が二四時間後にどこにいるかを二〇メートル以内の範囲で予測することにも成功した。携帯電話が登場するまで、こうしたことを知るためには私立探偵に尾行させるしかなかった。そんなやり方は、もう時代遅れだ。（シュナイアー 2016：9）

既述のように、石田英敬は「デジタルメディア革命」の内実について、それを「コンピュータ化」という観点から説明していた。その意味において、現代ではあらゆるメディアのコンピュータ化が進行しつつあるわけだが、他方でシュナイアーによれば「コンピュータは、ひっきりなしにデータを生み出している。データを出入力するだけでなく、あらゆる作業の副産物としてデータを生成するのだ。通常の動作の一環として、みずからがおこなうことをつねに記録している」という（同書：28）。しかも彼が指摘するように、コンピュータは私たちが想像するよりもはるかに大量のデータを、その活動にともなって産出するのである。しかもそこで排出されたものを、彼は「情報化時代の「排ガス」」とも呼んでいる。

他方でシュナイアーは、こうも語る――「私たちが「排出」するデータは、すべて合わせると莫大な量になる。二〇一〇年の時点で、人類が一日に生み出すデータの量は、歴史の始まりから二〇〇三年までに生み出したデータの累計の総量を上回っていた。二〇一五年の一年間にインターネット上を行き交うデータの量は、七六エクサバイトを超すと見られている」（同書：37）。これ自体すこし古い情報になるが、スマートフォンをはじめとするデジタルデバイスは、その使用により大量のデータを産出し、それが個人をプロファイルするための監視のツールとなっていくのである。

アレックス・ペントランドは『ソーシャル物理学――「良いアイデアはいかに広がるか」の新しい科学』のなかで、上記の「排ガス」を「人々が通った後に残る「デジタルパンくず」」と呼びながら、そのようなパーソナルデータが「公共組織と私企業の双方にとって、非常に大きな価値を持っている」と指摘している（ペントランド 2015：211）。彼によると、それらのデータは「彼らが何者なのか、何を望んでいるのかを理解するヒントを与えてくれる」ものとされるが、他方で、きたるべきデータ駆動型社会のなかでは、個人の「データが乱用されないようにする必要がある」とも主張している（同書：同頁）。

第五節 「予期」のためのテクノロジー

話を戻そう。今日の技術化された社会では、各種のテクノロジーが人間の意識の流れ――パース流にいえば「セミオーシス」――に介入することが常態化しつつある。たとえばオンライン通販サイトの「レコメンデーション機能」にしても、あるいはメールの文面を打ち込む際に有用な「予測入力」にしても、それらはユーザーが次に考える可能性があること、次に欲望する可能性があることが、複数の選択肢として先行的に提示され、結果的に、人間の行為が技術的にコントロールされる。そしてそのような構図のなかで、ユーザーの意識がつねにシステムへと接続され、テクノロジーの誘導にしたがった応答が要請されるわけである。しかもここでは、システムがユーザーによる行為の可能性を予期しつつも、その限定的なフレームの内部で、ユーザーがシステムによって提示される可能性を予期しつづける、という双方向的な関係性が成立しているようにみえる。

本書ではすでに序章の段階で、ジョン・アーリおよび谷島貫太の言説を援用しながら、ユーザーによる「予期」の問題に論及している（両者のうち、アーリが語る「予期空間」は、どちらかといえば人間に思考や行為の可能性を提供するものであり、谷島が語る「予期」は、たえず人間の思考や行為を誘導するポータブル端末のあり方に照準するものであった）。その一方で、福田がいう「予めの論理」とは、同じ予期や予測の問題を扱うようにみえつつも水準が異なる。つまり彼がいうそれは、スマートフォンの予測入力にしてもAmazonのレコメンデーション機能にしても、（ユーザー側の予期に関わるものというよりは、むしろ）技術的なシステムがユーザーによる思考や行為を先取りしようとする営為として位置づけうる。

予めの論理――すなわちユーザーの思考や行為を先取りし、それを囲い込もうとする営為は、現代的なコミュニケーションメディアの技術的所産であるといえよう。しかし考えてもみれば、そもそもあらゆるテクノロジーには、そのような「先取り」の作用が随伴しているといえるかもしれない。たとえば、石田は次のように指摘する。

技術は人工の補助具をつくりだします。補助具というのは英語でprosthesisと言います。Prosthesisは、義肢や人工器官のような人間の身体を補綴する人工物のことも指します。ギリシャ・ラテン語がもとになっていますが、このprosthesisという言葉を語源的に分解すると、prosは「〜に向かって」「〜の前に」「〜のために」という意味の前置詞です。そしてthesisは、あらかじめポジショニング（定立）するという意味です。つまりprosthesisとは、何かのためにあらかじめポジショニングしておくということです。たとえば石斧は、何かを切る・割るという活動のために使われます。すなわち石斧は、草木や動物などの切る・割る「対象」を、それが実際に使用される前から、あらかじめ時間と空間のなかに、それを使うヒトの身ぶりの対象として位置づけています。人間は、道具をつくることによって、対象との関係を時間的・空間的に「先取り」するようになったわけです。そのようにして、人間の「時間」、人間の「空間」として、人工の「環境」がつくられていくわけです。（石田 2016：46）

デジタルデバイスのみならず、人間が考案したあらゆるメディアは身体を補綴するもの、あるいはマクルーハン的にいえば、人間を拡張するものとなりえる。石田の言い方を借りれば、技術的に形成された「道具」によって、「対象との関係を時間的・空間的に「先取り」する」ようになる。

それは石斧に関しても該当するし、また、本章でとりあげた予測入力やレコメンデーション機能に関しても該当するだろう。

注意力の経済

他方で石田は、さまざまなメディアや企業が人びとの注意を惹きつけようと競争を繰りひろげる事態について、それを「注意力の経済」という観点から言及している――「少しでも視聴率を上げるために、テレビは我々に向かって注意力を喚起する。注意力が意識の入り口だからです。しかし、ハイパー・テキストをプロトコルとする、デジタルメディアのコミュニケーションが大きく発達したことにより、人間の注意力をめぐる競争が爆発的に激化しているわけです。ネットのおかげで、我々のメディア生活はどんどんマルチタスクになっている。パソコンの画面はハイパーリンクされていますので、いろんなところにリンクが貼られている。それらのリンクは「今読んでいるページから、私のページに来てください」としきりに私たちに呼びかけている」（同書：59–60）。じっさいのところ、広告はその典型であろう。朝起きてから寝るまで、テレビやパソコンの画面から車内広告に至るまで、多種多様な広告が私たちの視界に割り込んでくる。そして、そこで紹介される商品やサービスに関心をもつよう、それらは人びとに呼びかけるのである。むろんそれは「注意力の経済」、すなわち企業が自社の利益のために展開する、人びとの注意力獲得のための競争の帰結ともいいうる。人間の時間と注意力は有限であり、企業が各種のメディアを介してそれらを奪い合うような状況が発生しているわけである。

石田はコカコーラ社のテレビコマーシャルをとりあげながら、次のように語っている。

ゴールデンタイムだと、テレビ番組でたとえば視聴率一五パーセントの一時間番組が放送されているとして、日本の人口を一億とすれば一五〇〇万人が見ていることになります。一五〇〇万人の脳の時間を一時間「借り切」り、その一五〇〇万の脳に向けてCMを流すというのは非常に効果的な活動です。そのCM料がたとえば三〇〇〇万だとすると、スポンサーにとってそのCM料は、一人当たりの視聴者の脳をわずか二円で借りるための対価というわけなのです。つまりテレビ局は、視聴者一人当たりの脳の時間をわずか二円でスポンサー企業に売り払っているという理屈になります。民放はタダで見られると思っていると、実際は視聴者である私たちの「脳の時間」を売却しているのだと気づくと、私たちのメディア社会の一面がよく理解できたように思えてくるのではないでしょう。（同書：111）

注意力獲得のための競争は、むろんスマートフォンの画面上でも展開されている。先述のとおり、現代人は相当の時間をそのタッチパネルを視認し、また操作することで費やしているが、画面に表象されるあらゆるアプリやサービスや広告などがユーザーの注意を奪おうと切磋琢磨している状況がある。そして、そのような技術的なシステムに囲い込まれることで、私たちの思考や行為が知らず知らずのうちに誘導されていくのである。

●結びにかえて

私たちが思考を展開する過程で紡ぎだすセミオーシスは、私たちをとりまく技術的環境のなかで統御される。それは同時に、人間という存在が情報の集積として、あるいはデータの集積として扱われていく過程でもある。石田はジル・ドゥルーズの「コントロール型社会」を念頭におきながら

「一人ひとりが究極的には情報の集積・生物情報として、計算処理され、個人がつねに検索可能な存在と化すような世界に私たちは住まい始めている」（石田 2010：169）と洞察しているが、デイヴィッド・ライアンが「身体の消失」（ライアン 2002：30）と呼ぶように、現代のメディア環境のなかでは人間の主体としてのあり方も大きく変容しつつあるのかもしれない。

本章が「記号の作用」と「メディアの作用」の間隙で考察してきた問題、すなわちメディアテクノロジーによる記号的想像力の陶冶という事態は、スティグレールが現代社会のなかに見出す「象徴の貧困」を惹起する遠因にもなっているのではないだろうか。彼が主張する「象徴の貧困」とは「シンボル（象徴）の生産に参加できなくなったことに由来する個体化の衰退」（スティグレール 2006：40）を意味すると説明されるが、現代のメディアテクノロジーは私たちの記号過程を方向づけ、さらには記号活動を貧困化させていると捉えることもできよう。彼は文化産業としてのテレビを批判するなかで、メディアテクノロジーによる想像力の同期化という事態を次のように語っている。

> 文化産業特にテレビは、並はずれた規模で人々をシンクロさせる機械なのです。人々が同じ出来事を同時にテレビで生放送で見るとき何が起こるかというと、何千万ひいては何億人という単位での世界中の意識が、同じ時間的なものを同時に自分のものとし、それを取り入れ、体験することになるのです。これらの意識が毎日同じオーディオビジュアルな消費活動を繰り返し、同じテレビ番組を同じ時間に見て、それが完全に規則的になされたら（すべてはそのために作られているのですから）、そのときこれらの「意識たち」は一人の同じ人間の意識になってしまい、ということは「誰でもない者」の意識になってしまう、つまり誰の意識でもなく

なってしまうのです。（同書：61）

スティグレールによると、テレビに限らず、たとえば「携帯電話、電子手帳、コンピュータ、ホームシアター」（同書：122）などによっても意識と身体の時間がコントロールされることになると指摘されるが、今後それらのメディアテクノロジーにより現代人の記号活動が制御されるあらゆる局面において、ますます「記号の作用」と「メディアの作用」の関係性の進展が問題として浮上することになるだろう。

第3章 メディアの媒介性と、その透明性を考える
——「テクノ画像」概念を再考する

本章ではまず、ピーター・ウィアー監督、アンドリュー・ニコル脚本による『トゥルーマン・ショー』（一九九八、図3-1）をとりあげるところから議論を切りだしたい。「リアリティ番組[1]」をモチーフにしたこの作品では、同名の「トゥルーマン・ショー」と題された「劇中劇」（より正確にいえば、映画のなかの番組）の主人公、トゥルーマンの特殊な人生を軸として物語が進展していくことになる。

なぜその人生が特殊かというと、保険会社のセールスマンとして働くトゥルーマンは、「シーヘブン」と呼ばれる人工的な街で生まれ育ち、現在まで順風満帆な生活を送ってきたとされる。しかし同時に、その彼の日常的な生活／人生は、数千台はあるとされる隠しカメラを経由して、巨大スタジオであるシーヘブンの壁の外、全世界の視聴者に対して、「リアルなドラマ」として配信され続けてきた、という経緯があるのである。本作品では、この映画／番組の主人公であるトゥルーマンが彼のまわりの世界の人工性に気づき、そのシーヘブンと呼ばれる巨大ドームの設計者であり、番組の監督でもあるクリストフ（彼はその「Christof」の綴りにキリスト／Christが含まれているように、シーヘブンの神として君臨する存在として描写されている）たちの監視を逃れて、その人工的なメディア世界から脱出するまでのプロセスが描かれている。

当初、自らのおかれた環境の人工性に無自覚であったトゥルーマンは、シリウスと書かれたラ

（1）台本や演出のない、素人出演者が現実に直面する状況をドラマやドキュメンタリーのように楽しませることを目指して作られたテレビ番組の一ジャンル。

図3-1 映画『トゥルーマン・ショー』

イトが青空から落下する、あるいは、エレベータに乗り込もうと思ったらその扉の向こうが楽屋であるなど、不可解な出来事が続発したことにより、次第に周囲の異変に対して疑いの眼を向けるようになっていく。そして物語の中盤において、（まわりの役者たちによって演じられ、その演出を自然なものとして受け止めていた）トゥルーマンの立ち位置が決定的に転換する瞬間がある。それは彼が鏡越しに一人芝居を演じてみせるシーンである（図3-2）。

トゥルーマンはある朝、洗面台の鏡にうつる自分をみつめながら、あたかも独り言をいうかのように、ある奇妙なパフォーマンス、「トゥルーマニア星からの生中継」を唐突に演じてみせる。重要なのは、そのとき彼が鏡（＝マジックミラー）の向こう側に仕込まれたカメラの存在、すなわち番組を見る視聴者の視線に気づいているという点である。トゥルーマンは視聴者のまなざしを想定して、自らが着る宇宙服、およびその横にたてられた旗を、洗面所にある石鹸を使って鏡のうえに落書きしてみせる。そしてそのうえで、銀河系に浮かぶ惑星からの生中継を演じてみせ、その直後に、石鹸で描かれた鏡の落書きをふき取って、番組視聴者に対して別れの言葉を発するのである。

ともかくこれ以降、トゥルーマンは自らをとりまく人工的なメディア世界の構造を把握し、カメラの視線を逃れてシーヘブンから脱出しようと試みる（その姿は、映画『カプリコン・1』〔図3-3〕において、地球上のスタジオから「火星からの生中継」を強制的に演じさせられ、のちにNASAが捏造したリアリティからの脱出を試みる宇宙飛行士たちのそれとも通底するところがある）。そしてトゥルーマンは、周囲の人物・カメラによって欺かれながらシーヘブンに生きる観客としての存在から、周囲の人物・カメラを欺いてシーヘブンからの脱出劇を演じる役者としての存在へと、自らを転換していくのである。

図3-2　主人公が一人芝居を演じてみせるシーン

透明性の瓦解

もうひとつ、この作品のクライマックスにおいて注目すべき場面があらわれる。それは、まさに脱出を達成しようとするトゥルーマンの漕ぐ船がシーヘブンの果て、青空と雲が描かれた壁と衝突する瞬間である（図3-4）。その当の瞬間まで、トゥルーマンも映画の観客たちもその壁を自然の空や雲だと思わされているわけだが、突き刺さった船首によって、それまで透明に見えていた景色が人為的に表象された絵であることを悟ることになる。これは、それまで受け手の認識の水準において透明化＝不可視化していた媒介物が突如として意識の俎上に立ちあらわれる、いわば彼が自らをとりまくメディア世界の組成について〝リテラシー〟を獲得した瞬間として理解することもできよう。

ところで上記の瞬間であるが、それはデイヴィッド・ボルターとダイアン・グロマラが『メディアは透明になるべきか』（原題：*Windows and Mirrors*、図3-5）において言及する、あるエピソードを思い起こさせる。

> 二人の偉大な画家がいた。パラシオスとゼウクシスのどちらがより本物に近い絵を描くことができるか、競うことになった。ゼウクシスが劇場の壁にブドウの絵を描いたところ、鳥たちが騙されて、ついばもうと降りてきた。パラシオスは同じ壁に、リネンのカーテンを描いた。ゼウクシスはそれを見て本当のカーテンだと思い、自分の描いたブドウの絵が隠れてしまうからどけてくれ、と勝ち誇って叫んだ。自分の過ちに気づいたゼウクシスは、勝利をパラシオスに譲った。ゼウクシスは鳥を騙すことができたが、パラシオスは同業の画家であるゼウクシスを騙すことに成功したからである。（ボルター＋グロマラ 2007：49-50）

図3-3　映画『カプリコン・1』

図3-4　透明な「壁」との衝突シーン

ローマ時代の作家、大プリニウスが紀元一世紀に書いたこの逸話を紹介したあとに、ボルターとグロマラは次のようにそれを評価している。

> この逸話でゼウクシスが偉大なのは、自分の技巧を消すことに成功したからだ。ブドウが彼が壁に描いたものだとは気づかれなかったからである。技巧が〝透明〟になり、観客は絵ではなくブドウそのものを見た。ここで「観客」とは鳥たちであったから、ゼウクシスは自然それ自体をも騙せたことになる。しかし彼のライバルのパラシオスはさらに上手で、ゼウクシスをも騙せるほどに、描いたカーテンを透明にすることができた。(同書:50)

このように語りながら、ボルターとグロマラは「ギリシア・ローマ時代の、芸術に対する普遍的態度」は「今日の情報デザイナーにもあてはまる」と指摘する。つまり今日のデザイナーは「メディアは消えるべきだ」「理想的なインターフェイスは、データ世界への透明な窓だと確信している」というのである。

ちなみに映画『トゥルーマン・ショー』に登場するクリストフも、その〝透明性〟を実現する各種の技巧/技術によって、番組の視聴者たちに、そしてトゥルーマン本人に偽装された「自然な世界」を信じ込ませ、彼らをそのなかに没入させてきたといえる。この映画、そしてボルターとグロマラのエピソードが提示する〝透明性の錯視が瓦解する瞬間〟は、記号とメディアの現代的な関係性を把捉するうえで、どのような考察の拡がりを可能にするといえるだろうか。

図3-5　ボルダー+グロマラ『メディアは透明になるべきか』NTT出版

媒介意識の後退

「メディアは媒介性が意識されなくなったときに、その作用を十全に発揮することができる。見方をかえれば、人がストレスなくメディアに接続される（もしくは、そのシステムに取り込まれるとき）、その媒介は意識されなくなる（もしくは意識化された媒介をめぐる記号活動は低減する）。つまり当初の段階では、人間とメディアの接合のために記号活動というインターフェイスが必要となるわけであるが、操作の馴化によってその必要性は次第に後退していく」（松本 2013：85）。以前、筆者はコンピュータゲームを題材とする論文のなかで以上のように主張したが、それはゲームだけではなく、大部分のメディア接触の体験において該当するメカニズムではないだろうか。

　写真をみる際に、その透明な表象そのものは通常は意識の俎上にのぼることはない。人々が実際にみているのは写真そのものではなく、写真にうつりこんだ被写体の形象だからである。また読書をする際に、ページを捲るという身体と物質との接触体験は通常は意識の俎上にのぼることはない。人々が読書によって作品世界に没入するときには、書物による媒介意識は忘れ去られているからである。これらのメディア接触の体験は、コンピュータゲームをプレイする際にコントローラの処理が自動化されるという体験に通底するものがある、といえるのではないだろうか。（同書：84-85）

他方でボルターとグロマラも「例えば映画を見るとき、物語に完全に没入して、映画を見ているということさえも忘れてしまうことがある。そのとき、その映画というインターフェイスは透明になっている」（ボルター＋グロマラ 2007：40）と語る。何らかのメディアとの接触に馴化していくことで、メディアそのものの存在が意識の俎上から消失していくプロセス、すなわち上記の引用でいう「媒介意識の後退」を、私たちはどのように考えるべきなのだろうか(2)。本章ではヴィレム・フルッサーの「テクノ画像」を出発点としながら、さらにはそれとの比較という観点から、「透明性」についての考察に資する複数の論者の言説を援用しながら、写真以降の映像テクノロジーがもたらしたものを検討する。

第一節　写真の透明性がもたらしたもの

ロジャー・シルバーストーンによれば、私たち人間は「生産者として、あるいは消費者として行為し、相互行為し、世界、メディアのなかの世界、メディアに媒介された世界、そして媒介作用のなかの世界を意味あるものにしようとしつこく求めている」のだが、「しかし同時に、私たちはメディアの諸々の意味を、世界を避けるために、世界から距離をとるために〔…〕使いもする」という（シルバーストーン 2003：47）。そして、そのようにして語られる「媒介作用」とは、おそらくは人間にとっての宿命なのである。なぜならば人間という存在は、常に何らかのメディア――言語的なもの、装置的なものを含む――の仲立ちによって、その補助によって、あくまでも間接的に外部環境と接触するものと考えられるからである。人間を他の動物たちと決定的に相違させるのは、まさに媒介的なコミュニケーションの有無であり、また、その複雑さと多様さの程度である、というのだ。

狭義の動物たちについて考えるならば、彼らは高度に発達したシンボル体系を行使することもないし、また機械的・装置的なメディアを考案することもない。彼らが自然との関係を生きるうえで

（2）ジュビレ・クレーマーは『メディア、使者、伝達作用――メディア性の「形而上学」の試み』と題された著作のなかで、「直接性＝無媒介性」の問題に関連して次のように語っている――「日常的な使用においてメディアは何かを現象させるが、メディアが示すものはメディア自体ではなく、メッセージである。したがってメディア現象においては、感覚的に目に見える表層が意味となるが、目に見えないメディアが深層構造をなしている。〔…〕メディアの成功は、メディアの消滅において保証される」（クレーマー 2014：17）。

依拠するのは遺伝的なコードであるわけだが、これに対して人間は言語コードや、それ以外のさまざまな媒介形式を可能にするテクノコードに依拠して、自らのあり方を、さらには自らと外部環境との関係性を再構成していくものなのである。そしてそのことは、次の言説が示唆するように、フルッサーにとっても意識されていた問題といえる。

> ここで〈記号《シンボル》〉とは、何らかの了解によって別の現象を指すものとされている現象のことである（どんな現象でもよい）。これに対して〈コード〉とは、記号の操作を整序するシステムのことである（どんなシステムでもよい）。こうした定義が二つの概念に与える意味は、普通の意味と違うところがある。たとえば、右の定義によれば、〈記号〉は人間がコミュニケーションに役立てるために意図的につくった道具であり、動物の行動とは無関係だということになる。同様に、〈遺伝子コード〉も、右の定義の埒外にある。この定義によれば、コードとは人間が意味を求めてつくり出したシステムであるからだ。要するに、ここでの立場とそれに基づく定義は、人間のコミュニケーションを他のすべてのコミュニケーションから明確に区別する（人間のコミュニケーションとは自由の現象だとする）決定に立脚するものだ。（フルッサー 1997：87）

さて、旧チェコスロバキア生まれの哲学者であるフルッサーは〝写真の哲学〟を構想するなかで、写真こそが最初の「テクノ画像」——すなわち彼の定義によれば、何らかの装置によって作成された画像——であると主張し、その歴史的な意義を強調している。一八三九年、フランスでルイ・ジャック・マンデ・ダゲールが、そしてイギリスでウィリアム・ヘンリー・フォックス・タルボットがそれぞれの発明を公けにしたことによって、写真は外界の物理的なイメージを精確かつ機械的に模写しうる画期的な光学装置として誕生したわけだが、フルッサーはそれを「テクノ画像」の嚆矢として、のちに映画やテレビへと連なる映像テクノロジーの筆頭に位置づけるのである。

既述のようにフルッサーはカメラなどの装置について、それを「特定の思考プロセスをシミュレーションするために作り出されたもの」として規定していた。この定義に準拠するなら、伝統的な画像に取って代わるものとしての写真とは、視覚的な表象化のために不可欠であったはずの「思考プロセス」を、カメラという装置によって模倣的に代替するものであると考えることができよう。フルッサーは、カメラのような装置を「ブラックボックス」に喩えているが、「そのブラックボックスのなかでは、それに対して将来人間がどんどん支配能力を失い、どんどん装置まかせになっていかざるをえないほどに、こうした意味での思考は機械化されてしまいます。それは科学的なブラックボックスであり、この種の思考を人間よりもずっと優れた形で遂行するのです」とも語るのである（フルッサー 1999：41）。フルッサーの考える〈装置〉とは、あくまでも人間の思考を代替する外部的なテクノロジーであり、その影響は将来的にますます強くなるであろうと予測されているのだ。

フルッサーの歴史観

それではフルッサーは、私たちの生きる現代について、どのような認識を提示しているのだろうか。フルッサーは彼独自の歴史観をモデル化するなかで、人間と世界との根本的な断絶を架橋するための手段として、各時代におけるいくつかの媒介形式——〈伝統的〉画像／テクスト／テクノ画像——をあげ、それぞれの機能を記述している（フルッサー 1997：130）。

図3-6では、人間と環境とを仲介する主要な媒介手段が三段階——①〈伝統的〉画像の時代、②テクストの時代、③テクノ画像の時代——にわたって時代的に変容し、そのつど、私たち人間が原初的な〈世界〉から疎外されていくありさまが描写されている（異境化の1～3は、その段階的な進展を図示している）。なお、フルッサーの見解に依拠するならば、伝統的な画像を介して「世界」を認識していた先史以来、すでに人間は世界との直接的《イミディエイト》・無媒介的な関係を喪失していたことになる。だからこそ、彼は「人間が世界のなかに在ることを知るや否や、人間はもはや〈無媒介に〉世界のなかに在るのではなく、世界を引用符のなかに入れる（世界を括弧に入れる、または括り出す）」と主張するのである（同書：131）。つまり人間は何かしらの媒介行為によって世界を対象化し、その世界を〝引用符〟で括る知的営為によって、もはや世界との無媒介的な関係を生きることのできない存在と化しているのだ。彼は次のようにも語っている。

> 人間の〈起源〉には、人間と世界の間の深淵〔断絶〕がある。記号とは、この深い断絶を架橋する道具であり、和解なのだ。（フルッサー 1997：89）

ともあれフルッサー独特の時代区分を参照するならば、人間は各時代において優勢な媒介形式によって世界把握のための視点を与えられてきた、といえる。まず「〔洞窟壁画のような手書きのもの、すなわち伝統的な〕画像」が生みだしてきた呪術的な視点は、およそ紀元前一五〇〇年頃までは覇権的な地位を堅持してきた。これに続いて「〔文字〕テクスト」が生みだしてきた歴史的な視点は、紀元前一五〇〇頃から紀元後一九〇〇年頃まで覇権的な地位にあった。そして、それ以降はといえば、人類は写真という史上初の「テクノ画像」——すなわちカメラなどのような何らかの装

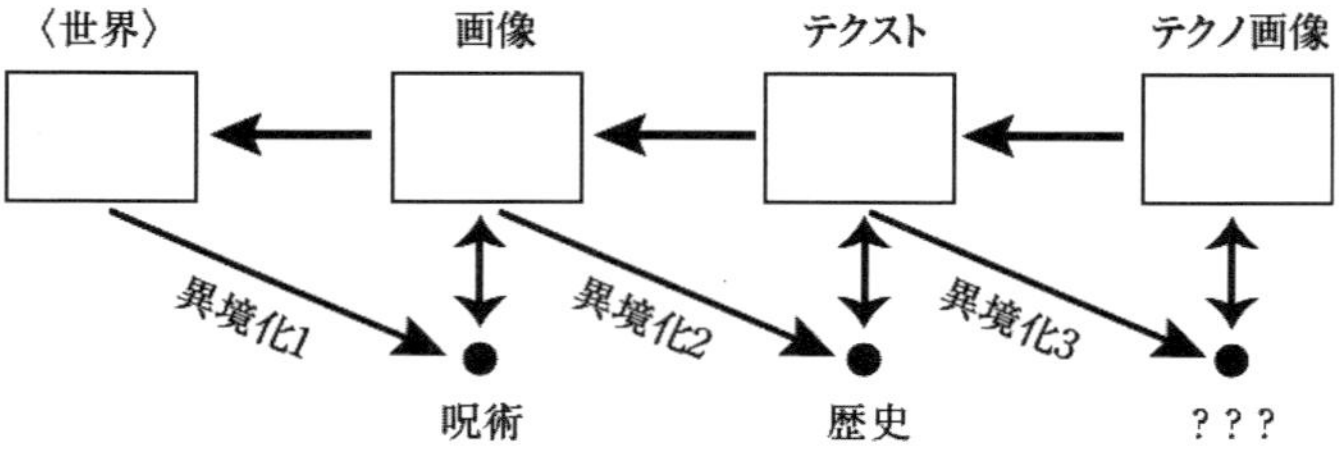

図3-6　フルッサーの歴史観（フルッサー 1997：130）

置によって産出された画像——を発明することで、フルッサーが「ポスト・ヒストリー」と呼ぶ時代へと突入し、「〔旧時代的な〕テクスト崇拝に対する闘争」を開始するための視点を獲得したと解説されている（フルッサー 1999：19）。

なお、これらの段階的な移行プロセスの契機となってきたのは、先行する表象形式にそなわっていたはずの媒介能力が失効するといった危機的な事態である。ようするに新たな表象形式が創出する新たな視点は、もはや既存の表象形式が人間と世界とを仲立ちできなくなったことを契機として要請されてくるのである。つまり文字テクストの時代は、伝統的な画像による世界把握の行き詰まりを原因とし、またテクノ画像の時代は、文字テクストによる世界把握の行き詰まりを原因とするのだ。

フルッサーは以上のようなメディア史観に論及するなかで、テクスト時代の末期に到来した閉塞状況を「不透明性」のイメージをもって次のように記述する。

〔伝統的〕画像の媒介機能が弱まると、人間は画像の世界を去って（異境化2）、自分と画像の世界との断絶をテクストによって架橋しようと試みる。いまや成り立つようになった実存とテクストの間のフィードバックによって、人間は新たな視点を獲得する（歴史意識）。だがその結果、テクストは次第に不透明なもの、〈思い描くのに役立たない〉ものになる。そこで、人間はこれを棄てはじめる（異境化3）。底なしの視点喪失に陥った人間は、いまやテクノ画像によってテクストとの断絶を架橋しようとしているのだ。（フルッサー 一九九七：130–131）

テクスト時代の終わり

一九世紀の前半に至るまで、人びとにとっての支配的なメディアは印刷物であった。ながらくテクストは世界認識のための重要な媒体であり続けてきたわけだが、活字情報が社会に氾濫して飽和状態に達し、もはやそれによって人びとが一定の世界像を入手できなくなった時代が一九世紀であるとされる。そしてフルッサーの見地に依拠するならば、文字や活字がもたらした意味世界の混沌、無秩序、あるいは不透明性を打開するために要請されたのが、透明性をそなえ、また「客観的」（同書：171）という装いをもつテクノ画像だったわけである。

テクストの世界が奇態なもの、無意味なものになりはじめたのと時期を同じくして〈むろん、それは偶然ではない〉、テクストから何かを思い描けるようにする画像が発明された。写真と映画である。これこそが、今日われわれをますます強力にプログラミングするようになっているテクノ画像の一族の始祖なのだ。真の意味で〈革命的〉なこの発明によって生み出されたテクノ画像が、系譜的にも機能的にもアルファベット前の画像と全然無関係の存在論的地位をもつことを、確認しておくことが重要である。アルファベット前の画像は、系譜的には、そもそも人間が人間になるために世界から退いたさいの〈原初の〉一歩から生まれたものと見られる。それは、世界から疎外された人間がその世界についての像をもとうとする試みであった。これに対して、テクノ画像は、系譜的にはテクストから退きテクストの外に出る一歩、とくに光学的・化学的意味でのテクストの外に出る一歩から生まれたものだといえる。それは、科学的進歩の成果なのだ。一見しただけではそうであることが判らないとしても、それは、世界についての像をもとうとする写真家の試みではなく、写真家が画像についてもった概念についての像をもとうとする試みなのだ。アルファベット前の画像が世界に意味を与えるものだったのに対して、テクノ画像は、世界に意味を与える画像に意味を与えるテクストに意味を与えるものなのだ。（同書：33-34）

写真は被写体のありのままの姿を透視させる〝透明な窓〟のごとき機能を果たす。つまり、それは撮影時にレンズの前にたしかに存在していたはずの光景を、そのまま透かし見ることのできる技術なのである。それだけではない。誰が見ても即座に理解可能でイメージの共有に適した写真・映画・テレビなどの装置的画像、すなわち「テクノ画像」は、それ以後、人びとの世界認識のための〝透明な窓〟として重要性を獲得していくことになるのである。

以上のようにフルッサーの言説において、透明性を特徴とするテクノ画像は、テクストの時代の行き詰まり、それが生成するヴィジョンの不透明化に呼応して要請されたと理解されている。ちなみに彼は「言語」と「映像」の歴史上の闘争を弁証法的とも表現するが、それまでの言語優位の時代に対抗するかたちで一九世紀に台頭した「テクノ画像」の究極的な産物が『トゥルーマン・ショー』のなかで描出されるスペクタクル社会なのかもしれない(3)。

第二節　〝無媒介性の錯視〟を生成するデジタルテクノロジー

フルッサーが「テクノ画像」概念によって想定していたのは写真・映画・テレビなどであり、「客観性」がその条件として指定されていることから、カメラによって撮影された映像が念頭にあったと思われる。彼は透明性・即物性という創造原理をもつ写真（および、それ以降の映像テクノロジー）こそが、文字・活字の時代における情報世界の閉塞を打破する原動力になったと把捉す

(3)　これに関連してボルターらは、「われわれは依然、テレビ的リアリティの時代に生きており、このことはワールド・トレード・センタービルの破壊（何百万人もの人が生中継で見た）でも露わになった。『トゥルーマン・ショー』（一九九八）や『エドTV』（一九九九）といった映画も、皮肉な形でテレビ的リアリティを表現している」と指摘している（ボルター＋グロマラ 2007：60）。

るのである。

ともあれ、フルッサーが上記のような写真観を提起したのは二〇世紀の末であるが、これに対して、私たちは現在、デジタルイメージが氾濫する状況のなかを生きている。たとえばコンピュータグラフィックス（CG）は、近年ますますそのリアリティの精度を高めつつあるが、他方では、それは写真のように〝光の痕跡〟ではなく、また、被写体の現実との因果関係によって形成されたものでもない。というのもCGとは「現実の反映」というよりは、むしろそれを描いた人間の「想像の反映」だからである。[4]

さて、本節でとりあげてみたいのは、別の視角から「透明性」のメカニズムに言及している論者、冒頭でも手短にとりあげたデイヴィッド・ボルターとダイアン・グロマラである。彼らの言説に特徴的なのは、遠近法から写真へと受け継がれた「透明性」を、現代におけるデジタル映像技術――コンピュータグラフィックス（CG）、ヴァーチャルリアリティ（VR）、グラフィカル・ユーザーインターフェイス（GUI）――へと接続して語っている点である。以下、この歴史的な経緯に関する記述を含む文章を引用しておこう。

> 透明性への欲求は、古代ギリシア・ローマ時代にも強かったが、ルネッサンス以降はさらに強まった。この欲求が線遠近法技術の発展を促した。遠近法は、一五世紀の画家ブルネレスキが最初に使ったとされるが、一九世紀にまでいたる絵画の伝統となってゆく。絵画は、デジタル・アプリケーションと同じように、〝経験〟を提供する。遠近法絵画は、近年のヴァーチャルリアリティのように、「そこにいる」という経験を提供するのである。（ボルター＋グロマラ 2007：51）

（4）椹木野衣はCGと写真との差異、およびCGと絵画との親近性について次のように言及している――「CGなどの人工画像に代表される電子装置群は、それがデジタルな信号の集積によって構成されるということにおいては、写真における被写体のような対象を有しておらず、このことは写真とCGとの差異を明確にするのみならず、むしろ絵画とCGとの親近性を際だたせるものである。モニター上のピクセルの諸配置によって事実上いかなる形象も再現可能であるCGにあっては、絵画における出発点同様に、とりあえずは自らが好きなものを再現することから始めることになる」（椹木 2001：216）。

この引用でボルターとグロマラが語るのは、人間の「透明性への欲求」が古代ギリシア・ローマ時代にはすでに意識されており、それがルネッサンス期には遠近法の発展をうながし、さらに一九世紀における写真の発明だけではなく、現代のVRの発達へとむすびついていく、という歴史的な経緯である。つまり遠近法、写真、VRは「透明な窓」として、ともに「『そこにいる』という経験」を提供する技術、換言すれば〝透明性の錯視〟にもとづいて自然らしいイメージを供給する技術としてとらえられているのである。

透明性の神話

さて、ボルターとグロマラによる議論の特徴は、透明性の帰結としてうみだされる「自然さ」が極めて柔軟な基準をもって想定されている点である。

「自然」と考えられるものは変化する。なぜヘッドセットをかぶって仮想世界を航行することが自然と呼ばれるのか？　キーボードでタイプを打つことや読書や（古代エジプト、ギリシア、ローマでなされたように）パピルスに書くことよりも自然なのか？　自然という言葉を、初心者にわかりやすいとか、熟練者に効率的という意味で使う人がいる。だがこの定義によっても、〝自然〟という言葉は一定ではない。効率的とか容易ということも、インターフェイスの目的に依存しているからである。〔…GUIは〕ブルネレスキが絵画で約六〇〇年前に達成しようとしたことを、ピクセルを使って行なおうとしているのだ。透明性は新しいテクノロジーによって定義し直されるので、この追求には終わりがない。（同書：78‒79）

ここでボルターとグロマラは、人類がこれまで発明してきたさまざまなメディアをとりあげながら、それらが「透明性の神話」――すなわち〝テクノロジーは完全に消えることができ、ユーザーや観客は現実と直接触れ合える〟というもの――の実現を指向して発展してきたと理解している。そして、そのつどのようなものが「自然」としてみなされるか、という点に関しては、彼はそれを「インターフェイスの目的に依存している」と主張するのである。

ボルターとグロマラはインターフェイスが歴史をつうじて段階的に透明化していく過程の存在を認めながらも、他方では、その透明性から派生する危険性を以下のように示唆してもいる。

もし完全な透明性が達成可能だとしても、これは危険なものだ。誤りと言っていい。窓というメタファーを考えよう。もし窓が完全に透明だったら、ガラスが完全に透き通っていたら、鳥が突っこんだり、人が腕をぶつけたりするだろう。画家ゼウクシスの物語では、ブドウを獲ろうとしてカラスが嘴を傷めてももちろん誰も気に留めなかったが、透明なインターフェイスのために人間が危険にさらされるような場合については、考えておかなくてはならない。（同書：80）

ボルターとグロマラによる以上のような指摘と重ね合わせるならば、映画『トゥルーマン・ショー』において、人工的なメディア世界からの脱出を試みる主人公が、透明化したメディアの壁面に船首を激突させるクライマックスの場面は、上記のような危険性を私たちに再考させる契機になりうるともいえよう。

ともあれフルッサーが示唆したように、何らかのメディアを介して「世界」を認識していた先史以来、すでに人間は世界との直接的・無媒介的《イミディエイト》な関係を喪失していたことになる。しかし他方では、視覚的な透明性をもたらす遠近法や写真、あるいは（それらとは異なるかたちで）操作的な透明性をもたらすCGやVRやGUIなどによって〝現実と直接触れ合える〟という幻想、あるいは〝無媒介性の錯視〟はたえず合成されてきたともいえる。それでは現代のデジタル環境下において、トゥルーマンが衝突した画像的なリアリティは、いったい何に置き換わりつつあるのだろうか。これを考察する端緒として、次節では今日における「視覚」と「触覚」の関係性に着眼しながら議論をすすめてみたい。

第三節　視覚に紐づけられた触覚

人間の五感のなかで、視覚は「距離」を前提とする感官である。（油絵の）キャンバス、（写真の）印画紙、（映画の）スクリーン、（パソコンの）モニター、（スマートフォンの）タッチパネル――どのような形式であれ何かしらの映像表象を眼差すとき、対象との距離がゼロでは当然それを認識することができない。もちろん、私たちは何かを視認しようと欲するとき、しばしば「もっと、近づいて見たい」と感じることがある。あるいは「もっと近づいて、はっきりと見たい」と感じることもある。視覚が「距離を前提とする感覚」であるにもかかわらず、まなざしの対象を手許に引き寄せたい、それとの距離を埋めたい、さらにはそれを管理したい、という欲望に駆り立てられることは決して珍しいことではないだろう。そう考えてみたときに、近年普及しつつあるタッチパネル式のインターフェイスが視覚的な「画面」であると同時に触覚的な「コントローラ」であるという点は興味ぶかく感じられる。たとえばスマートフォンのうえで駆動するゲームアプリを例にとった場合、それを構成しているデジタルイメージのリアリティを、私たちは画面を触知することで確かめているかのようにさえみえる。

私たちは「画面＝コントローラ」と化したタッチパネルによって、自らの意のままに記号世界／情報世界を操作しようとする（たとえば無料通話・メールアプリ「LINE」を使って、友人とのコミュニケーションを制御しようとしたり、あるいは、デジタルワークスペース「Evernote」を使って、自らの仕事に関する雑多な情報を制御しようとしたりする）。本書の序論で触れたように、ここでは「視覚に従属する触覚」という構図が浮上するのである。

視覚的な透明性／操作的な透明性

デジタル映像テクノロジーが急速な進化を遂げつつある現在、私たちは「視覚」と「触覚」の関係性がもつ意味を改めて再考する必要に迫られているのかもしれない。フルッサーの「テクノ画像」概念、すなわち写真を嚆矢とする装置的な画像が一九世紀以降に普及し、人びとの記号世界を覆い尽くすようになってから久しい。写真もそうだが、それに続いて発明された映画やテレビなども含めて、（とくに、ここではアニメーション映像などは除外して考える必要があるが）カメラによって撮影された映像は、被写体のあるがままの現実を客観的に反映するものであり、だからこそ、それは〝光の痕跡〟としてのリアリティを確固たるものとしてそなえていた、といえる。

しかし近年、コンピュータゲームを構成する人工的な画像群もそうだが、CGなどのデジタルイメージがひろく流通をはじめたことによって、人びとの映像認識、あるいはリアリティ認識は大きく揺らぎつつあるのかもしれない（写真もデジタル、そしてソーシャルの時代にはいって、誰しもがデータを簡単に加工・編集・交換することができるようになり、その画像の客観性という神話は、過去の遺物と化してしまった感がある。そのことは、おそらくプリクラなどの写実性の有無を考えれば簡単に理解されよう）。現代とは、写真が切りひらいた時代の、その次の段階に位置しており、そのデジタルイメージの氾濫する今は、しばしば「ポスト写真時代」として論及されるわけである。そしてそのような時代、人びとのリアリティ感覚が形成されるにあたって、「映像に触る」という身体的な行為が重要性を増しつつある、といえるのではないだろうか。つまり「視覚的な透明性」ではなく、むしろ「操作的な透明性」が前景化される時代を私たちは生きつつあると思われるのである。

●結びにかえて

本章では、まず映画『トゥルーマン・ショー』におけるテレビ的なリアリティとそれが瓦解する瞬間をとりあげながら、「メディアの透明性」あるいは「媒介意識の後退」について検討することの意義を提起した。さらにそのうえで、フルッサーのメディア史観に依拠しながら、（写真・映画・テレビなど）客観性を特徴とするテクノ画像が台頭したことの歴史的な意義に眼をむけた。さらにボルターとグロマラの言説を援用しながら、現代ではその透明性の錯視が遠近法や写真のみならず、CG、VR、GUIなどのデジタル映像テクノロジーによっても惹起されることを明らかにした。そして本章では最終的に、映像をめぐるリアリティの変容を明らかにするために、「さわる画面」としてのタッチパネルをとりあげ、そこに見いだされる「視覚」と「触覚」のアクチュアルな関係性を分析した。

ボルターとグロマラが示唆するように、「自然」とみなされるものの基準は、各時代の技術的な条件によっても変化する。そして技術的に構成された擬似自然のなかで、人間と他者との、あるいは人間と世界との関係を媒介していたはずのメディアは透明化し、不可視化してしまう。その見えなくなった媒体のインターフェイス（そこには遠近法、写真、テレビ、タッチパネルなどのそれが包含されうる）を改めてまなざし、意識の俎上に載せることの意味を、『トゥルーマン・ショー』という映画は教えてくれるようにも思われる。

記号とメディアの反比例仮説

最後にいまいちど、上記の「透明性」および「媒介意識の後退」という問題をとりあげ、記号論とメディア論の間隙でそれらに対して再考を加えたうえで、本章での議論を締め括りたいと思う。

既述のように、私たちが何かしらのメディアとの接触に馴化していく過程で、メディアそのものは次第に意識されなくなっていく。じっさいに、いったんあるメディアの使用や操作に馴れてしまうと、そのメディアそのものは「透明化」するのである。既述の事例をあえて復唱するならば、たとえば写真を見る際に、その透明な表象そのものは通常は意識の俎上にのぼることはない。また、読書をする際に、ページを捲《めく》るという身体と物質との接触体験は通常は意識の俎上にのぼることはない。あるいは、人びとがゲームをする際に、そのコントローラの操作方法は意識の俎上にのぼることはない。このようにメディアがその媒介作用を十全に発揮するとき、そこで何かに媒介されているという感覚や意識は消失していくのである。まさに、それは人間にとってメディアが「身体の拡張」となり、自らの一部のように感じられる契機ともいえよう。

もちろんどのようなメディアにしても、その使用や操作になじむ以前の段階では、そのつど思考を展開しながら（つまり脳のなかで記号を走らせながら）それに接触することになる。たとえば文字の学習段階[5]においては、それがどの音や意味を喚起するのかをいちいち思考しながら本を読む必

（5）文字というメディアを考えてみると、その利便性は私たち人間を外部記憶システム――すなわち、膨大な印刷情報の集積――へと接続するのに適していることに起因するが、その効率性は活字メディアの読解に際して、さらに高められたと言ってよいだろう。マクルーハンによると「活字面は次第に音読を無意味なものにし、読者は自分が著者の「掌中にある」という感じを抱くまで読みの速度を増してゆく」のである（マクルーハン 1986：192–193）。あるいはH・J・チェイターは、人びとが印刷物を読む際に、その視覚的なイメージが聴覚的なイメージへと迅速に変換され、さらに筋運動感覚的イメージと平行して「内的な言語」が生み出されていくメカニズムに言及している。そのような場合、よほど読みにくい難解な文章や手書きの外国語でもない限り、心の内奥でなされる発音が識閾の下に消えてしまうことになるというのである（チェイター 1995：77–78）。

逆に書物の読解にあたって「内

要があるだろうし、また、ゲームの習得段階においては、コントローラ上のどのボタンがプレイヤー・キャラクターのどのような行為を誘発するのかを思考しながら（場合によっては、ゲームの説明書を参照するなどしながら）それを遊ぶ必要があるだろう。つまり当初の段階では、それぞれのメディアの使用にあたってセミオーシスが介在することになるが、その後、いったん操作に馴れると、記号活動を要さず、ストレスなく文字を読めるようになるし、ゲームも操作できるようになる（しかしいったんその段階に至ると、私たちは文字を読めるようになる以前にそれをどう見ていたのか、あるいは、コントローラの操作に慣れる以前にそれをどう握っていたのかを思い出すことが難しくなる。それは第2章で言及した、人間の「感覚器官」と「テクノロジー」とのリコネクトの問題として位置づけることができるだろう）。

ともあれ以上のように考えてみると、「記号の作用」と「メディアの作用」のあいだには、ある種の緊張関係が介在していることがわかる。すでに説明したように、マクルーハンはメディアを「人間拡張」という観点から理解したが、そういいうるのは、ユーザーがその使用に馴れ、メディアがその作用を十全に発揮できるようになった段階の話である。その状況へと至るまでに、人びとは試行錯誤を繰り返しながら、換言すれば、思考においてセミオーシスを走らせながら、次第に、メディアを自分の身体の一部として操れるようになっていくのである。ここに、「記号の作用」と「メディアの作用」の間隙である種の反比例的な関係を認めることは容易だろう。

以上のように整理した場合、『トゥルーマン・ショー』のなかで主人公が歩んでいく道は、その馴化へのベクトルと比べると、むしろその逆だといえる。彼は当初の段階で、与えられたメディア世界へと十全に適応していたが、徐々に周囲の環境に対して不信感を募らせていき、彼をとりまく人工的なメディア環境を批判的にまなざすようになっていく。しかる後に、さまざまな〝事件〟を

的な言語」が完全に後景化されず、そのプロセスに何かしらの遅滞が生じる場合を想定するならば、それはスムーズな読みを妨げる要因が介在するからにほかならない、と推察することもできよう。もちろん難文や外国語などもその阻害要因となるだろうが、手書きの写本と印刷本と比べたとき、手書きの写本に特有の非効率的なレイアウトも敏速な読解を妨げるものになりうる。つまり活字を題材に考えた場合にも「メディアは媒介性が意識されなくなったとき」、すなわちメディア接触が円滑であり、人間とメディアとの接合に際して記号活動によるサポートが必要とされないときには、当該メディアは「その作用を十全に発揮することができる」といえる。

以上のようにゲームの受容にしても、文字の受容にしても、ある特定のメディアとの接触に馴れていくにつれ、そこで必要とされる記号活動は低減していく。ここに、記号の作用とメディアの作用とのあいだに、反比例的な関係性を認めることができよう。

経てその世界の組成を理解していき、最終的にシーヘブンとその外部世界とを隔てている壁へとたどりつくのがそのクライマックスの場面――トゥルーマンが漕ぐ船がシーヘブンの果て、青空と雲が描かれた壁と衝突する瞬間――であり、見方を変えれば、それは「彼が自らをとりまくメディア世界の組成について〝リテラシー〟を獲得した瞬間」として位置づけうるのだ。これは、いったん透明化したメディアの存在を改めて問いなおし、再度それを不透明化する営為として解することができるだろう。

　不可視化したメディアを可視化する――トゥルーマンがたどった「旅」を再解釈したうえで、私たちは「メディアそのもの」を凝視することの意義を、いまいちど問いなおす必要があるかもしれない。

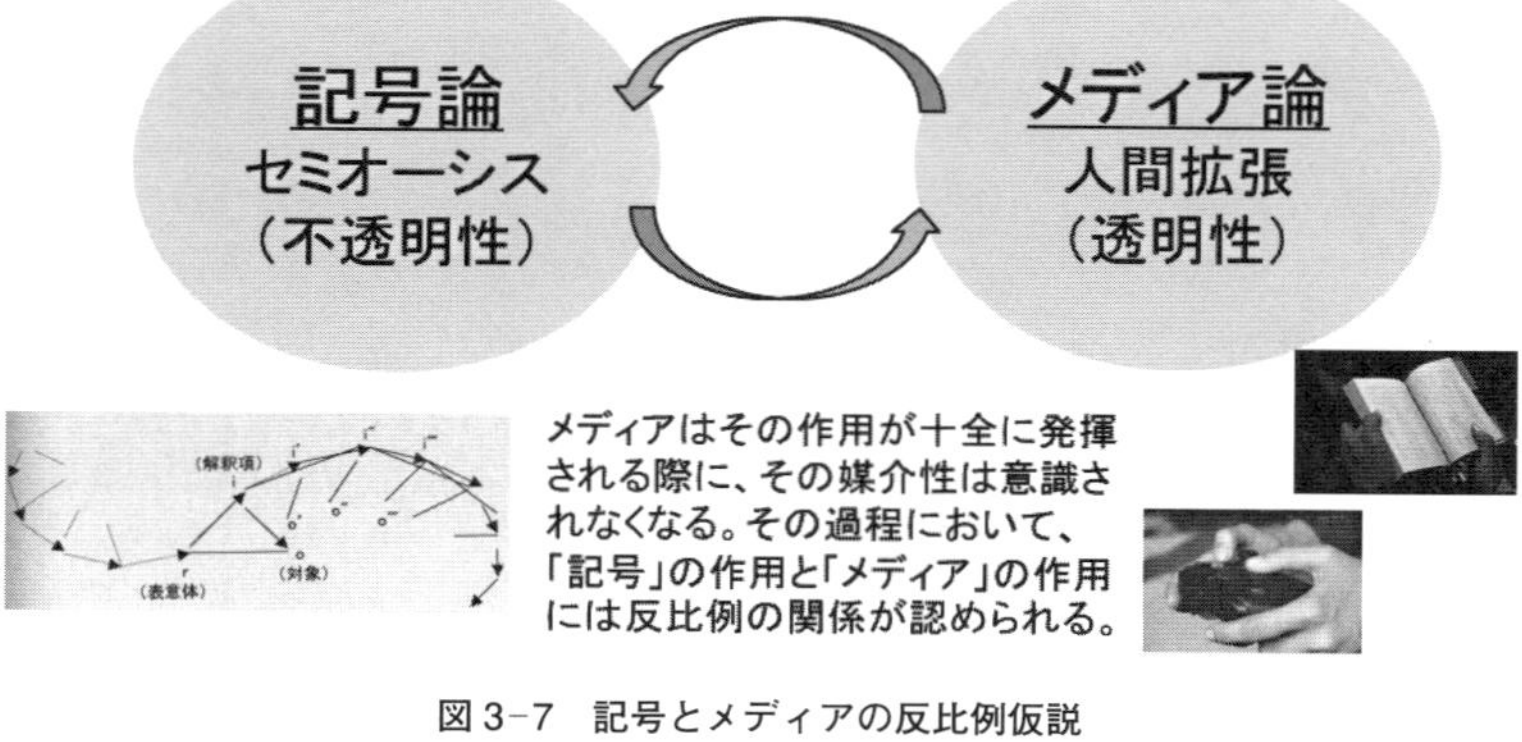
記号論
セミオーシス
（不透明性）
メディア論
人間拡張
（透明性）
(解釈項)
(表意体)
(対象)
メディアはその作用が十全に発揮される際に、その媒介性は意識されなくなる。その過程において、「記号」の作用と「メディア」の作用には反比例の関係が認められる。

図3-7　記号とメディアの反比例仮説

第4章 私たちはどのように写真をまなざすのか
——言語との差異を中心に

現代における新たなメディア環境のなかで、私たちの身体とメディア装置との関係は錯綜を極めつつある。なかでも写真は、人間の身体的次元に影響を及ぼしたメディアテクノロジーの先駆的な事例として意義をもつといえよう。ロラン・バルトやヴィレム・フルッサーらが強調したように、その発明は間違いなくメディア史上の一大事件であった。というのも写真は「機械の眼」を人間の身体へと導入し、その視覚性を著しく変質させたからである。

いうまでもないことだが、写真の表象機能は言語のそれとは大きく乖離している。具体的にいえば、写真は外界の物理的なイメージを透視させる〝透明な窓〟のごとき機能を果たすからであり、逆にいえば、恣意性を特徴とする言語記号のように不透明な変換過程を要さないからである。ちなみにバルトとフルッサーは、それぞれ写真の画期性を言語記号との、あるいは活字文化との対比において導出している。写真表象は言語表象と比したとき、その視覚的安定性／意味論的安定性、具象性／抽象性、透明性／不透明性などの諸点において好対照をなすわけだが、その双極性は記号論的にも、視覚論的にも、またメディア史的にも非常に興味深い問題を孕んでいる。本章では「言語」と「写真」との対極性を意識しながら、写真以降にもたらされた新たな視覚性を分析の俎上に載せる。

第一節　写真は「新たな言語」か？

「写真」と呼ばれるメディアは、もちろんレフ・マノヴィッチが語ったようにその当初のテクノロジーから今日のインスタグラムに至るまで多様な形態はあろうが、これまで無数の愛好家を獲得し、現代人の意識構造と外界認識に不可欠なメディアとして枢要な役割を担っている。(1) G・L・ウルマーによると、写真的再現＝表象《リプレゼンテーション》とは、「(テレビによって完成される) コラージュ・マシーンであり、生活世界のシミュラークルを作り出すものである」とされ、さらに「写真は視覚的連続体の断片を新しいフレームの中に集め、転移する」とも説明される（ウルマー 1987：148）。

考えてみれば、私たち現代人の世界認識は、写真をはじめとする多種多様な映像メディアによって寄せ集められた情報の集積から成り立っている部分が大きい。なかでも写真メディアは遠隔的な世界を、間接的だが、しかしリアルに体験するための視覚的素材を提供するものである。そのような能力をもった写真は、とくに二〇世紀以降、自らの影響力を全社会的なレベルで確実に増進させていったといえるだろう。

伊藤俊治によると、写真の重要性が増していった背景には、「かつてないほど急速な時代の変動につれて揺れ動く人間の状態の把握において、〝即物性〟という創造原理を持つ写真が、その概念の記録や感覚の組織化、あるいは意味の規定や思考の構造化といったことのための有効な新しい視覚言語になっていたからに他ならない」という（伊藤 1992：55 傍点引用者）。そう述べる伊藤によれば、「一九二〇年代後半以降、写真を言葉として活用しようとする傾向が活発化する。これは写真発明後一世紀近く経て写真映像が厖大に蓄積され、そのストックがテクノロジーの発達と結びつ

(1) 学問的には、写真に対するメディア論者たちの関心は必ずしも高いものとは言えなかったかもしれない。「どこにでもある大衆文化としては写真の右に出るものはない。公認の文化としては美術館にも陳列され写真集にもなり、写真撮影は安あがりでいつでも気軽に楽しめる。西側先進国であればどの家庭にもきっと一台くらいカメラはあるのでは？」とフレッド・イングリスは問いかけつつも、他方で「写真はメディア関連の文献のなかでの注目度はあまり高くない」という当時の実情についても報告している（イングリス 1992：245）。他方でフェリックス・ガタリは「われわれを映画、ビデオ、コンピュータによるデジタルイメージなどに導く進歩の線において、写真が多少とも時代遅れの段階にあると考えるのは、残念ながら誤解であろう」と述べ、さらに「ロラン・バルトが強調したように、おそらくほかのどのような芸術の形式よりも、写真のなかにこそ表現機械の実存的時間性が潜んでいる」と指摘している

いて文化内部である種の言語機能を果たすことができるようになったことにも関連するが、決定的なのは一九二〇年代に成立を見る現代都市の原型の上にタイポグラフィとデザインを通して〝メディアとしての写真〟の文法がようやく確立されるにいたったことにある」とも論じられている（ガタリ 1998：395）。

（同書：94–95 傍点引用者）。もちろん伊藤に限らず、写真を〝言語〟に喩える言説はあまた存在しており、それは決して珍しいものとはいえないだろう。しかし写真が「新たな視覚言語」として一定の擬似文法を有し、しかも効率的な情報伝達機能を発揮するからといって、そもそも、それが自然言語と同格であるとか、あるいは、自然言語に代わりうるなどと安易に言明できるのだろうか。

厳密にいえば、写真の映像は〝言語〟ではない。ネルソン・グッドマンらも指摘するように、「言語学者のモデルを画像の理解にまで拡張できないのは明らかである」（グッドマンほか 2001：157–158）。分節言語に特有の語彙目録と文法をもつことができるのは、それぞれの記号を厳密に同定でき、また互いに識別可能であるような場合に限られるからであり、この条件を画像に含まれる諸記号が充たすとはとうてい見なし難いからである。記号学者による言語学的モデルの応用は、概して、その分析対象を非言語的な領域にまで拡張するが、しかし同時に、それは「言語」を規範として非言語記号を把握するという強力なバイアスを補強することにもなりかねない。そう考えるなら、先程来引用している〝視覚言語〟という隠喩的な言辞も、言語に準ずる構造的次元を非言語にも認めるかの如き表現である限りにおいて一定の偏見を排除することができない。しかし他方では伊藤が〝言語〟に喩えたくなるほどに、写真が複雑なメッセージの円滑な伝達に適性をもったメディアとして威力を振るっていることも事実である。伊藤は写真がデノテーションだけでなく、コノテーションの伝達にも適した「視覚言語」として、その有用性が大いに活用されているという状況を端的に記述している（伊藤 1992：95）。

第二節　写真による覇権的なコードの交代

それでは、ときに新しい言語ともいわれる「写真」は、いかなる歴史的な背景のもとで誕生したというのか。ここで、この問題をより広範なメディア史的文脈のなかで確認しておきたい。

前章で詳述したように、フルッサーによると、たとえば洞窟壁画などのかたちで古くから存在する「伝統的な画像」は前‐歴史的であり、これに対して現代的な「テクノ画像」は脱‐歴史的であると主張される。ここでいう「伝統的画像」とは絵画を含め人の手によって描かれたものであり、他方の「テクノ画像」とは写真などのように何らかの装置（たとえばカメラ）によって制作されたものである。このうち後者、すなわちテクノ画像の嚆矢としてフルッサーは写真を位置づけたが、同時に、その発明という出来事は、彼独自のメディア史的区分――伝統的画像の時代／テクストの時代／テクノ画像の時代――を支える根拠となっている。ちなみに彼の議論では、「テクノ画像」は「伝統的画像」と多くの特徴を共有している。それらは何よりも〝魔術的〟な意識を人びとにもたらすものとされているのだ。だが写真は、絵画などの伝統的画像の単なるオルタナティヴ・メディアではない(2)。その真の意義は、活字テクストの文化に対して及ぼした効果という観点から評価されねばならないのである。

フルッサーは、テクノ画像の時代を開始する写真について、それを「真の意味で〈革命的〉なこの発明」とも表現していた。ともあれ、少なくとも一九世紀の前半まで、人びとは主に活字メディアを通じて世界を認識していた。しかし活字情報のインフレーションが、人びとの住まう意味世界を無秩序へと導くにつれてそのヘゲモニーが揺らぎはじめ、現在では外界を捉えるためには「画像

(2)　ジョン・A・ウォーカーとサラ・チャップリンは「写真によって、美術家は「絵画に取って代わる」表現媒体（オルタナティヴ・メディア）を手に入れた」と表現している（ウォーカーほか 二〇〇一：三五）。

に暗号化された文化にほとんどどっぷりとつかっている」必要があるというのが実情である（フルッサー 1999：80）。写真とは、そのような映像文化の到来を先導した画期的なメディアであると認識されているのだ。ともかく、この時期に発生したメディア史上の〝地殻変動〟について、フルッサーは次のように述べている。

一九世紀の中葉は、コード化された世界の有効性に対する信仰が失われはじめたばかりでなく、その世界を解読することがとくに困難になりはじめた時期であった。物語と説明、われわれを取り巻くテクストの解説と解明は、これ以降ますます困難になってゆく。そうしたテクスト、とくに科学のテクストを使ってわれわれが生きている世界の像を描き出すことは、ますます困難になる。テクストを正確に深く読めば読むほど、一つの〈世界観〉を得るなどということはできなくなる。むろん、これは、アルファベットにとって致命的な事態に他ならない。〔…〕いまやコミュニケーションコードとしてのアルファベットは破産したとさえ言えよう。（フルッサー 1997：121–122）

室井尚はフルッサーの思想に解説を加えながら、彼にとって「新しい支配的文化コードとはそれに先立つ文化コードがうまく機能しなくなった時に、その上位のコードとして世界をより理解可能なものに復帰させるものとして要請されてくる」としている（室井 1999：155–156）。まさに写真とは、文字テクストによって世界と関係できなくなった人びとのために必要な媒介だったのである。というのも、一九世紀における文字テクストの飽和状態は、いってみれば「本の森の中に、引用と注釈の迷路の中に人を迷い込ませるようなもの」であったのであり、そこでは本来の目的に反して「テクストがむしろ世界から意味を奪い取ってしまう」のであった――それは活字メディアの〝機能不全〟である。これに対して写真をはじめとするテクノ画像は、このような混乱から人びとの意味世界を救出する役割を期待されて発明されたと理解されている。それは、いわば支配的なコードの交替劇として物語化されているのだ(3)。

テクノ画像がもたらしたもの

フルッサーはテクノ画像の統合作用を物語るのに先立って、一九世紀のヨーロッパを襲うことになった〝文化の分裂〟について叙述している。彼によると、活字社会が隆盛を極めていた当時の文化は「美術・文芸の枝」「学問と技術の枝」「広範な社会層の枝」に三分されていたが、「テクノ画像は、こうした、文化のある種の解体を阻止するために、社会全体に妥当すべきコードとして発明された」というのである（フルッサー 1999：20–21）。たしかにテクノ画像には、さまざまな属性の相違を超えて人びとを連結する一定の力がそなわっている。たとえばジュゼッペ・カリオーティなどは、視覚的なイメージにこそ言語的時代の混乱を収束に向かわせうる力があると主張していた。彼によると「すこし前までは、考えを表わす手段やコミュニケーションの道具といえば、どこでも言葉が不変の枠組みになっていた」のだが、「しかし、その当時から今日に至るまで、言葉が新しい言い方を取り入れ古い言い方を捨て去っていく速度は、突如として急上昇したように見える。〔そして〕この急激な変化が、混乱を引き起こした」という（カリオーティ 2001：35）。そして彼は、そのような〝言語的混乱〟を収束させるために新たな映像文化が必要であると考えるのだが、その論旨はフルッサーのものと一致している。カリオーティは次のように主張するのだ。

（3）フルッサーは、やや大胆な予測ながら、「将来、テクストを〔テクノ〕画像に完全に従属させることに成功するとしたら、全般的な識字不能状態を考慮しなければなりません。そして、専門家だけがわずかに、書くことを学ぶでしょう。その兆しはすでにあります」とまで発言している（フルッサー 1999：80–81）。もちろん、このような未来予測が的中するとは俄かには信じがたいが、しかしノルベルト・ボルツなどはフルッサーの歴史観を積極的に擁護している。ボルツはフルッサーの仕事に現われる「ポスト・ヒストリー」概念に言及して、それを「空虚な決まり文句ではない」と評し、フルッサーの現実肯定的な人間学的図式を次のように称揚するのである――「フルッサーはこの歴史終焉の時代において、否定主義的に、つまりメランコリックになったりせず、新しい概念によって方向を探ろうとする。〔…〕彼は、無限の知識をもっているにもかかわらず、古いヨーロッパ的伝統の解釈学の誘惑におちいったりせず、新しいメディアとテクノロジーの未開の土地へと探検にでる用意をするのだ」と、きわめて好意的に論評するのだ（ボルツ 1999：194）。

日常使う言葉に大量の新しい言い方が流れ込んできて心にぽっかりあいてしまった穴は、さまざまなイメージを創造することによって埋められる傾向にある。そういうイメージが言葉を助け、コミュニケーションの構造を豊かにするのである。〔…〕そこで、通常の言語と視覚言語は、たがいに補完しあい、最終的には秩序のパラメーターの役割を分かち合うことになる。そこで、まるで新たな中世を迎えたかのように、イメージの文化が爆発する。それはただたんに、イメージを作り上げ、動かし、複製し、情報技術と電気通信技術によって（あるいはたんにファックスによって）伝え広めることが簡単にできるようになったからというだけではない。それ以外に、そしてそれ以上に、イメージを受け取る人間の想像力に直接働きかけ、その感性を揺さぶるからなのである。（同書：36）

ここでもカリオーティが言及しているように、現代社会においてイメージは「視覚言語」として機能し、自然言語と「秩序のパラメーター」としての役割を分有しつつある。しかも映像文化の「爆発」とも称される今日的な過剰現象は、その情報技術が電子通信技術と相性が良いこと、そして、それだけではなく、人びとの想像力に及ぼす影響が大きいことなどが主要な原因として挙げられている。

さらにカリオーティは視覚的なイメージに言及するなかで、たとえばテレビが「万国共通語」として機能し、「想像力、習慣、世論の形成、消費や流行、さらにはファッションや文化」などの各領域に多大な影響を及ぼしつつあることを指摘する。そして「バベルの塔以来千々に乱れた言語を度外視したコミュニケーションを求める声が高まっている今日、イメージがどんな形であれ各国の人びとの間にコミュニケーションと絆を形成できるというのは、幸福なことである」と述べ、その役割を高く評価するのだ（同書：39）。つまり電子化された視覚言語は、異質なカテゴリーに属する人びとを地球規模で連結するための紐帯として期待されているのである。それでは、なぜ視覚的なイメージはそのような統合機能をもちうると想定されるのか。カリオーティはその理由として、「イメージには情報が詰まっているので、翻訳されたり解説される必要なく、意味をくみ取ってもらえる。〔さらに〕言葉よりさらに説得力があり、かつ即効性があるので、私たちの興味をそそり、たくみに心を捕えてしまう。国境や関税の壁ももののともせず、楽々越えていってしまう点は、音楽とすこし似ている。ようするに、イメージは地方や地域、国や地球全体のスケールで、人と人をたがいに関係づけていく強力な道具になるのだ」と説くのである（同書：38）。

しかし、これに対してフルッサーはといえば、彼はカリオーティのような楽天的なヴィジョンを共有してはいない。フルッサーの学説に立ち戻るならば、テクノ画像は文化統合の手段として期待されたが、しかし結局、その狙いは最終的に挫折したものとして結論されるのである。彼によると「テクノ画像は、文化に対して、意図されたように共通分母をもたらすことはできず、反対に文化を粉砕して、無定形なかたまりのようなものにしてしまった」のであり、「その結果としてマスカルチャーがある」というのである（フルッサー 1999：22）。その主張は、現代社会のなかで無数に乱立するトライブ・カルチャー(4)を一瞥すれば理解可能なことであるといえるだろう。

いずれにせよ、テクノ画像は活字文化の衰退に呼応するかたちで歴史の表舞台に登場してきた。それは結果的に〝文化の分裂〟を食い止めるには至らなかったかもしれないが、しかし人びとの活字に対する認識、および画像に対する認識を変容させたことは確実であろう。

これまでの議論をまとめておくと、一九世紀における文字・活字テクストの飽和状態は、逆説的にも、人びとから世界の意味を剥奪してしまった。自らの住まう意味世界が無秩序に近づいたた

（4）上野俊哉は『アーバン・トライバル・スタディーズ――パーティ、クラブ文化の社会学』のなかで、あるメディアやサブカルチャー的関心が形成する部族的集団という意味で「メディア・トライブ」なる概念を提起している。本書ではそのような集団により形成される文化のことを「トライブ・カルチャー」と呼ぶ。

め、人びとは新たな時代への処方箋として、そして、ある種の文化の解体を阻止するために「テクノ画像」を希求したのである――それは、いわば覇権的なコードの交替劇なのだ。つづいて本章では「写真」を「言語」との対比のなかで考察する前段階として、言語と映像という二つの記号類型の特性と関係性についての言説を整理しておこう。

第三節　言語と映像

言語と映像（言語記号と非言語記号）という二つの記号類型の相違に関しては、従来、記号論の領野で詳細な分析がなされてきた。その一例として、言語記号が非言語記号の意味作用を一方的に規定すると考えたバルトの記号観をあげておくことができるだろう。彼によると「言語とは他の記号体系を解釈することのできる唯一の記号体系」であり、例えば音楽批評の場合、「作品（あるいは、その演奏）は、最も貧弱な言語的カテゴリーである形容詞のもとで解釈されるに過ぎない」と指摘される（Barthes 1994：1436）。つまり言語記号は、非言語的な記号体系を意味論的に統御するものとして解されるのだ。この基本的認識は、彼の映像論にも浸透している。映画の一ショットに対するナレーションにせよ、絵画に対する表題にせよ、言語メッセージは映像がもつ多義性を縮減させる方向に作用する。それは、まさしく言語による映像の意味の支配に他ならない。余談となるが、W・J・T・ミッチェルは、言語学的モデルの援用によって映像記号を取り込もうとした記号学が挫折した経緯に論及し、それを「言語帝国主義」という言辞でもって揶揄している（Mitchell 1986：58）。

いうまでもなく、人類の文化的営為において言語と映像は異質な機能を発揮してきた。ミッチェルの言を借用するならば、言葉とは映像の他者であり、「不自然な要素を世界へと導入することによって自然な現前性を粉砕してしまう、人間の意志の人工的、恣意的な産物である」（同書：43）。だが仮にそれが正しいとしても、もし通史的な視点を導入するならば、言語と映像との関係は必ずしも一方向的ではなく、また不変でもなかったということが明らかになる。しかも記号学的理論は、概して、この歴史的次元を捨象してしまうことがあるのだ。じっさいにバルトは「映像」に対する「言語」の固定的かつ超時代的な優位性を主張したわけだが、これに対してフルッサーは「言語」と「映像」の双方向的な規定関係を洞察し、文字テクストが映像の意味を注釈するだけではなく、逆に映像が文字テクストの意味を図解し、イメージ化しうるものであることを指摘している（フルッサー 1999：10–11）。さらに彼は「言語」と「映像」の歴史上の闘争を弁証法的とも表現するが、それらの関係は時代ごとに変動してきたと考えられているのだ。

一般的にいって、メディア論では活字文化の隆盛期における「映像」の地位は低調なものに止まっていたと捉えられる。だがウォルター・J・オングやエリザベス・アイゼンスタインは、この定説に対して反駁のまなざしをさし向け、活字文化以降の「映像」の地位が歴史的にも変化しうるものであり、また社会レベルでは局所的に流動化しうるものであると指摘している。今日に至っては、写真、映画、テレビ、スマートフォンなど、各種のメディアを舞台として産出される映像とその氾濫は現代文化の中心的な事象といっても過言ではないが、両者の識見は「言語」と「映像」との力関係が歴史的に可変的であることを示唆するものである。

自然／因襲

「装置」主導の写真文化、ひいては映像文化全般を、「言語」主導の活字文化に後続するものとして想定するとき、それは「自然／因襲」(nature/convention) にまつわる宿命的な優劣論争《パラゴーネ》を想起させもする。ミッチェルは映像を「自然的な記号」として、他方では言葉を「因襲的な記号」として捉える常套的な区別の理論的欠陥を指弾するため、これら二つの表象形式の優位性を擁護する各々の立場を概観する。このうち前者の言説では、指示対象との自然な結び付きを前提とする「映像」の優位性が強く信奉されることになる。カリオーティが映像表象の可能性に期待を寄せた根拠がそうであったように、「自然的な記号」とは直接的で、無媒介的で、精確な事物の表象を提供することで、あらゆる属性の人びとを連結しうるコミュニケーションの普遍的な手段となる。逆に後者の言説では、因襲的記号たる「言語」の優位性が強く信奉されることになる。そこで因襲的な記号とは、いわば自然からの解放と自然に対する優越の証しとなり、可視的で物理的な対象のみを表象しうる映像とは対照的に複雑な心的観念を分節化し、伝達することのできる操作性の高い表現形式として高く評価される。これに対してミッチェル本人はといえば、この「自然／因襲」という伝統的な区分に対して必ずしも賛意を示してはいない。その代わりに、この本質主義的な二項対立的概念の対案として、ネルソン・グッドマンの記号観に対する積極的な支持を表明するのである。

グッドマンは映像記号を稠密でアナログなシステムに依存するものとして、他方で言語記号を「有限の項に分化されたシステム」、あるいはデジタルなシステムに依存するものとして記述する(グッドマンほか 2001：176–177)。そして彼の理論の鍵概念である「充満」(repleteness) は、このうち前者に関連するのだ――「ある記号は、記号機能を発揮するその特徴が多ければ多いほどそれに比例していっそう充満している。例えば、線グラフの場合、線上の各点が座標上でとる位置の違いだけが意味をもつ。線の太さや色は問題にならない。しかし一本の線で描かれた素描――線による描写――の場合、線の太さや色やその他の特徴すべてが意味をもつ。素描は図表よりも充満である」（同書：177　傍点引用者）。ようするに特定の記号が充満しているか否かは、その意味作用を規定するにあたって関与するパラメーターの数によって、また、それを分節する単位の明断さによって判断される。ウンベルト・エーコも指摘することだが、「非言語的な記号はそのほとんどが通常、二つ以上のパラメーターに依存している」（エーコ 1996b：48）。他方でアルファベットの体系に関して考えてみれば、その言語的なメッセージの意味作用を規定する上で重要なのは、文字のフォントや大きさ、色などではなく、むしろ、その文字が特定の聴覚像を喚起する特定の記号として認識されうるか否か、ということである。その限りにおいて、アルファベットの体系の場合には、必然的に、その意味作用を規定する要因は数的に制限されたものとなる。

言語システムは構文論的にも、意味論的にも分化しているが、絵画システムに内包される要素はむしろ未分化であり、その意味作用は複数のパラメーターに依拠して方向づけられる。このようなわけで、映像記号に対する解釈は、言語のそれと比べたとき、曖昧さ、不確定性、多義性を残す傾向にある。したがってエルンスト・ゴンブリッチが語るように、「視覚的なイメージは喚起能力の点では最高であるが、表現的な目的のための使用には問題があるし、補助なくしては言語の記述機能と対抗しても全く勝ち目はない」（Gombrich 1982：138）。いうまでもなく、この相違は写真の視覚性を理解するためにも考慮に入れねばならないだろう。

第四節　写真の走査プロセスをめぐって——〝言語的視覚〟vs〝映像的視覚〟

映像が〝豊かさ〟をもたらすのに対して言語は〝貧しさ〟をもたらす、と仮定してみることもできよう。バルト記号学にしたがえば、映像は言語活動によってはじめて解釈可能となるが、反面、その介入によって意味論的な〝豊かさ〟、すなわち多義性は確実に低減することになる。スーザン・ソンタグは「解釈するとは対象を貧困化させること、世界を萎縮させることである」と語ったが、そのような解釈行為は、まさに言語活動の介入によって成立しうる（ソンタグ 1996：22－23）。

　ここでフェルディナン・ド・ソシュールが提起した「シニフィアンの線状性」について祖述しておくならば、言語記号の表現面は「聴覚的性質のものであり、時間のなかにのみ展開する」のだが、「［そのシニフィアンの］諸要素は次々に現れ、連鎖を構成する」（Saussure 1996：103）。その帰結として、言語は時間的・空間的な線にそってシニフィエを配置し、人間の記号活動を制御するものとなるのだ。言語的な解釈がもたらすコミュニケーション構造の貧困化は、まさに非線形的な画像空間を線形的な言説空間へと置換する処理作業の現場で発生するといえよう。

　他方、メディア論者の多くは「活字の時代」を視覚優位の段階として措定したが、その根拠となるのは、活字テクストの読解作業が人びとにリニアな眼球運動の反復を課す、という事実である。グーテンベルクによる発明以後、円滑な読み取りを喚起する今日的なレイアウトが一朝一夕に考案されたわけではないとしても、印刷物はそれ以前から存在した写本などと比べたとき、新たな視覚性を要請するメディアとして情報摂取の効率化を促がしたのである。

　とはいえ私たちの視覚性は、認知対象となる記号やメディアの質のみによって規定されるわけでもないだろう――他方では生理的な限界というものも存在するのだ。ゴンブリッチによると、視知覚は「時間的な過程」に他ならないが、人びとは一般的にいって、視覚的に処理しうる情報量を過大視する傾向にあるという。というのも人間が一目で明瞭に視認できる範囲は限られており、それは視野全体の一パーセント以下に過ぎないからだ（Gombrich 1982：50）。したがって活字情報の読解の過程で、視知覚における焦点が行の線的表示にあわせて移動するとき、一瞬のうちに認識しうる領域はおのずから制限されたものとなる。この制約は、もちろん映像の処理に関しても該当するだろう。しかし言語メッセージの視覚的処理が映像メッセージのそれと決定的に異なるのは、それぞれが明確に分化された構文論的・意味論的単位にそって実行されるか否かによる。逆にいえば、映像の処理の場合には、視知覚を誘導する手掛かりが乏しく、人びとは個々の任意の判断によって鑑賞行為に及ぶしかない。

通時性の共時化／共時性の通時化

なお、フルッサーは図4-1によって、映像読解に関与する視覚運動を、その特殊な時間構造——共時性の通時化——との関係のなかで論述している。

はじめに図の左端、長方形のフレームに囲われた画像から参照してみよう。この画像は「太陽」、二人の「人間」、そして「動物」の四単位から構成されているが、「この種の情報は、構成する諸要素を同時に提供するものだから、〈共時化された〉メッセージと呼べる」という（同書：145）[5]。ちなみに画像の読み取りに際しては、そこに含まれる複数の要素を順次、視線の流れにそって結び付けていく〈精査〉の作業が不可欠なわけだが、その場合、「目が画面を走る頻度が大きければ大きいほど、また、目が画面上でたどる道が複雑であればあるほど、メッセージは適切に解読される」とも説明される（同書：145-146）。そして、このプロセスが一定の時間を要することから、フルッサーはそれを「共時性の通時化」と表現するのだ。彼はあたかも言語の線状性と対置させるかのように、映像のエンコーディング／デコーディングの過程に円環性を認めようとする——「通時性の共時化（それは画像の組み立てをもたらす）と共時性の通時化（それは画像の解読を可能にする）は、実はイマジネーション特有の時間処理なのだ。時間は曲げられて円環状になる」（同書：146）。

図4-1　映像読解に関与する視覚運動（フルッサー 1997：154）

ここで彼がいうところの「画像」とは、イマジネーションの働きによって現実世界の四次元性と映像世界の二次元性とを橋渡しするものなのだが、そのとき画像の共時的な平面は、あらかじめ読解に要する時間を空間的な秩序のなかに織り込み、しかも視線の自由な運動を許容する時間的・空間的なフィールドと化すことになる。いわば「画像の枠は、そのなかで時間が流れる器」となるのだ。

もちろんフルッサーは「言語」と「映像」との相互規定的な関係を示唆していたはずだが、他方では、言語の線形的な思考が画像空間に対して不可避にも侵入すると考えていた。本来、画像中の各要素の時間的な因果関係は、言語のそれと違って、読み手の視線の動向（あるいは読み取りの順序）に応じて流動的であるため、それを問うことは無意味だとされる。しかし「画像解読の動きのなかに線形的な関係をひそかに持ち込み、〔図4-1に含まれる〕第一の人間は第二の人間の先を行くなどと言いたくなるのは、われわれの線形性をイマジネーションから排除することがいかに難しいかを示す」のだという（同書：147）。つまり人間は非線形的な画像の読解においても線形的な思考を持ち込み、そこから派生する意味を言語的な問いかけによって常に秩序化しようと試みるものなのだ。さらに図4-1の右方の部位へと視線を移動させてみよう。左端から伸びる矢印の右側に配置された画像は、もともとの画像に含まれていた各単位を切り分け、解読者の視線が各単位を捉える順序（上→左右→下のパーツ）にしたがって線形的に再配列したものと解することができる。一般的な認識からすれば、画像のもつ連続的な視空間に対して、視線は自由な可動性を与えられていると想定されうる。しかしフルッサーの見解では、その画像解読のプロセスから線形的な思考を完全に排除することは困難とされる。本人が語る「共時性の通時化」を前図のような過程として示すならば、そこでは〝自由な映像的視覚〟が〝制約的な言語的視覚〟へと変換され、また映像の意

（5） これと近似した認識はジャック・デリダによっても提示されている。彼は写真の時間構造に言及するなかで、小説が写真とは異なって構造的な共時性を構成しないと示唆するのだ——小説の場合には「同じページで、同じ視線の下に、同じ瞬間に、同時に一つ以上のイメージがあるということはない」（デリダほか 1988：126-127）。

味作用が言語の線形的な思考に回収されるという過程が認められることになる——それは、グッドマンのいう「稠密性」が低減する過程に他ならない。ちなみにフルッサー本人もパラメーターの数を根拠として「言語」と「画像」の差異を論じているが、さらに言語的な解釈にともなう〝意味の貧困化〟について、それを想像力のインフレーションに起因する〝狂気〟を抑制するための代償という観点からも位置づけている（同書：158）。

言語による意味の投錨とは、任意の映像から派生しうる多義性を縮減・一義化し、人びとの想像力が制御不能に陥ることを回避するものであった。しかし既述のとおり、写真が登場する一九世紀には文字・活字情報のインフレーションが顕著となり、もはや言語媒体によって意味世界を安定的に〝投錨〟することが不可能になりつつあったのだ。言語と映像との歴史的な関係が弁証法的であるとするならば、それぞれの表現形式の覇権をめぐる争いは、ややもすると〝狂気〟をもたらしかねない映像の多義化へのベクトルを制御しようとする「言語の力」と、〝文化の解体〟をもたらしかねない言語の断片化へのベクトルを制御しようとする「映像の力」との鬩《せめ》ぎ合いにおいて推移してきたといえるのではないだろうか。

第五節　身体と装置との接合

言語と映像は互いに異なる視覚性を、すなわち〝制約的な言語的視覚〟と〝自由な映像的視覚〟を人びとに課す。これに対して写真映像は全く別の視覚的制約を人びとに課すものとして登場することになる。それはある意味で、遠近法的な視空間を踏襲しているという点でも、また「機械の眼」たるカメラによって映像化されるという点でも、肉眼に映りこむものとは明らかに異質なヴィジョンを提供するものなのである。なお、本章で「人間の眼」と「機械の眼」の接合という問題を考えるにあたって、また「身体」と「装置」の接合という問題を考えるにあたって、フルッサーが提示した「装置＋オペレーター」という人間学的モデルは大いに参考になろう。この複合的な図式が意味するものとは、人間が何らかのメディア装置と一体化し、そのシステムに取り込まれて作動する現代的状況である。ちなみに彼独自のメディア史的区分でもって換言するならば、それはテクノ画像時代の人間像でもある。本人の定義によると、「テクノ画像とは、〈思考をシミュレートしうる〉装置によって制作された画像」の謂であるが、その始祖とされるのが写真メディアなのである（フルッサー 1999：14）。

装置＋オペレーター

アンドレアス・ファイニンガーが一九五五年に撮影した「フォト・ジャーナリスト」（図4-2）は、カメラを構えた写真家の自己言及的なポートレイトだが、この作品は人間とメディアとの今日的な関係性を巧みに表象しているようで面白い。そこに写る、まるでサイボーグのような被写体の容貌だが、その左眼の位置にカメラのファインダーが、そして右眼の位置にそのレンズが押し当てられている。ピエール・ブルデューが語るように、写真愛好家は「カメラが自分の代りに、可能な限りより多く操作してくれることを求めたりする」（ブルデューほか 1990）ものなのかもしれないが、つまるところ写真の撮影という行為は（原則的には）私たちの「肉眼」の機能と、カメラの「機械の眼」の機能が融合することで達成されるのだ。人間と機械との融合、あるいは人間の機械化・サイボーグ化という主題は、これまで無数のＳＦ作品で取りあげられてきたが、この〝フォト・ジャーナリスト〟の姿をみると、その起源は近未来ではなく、むしろ、もっと過去に遡ること

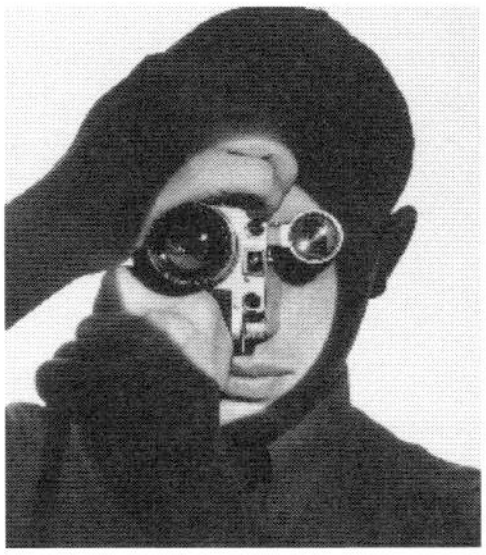

図4-2　アンドレアス・ファイニンガー「フォト・ジャーナリスト」（https://www.moma.org/collection/works/82485〔最終閲覧日：二〇一八年八月三〇日〕）

ができる、といえるのかもしれない。

　絵画などの場合、表象と指示対象の間に介在する制作者は「画家」と呼ばれる人物である。彼らは自らの心的空間のなかで対象物のイメージを絵画的表象へと置換する。だがフルッサーの言説によると、写真の場合、表象と指示対象の間に介在するのは「装置＋オペレーター」の複合体とされる。すなわちカメラを操作する者は「人間の眼」を「機械の眼」に重ね合わせ、映像化の作業を装置に肩代わりさせるのだ。もちろん人びとはそこから多大な恩恵を享受しているわけだが、他方、その代償として、メディア装置に対する「機能従事者」として取り込まれることを余儀なくされる[6]。仮にこの現代的な人間像がアクチュアリティを有するとすれば、それは、そこに認められる主体の複合化が汎社会的なレベルで進行しつつあるからだ。室井尚はフルッサーの主体モデルに言及し、それが「〔カメラなどの〕自動装置と直接関係をもっていなくても、それ自体が巨大な自動システムと化した現代社会に生きるすべての人々にとって大きな重要性をもつ」との認識を提起している（室井 1999：167）。

　付言するならば、このような主体モデルはノルベルト・ボルツのものとも通底する。既述のように彼は、「新しいメディアの条件のもとでは、人間はもはや道具や装置の使用者ではなく、メディア複合体のなかでのスイッチのひとつにすぎない」と解説し、そのうえで「〔人間の〕『ガジェット化』、つまり人間‐機械の共生」に論及していた。人間身体とメディア装置との癒合は、テクノ画像の発明を契機としてますます強固なものになったといえるだろう。

第六節　写真と遠近法

（6）ちなみにロラン・バルトは写真映像の制作に関して、そのプロセスにおける無媒介性を強調していた。絵画など他の映像形式と比較したとき、写真のカメラとは人為的な「変換」によらずとも現実像を半自動的に生成する光学装置として、また表象構成のプロセスを脱身体化する特殊な媒質として誕生したと考えられているのだ。

ジョン・A・ウォーカーらが解説するように、写真機とは「イタリア・ルネッサンスにおいて完成された遠近法的な表象システムをオートメーション化した機械の眼とみなすこともできる」(ウォーカーほか 2001：104)。あるいはピエール・ブルデューも、「写真が直ちに「コードも統辞法もない言語活動」、ようするに一種の「自然言語」という体裁で登場したのも、何よりもまず可視的世界において写真が行う選択が、一五世紀以来ヨーロッパで支配的であった世界表象に、その論理において全く合致しているからである」と説明し、写真と遠近法との繋がりを暗示している(ブルデュー 1990：90)。

そもそも一五世紀前半における遠近法の発明とは、視覚的パラダイムの変容を考えるうえで、ひとつの革命的な出来事であった。まずイタリア・ルネサンスの美術家たちが直感的に遠近法を理解しはじめ、さらに建築家ブルネレスキが一四一七年から一四二〇年にかけて一連の実験を行い、線遠近法を確立したといわれている。さらに一四三五年にアルベルティが『絵画論』を著し、それを体系化していった。ミッチェルによると「この発明の影響とは、ある文明全体に絶対確実な表象方法を、すなわち物質的世界、精神的世界についての真実の自動的・機械的生産に関するシステムを所有したと確信させたことに他ならない」という(Mitchell 1986：37)。なお、この遠近法の確立は活字メディアの登場とも無関係ではない。マーシャル・マクルーハンやバリー・サンダースらによると遠近法の体系化は、活版印刷の発明(一四四五年)、さらには識字化による意識変容といったメディア史的な出来事と密接に連動しているとも捉えられている。

活字文化と時を同じくして確立された遠近法原理は、それが構成する視覚の人工性において、あまりにも肉眼とは懸け離れたものであった。マーティン・ジェイが解説するように、遠近法原理で想定されているのは、あくまでも単眼であり、しかも、この単眼はまばたかず、焦点も移動せず、視点も固定的なものとして設定されていた。それは生身の人間の日常的な両眼視覚とは全く異質な人工的構成物なのである。とりわけ単眼性はルネサンスの重要なコードの一つであったわけだが、遠近法の均質的な視空間を実現するために、それと矛盾するもの、不規則なものは夾雑物として排除されたのである。だからこそ、ジェイは遠近法的な視覚を「脱身体化された」ものとも表現するのだ（ジェイ 2000：22–23）。エルヴィン・パノフスキーが要約するように、「〔遠近法の〕無限で連続的な等質的空間、つまりは純粋に数学的な空間の構造は、精神生理学的空間の構造とは正反対のもの」なのである（パノフスキー 1993：11）。ともかく写真とは、以上のような遠近法原理に対して、その視空間を「機械の眼」によって再現するメカニズムとして考案されたのである。

第七節　〈人間の眼〉と〈機械の眼〉の葛藤

伊藤俊治は、一九世紀に登場した写真が「人間の眼」の延長ではなく、むしろ「機械の眼」の展開として次第に受け止められていった経緯を次のように論述している。

遠近法の装置として考案されたカメラ・オブスキュラがつくるイメージ、そしてその化学的定着としての写真は実は「人間の眼」ではない異質なメカニズムの存在を主張していたのだが、一九世紀の人びとはその異質なものを飼い慣らし人間化して「人間の眼」へ従わせようとしてきた。しかし、一九世紀末から二〇世紀初頭にかけて、空中撮影、連続動態写真、顕微鏡写真、カラー写真、多重露光写真、赤外線写真……と、写真が科学の発達とむすびついて、その機械的映像の特性を露呈させせはじめると、その事実に目をそむけたままでいることはできなくなってゆく。しかも写真はルネサンス以降の伝統的遠近法から離脱し、望遠から魚眼にいたる多彩なレンズ法則や印画技術に即して自由な視点やスタイルを展開しはじめる。（伊藤 1987：47–48）

ジェイによると、近代における視の制度《スコピック・レジーム》とは「視覚をめぐる理論や実践が調和的に統合された統一体というよりも、むしろそれらが競合する場」とされる（ジェイ 2000：18）。そう考えるなら「人間の眼」と「機械の眼」の関係性をめぐって視覚的なパラダイムの転位が認められるとしても、それは何ら不思議なことではなかろう。ただし、写真史の歩みにおける視点やスタイルの探求が「機械の眼」の承認という方向のみに結び付いたわけではない、ということに関しても付記する必要があろう。じっさい、これまで考案された技法のなかには、人工的・機械的な遠近法的視覚から逸脱しつつも、写真において「人間の眼」の特性を積極的に反映させようとしたものも少なくはないのだ。

その一例といえるのは一八五〇年代のはじめに人気を博した立体写真（stereograph）である（たとえば図4–3）。それは二枚のほぼ同一の写真から構成され、二元的な視覚に近づけるために、それぞれはわずかに異なった角度に配される。二枚の写真を重ね合わせるためのビューアーを通してそれらを同時に見るとき、その写真は鮮明な三次元のものとして見えてくるのである（Johnson ほか 1999：48）。この技法によって、両眼視差――左右の眼に映る視覚像がわずかながらずれていること――という肉眼的な要素が復元され、遠近法的な単眼性は克服されることになる。

別の有名な例としては、イギリスの写真家ピーター・ヘンリー・エマーソンの自然主義的写真（Naturalistic Photography）をあげておくこともできよう（たとえば図4–4）。技法的にいえば、

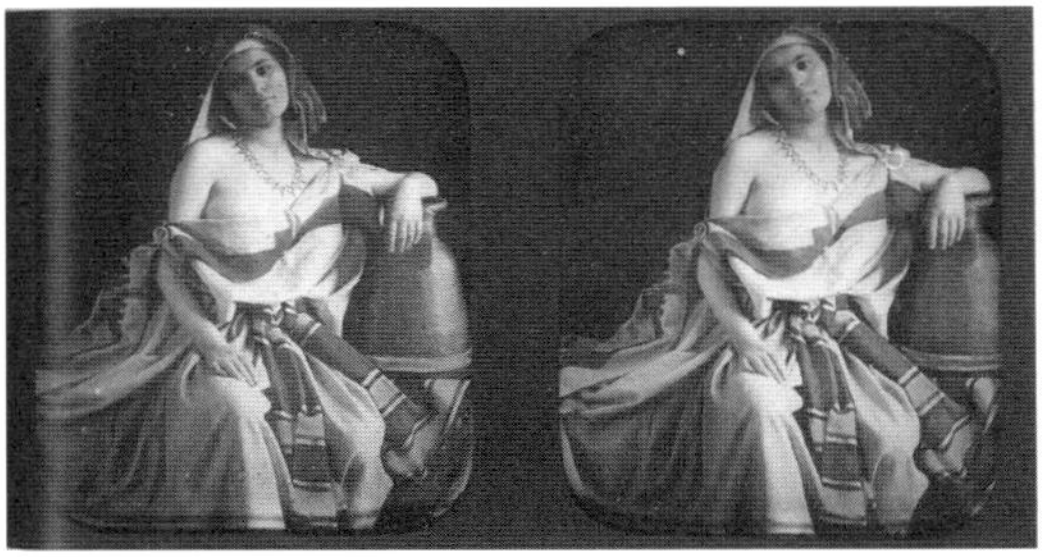

図4–3　ルシュ「Woman in Exotic Costume」（一八五五年）

エマーソンの「主要な教義のひとつは焦点に格差を設けるというものであり、それが意味するのは、写真が眼の視覚を模倣すべきであるということであった」と解説されている。具体的にいえば、眼がその注意を向ける場所については鮮鋭性を維持し、そして写真の縁のあたりは、肉眼の周辺的な視覚を真似るため不鮮明にされたのである（同書：372）。このメソッドによって、写真的表象においてカメラの機械的な視覚は拒絶され、逆に人間の肉眼的な視覚が模倣的に反映されることになる。ちなみにパノフスキーによると、「遠近法は、可視的世界がわれわれに意識される際の心理的に条件づけられた「視像」と、われわれの物理的な眼球に描かれる機械的に条件づけられた「網膜像」との重大な違いを考慮に入れていない」と指摘されるが、とくに問題なのは、それが視像の周辺部が球面状に歪んでいることを見落としていることだといわれる（パノフスキー 1993：13）。さらに彼は、このため「写真撮影の際にわれわれ誰しもが気づくいわゆる「周辺部のゆがみ」が生じる」とも指摘する（同書：14）が、エマーソンの実験的な技法は、写真的＝遠近法的な視覚の人工性を、その映像の周辺部を加工することで是正するものなのである。

ともかく以上の事例からも、写真メディアによって「人間の眼」が「機械の眼」と出逢うとき、そこでは「身体」と「装置」との単純な加算ではなく、あるいは「機械の眼」の単純な承認でもなく、むしろ二つの視覚性の葛藤に満ちた歴史が展開されていることに気づくことができる。そう考えるならば、人間の視覚性に影響を及ぼす写真メディアの機能は、その草創期のみに着目しただけで見通すことは不可能なのだ。例えばジョナサン・クレーリーは写真が発明された当時の知的土壌を勘案しながら、当該メディアをカメラ・オブスキュラの後継者——じっさいのところ、カメラ・オブスキュラを遠近法から派生したものとして、さらには写真をカメラ・オブスキュラから派生したものとして把握するやり方は、あまりにもありふれたものとなっている——としてではなく、む

図4－4　エマーソン「Setting the Bow-Net」（一八八五年）

しろ増大する生理学的な関心のなかで誕生したものであることを重視している（彼はゲーテ、ジョゼフ・プラトー、ヘルマン・フォン・ヘルムホルツらを引き合いに出しながら、この時代に視覚の中心が人間の肉体へと移行していったこと、しかもカメラ・オブスキュラと写真との間にパラダイム上の断絶があることを論証しようとしている）。

もちろん彼の学説は写真＝「機械の眼」が誕生する前提として、「人間の眼」への生理学的な関心が伏在していたことを明確化する限りにおいて、本章で扱った主題に対して一定の示唆を与えるものである。しかし写真をひとつの題材として「人間の眼」と「機械の眼」の接合を、さらには「身体」と「装置」の融合を解き明かそうとするならば、その草創期のみに着眼するだけでは不足であろう。写真の発明に端を発する視覚主体の変容とは、生理学的な次元からのみ語りうることではなく、また、そのテクノロジー特性によって技術決定論的な次元からのみ語りうることでもない。人間の身体図式に対する写真メディアの影響を十全に査定するためには、その利用法に関わる文化的コードの構築過程を視野に収めつつ、二つの異質な〝眼〟を調停してきた写真家たちの実践の数々を考慮に入れる必要があるだろう。つまり生理的次元、技術的次元、文化的次元が相俟って、「人間」と「装置」との接合状況は規定される、と考えられるのである。

●結びにかえて

本章では、写真メディアの発明に由来する身体図式の変容を、言語記号と映像記号の根本的な差異に配慮しながら多角的に分析してきた。この作業を通じて、人類初の装置的画像たる写真が現代人の視覚性に及ぼした影響、および、それによって構築されたポスト・グーテンベルク的状況の諸相が多少なりとも明らかにされたはずである。人間は自らが考案したメディアによって自らをモデリングする特異な存在であるといえるわけだが、写真は「身体」と「装置」との接合という問題を把握するにあたって恰好の題材であったといえるのではないだろうか。

第Ⅱ部

視覚と触覚の現代的な関係性を考える

第5章　タッチパネル考
――画面との接触が求められる現代

今日あなたは、なんど画面をさわっただろうか。タッチパネルを搭載したスマートフォンやタブレット、あるいはノートパソコンなどのデジタルデバイスの普及によって、現代人の画像に対する接触頻度は、過去に例をみないほどに高まりつつあるといえるだろう。私たちはそれらのデバイスを指先で操作する――つまり画面上の記号群の挙動を視認しながら、それをタッチパネルというインターフェイスを介して操作し、意中の目的を遂行へと導くのである。そのような作業が日常生活のなかにひろく浸透するにしたがって、人間の現実認識のメカニズムは確実に変容しつつあるように思われる――そのリアリティ変容が意味するものを精査することが本章の目標といってよいだろう。

本書の序章で言及したように、現代では発達を遂げたデジタルテクノロジーによって、映像空間に対する没入の錯視がいたるところで合成されようとしている。そのような技術的環境のなかで、私たちの視覚と触覚をめぐるリアリティ感覚は、どのように変容しつつあるのだろうか。本章ではスロットマシンやタッチパネル、あるいはゲームのコントローラなど、触覚的な要素を前提とする装置的メディアの使用を考察の題材として選定しながら、現代のメディア環境における「視覚」と「触覚」の関係性を分析の俎上に載せることになる。

第一節　「眼の快楽」と「手の使用」をつなぐもの

カリフォルニア大学ロサンゼルス校で教鞭をとるエルキ・フータモはその著書『メディア考古学――過去・現在・未来の対話のために』（図5－1）のなかで、一九世紀前半に特許が取得され、その後に爆発的な流行をみた「万華鏡」について論じている。覗いた筒を手でまわすことによって視覚的なパターンが変化する万華鏡だが、彼はそれによって「目の快楽と手の使用を結びつけることも意図されていた」、あるいは「視覚的《オキュラー》なものごとと触覚的《タクタイル》なそれ」が橋渡しされるとの解説を加えている（フータモ 2015：90）。

また、フータモは同書の第五章に相当する「愉快なスロット、困ったスロット」において、一九世紀後半に流行をみた娯楽用の機械に言及している（ちなみに、それらの娯楽用機械は、「生産を目的とした工場やオフィスの機械のアンチテーゼとなっていた」とも指摘される）。具体的には、街角、バー、デパート、駅の待合室、遊園地などに設置された自動販売機、ギャンブルマシン、力測定器、運勢判断マシン、電気ショックマシン、視聴覚的娯楽マシンなど多種多様な機械――それらは「スロットマシン」「コインマシン」「コイン式マシン」（コイン＝オプ）といった呼称でひろく流通していたという――を事例としてとりあげ、それらは総じて、人びとがコインを投入することで、何らかの報酬（キャンディやタバコ、「治療用」電気ショック、体重や運勢が書かれた紙片、視聴覚的なパフォーマンス、愉快な冗談、心理的にもしくは社会的に励みになる経験、諸々の腕前を磨く機会など）を得ることができる仕組みになっていたと説明している。

なお、フータモは、これらの娯楽用のマシンを「自動式」と「プロト＝インタラクティヴ」の二

図5－1　エルキ・フータモ『メディア考古学――過去・現在・未来の対話のために』NTT出版

つのカテゴリーへと大別している。このうち前者については、フータモによると「一九世紀後半および二〇世紀初頭には、「自動式」ということばは、どんな種類のコイン式マシンにもたびたび使用されていた。このことばはこれらの流行のデバイスの目新しさを高らかに強調し、それらを技術の進歩と社会における機械の繁栄と結びつけた」（同書：119）と指摘される。さらに彼が述べるところによると、この「コイン式マシン」（コイン＝オプ）の導入は「消費資本主義が採用した代替的な戦略にすぎなかった、と提案できるかもしれない。デパートのショーウィンドウの「触ることのできない」スペクタクルに驚嘆する代わりに、増殖するコイン式のオートマトンは金銭的に余裕のなかった消費者たちに――束の間のそして大部分は幻想であった――指揮官気分を与えた」（同書：122）と説明されている。むろんこのコイン式の娯楽用機械は、現代人の感覚からするとあまりにも初歩的で、いかにも退屈な代物のようにも感じられるが、それでも人びとに刹那的な「指揮官気分」を、あるいは、本書での問題意識に準じて換言すれば、「コントロールの幻想」を付与するものであったのである。

その一方で後者、すなわち「プロト＝インタラクティヴ・マシン」の段階になると、人間と機械とのインタラクティヴィティはさらなる進展をみせたという。フータモがその具体例をあげているので、ここで確認しておこう。

その例としては、あるギャンブルマシン（後に「隻腕の盗賊」として知られる）が最もわかりやすい。このマシンの動かし方は、コインを入れてレヴァーを引いて、絵柄が描かれた一組のリール（通常であれば三つ）を、マシン内部で回転させるだけであった。遊戯の結果は、最終的な絵柄の組み合わせ次第であった。操作方法はユーザーにとって大変わかりやすく、思わず何度もやってしまうほどであった。ギャンブルマシンは、ユーザーを魅惑する効果を持つように作られ、さらに別種の魔法円、すなわちプレイヤーとデバイスを結ぶ強烈なフィードバックループを生み出していた。機械がもたらす反復が心理的な反復を誘導し、心理的な反復は強迫観念じみた振る舞いとなって何度も現われ出た。ギャンブルマシンの目的は、ユーザーにコインを使うペースをどんどんと早めさせて、より多くのコインを消費させることにあった。こうした手法の有効性は、依然として、それが世界中のカジノにある何百万台ものスロットマシンの基礎となっている、という事実によって証明されている。（同書：123−124）

重要なことは、この種のプロト＝インタラクティヴ・マシンが大衆に受容されるには、「触覚性が不可欠」であり、また「マシンを作動させるためには、インターフェイスを使ってそれに触らなければならなかった」（同書：123）とフータモが述べている点である。ようするに、マシンがもたらす「報酬」（そのなかにはスペクタクル的な快楽、視覚的な快楽が含まれている場合も多かったようである）を引き出すためには、コインを投入する人びとの「手」や、レヴァーを引く「手」が必要とされるのである。

第二節　映像世界を手許に引き寄せることの意味

既述のとおり、現代における映像と身体の関係性を考えてみたときに、近年普及しつつあるタッチパネル式のインターフェイスが視覚的な「画面」であると同時に触覚的な「コントローラ」であるという点は興味ぶかく感じられる。たとえばスマートフォンのうえで駆動するゲームアプリを例にとった場合、それを構成しているデジタルイメージのリアリティを、私たちは画面を触知することで確かめているかのようにさえみえる。

モバイルメディアの機能に関連して、ここで一例をあげよう。Googleマップなどのように、スマートフォンにも組み込まれている地理情報システム（ＧＩＳ）である。私たちは現在、さまざまなアプリとともにＧＩＳを使用する。たとえば「食べログ」という口コミ情報のデータベースを閲覧できるグルメサイトの場合、そのアプリを使って見出した高評価のレストランに行こうとするとき、私たちはそれと連携するGoogleマップ上で現在地と店舗の位置関係を見定め、ちらちらと画面を目視しながら自らを目的地へと誘導する。その一連の手続きにおいては、一見するとユーザーは、モバイルメディアを介して自己と世界との物理的な位置関係を制御しているようにみえる。だがそこでは同時に、フータモのいう「反対の面」が作用していることにも留意する必要があるだろう（その言説に関してはすでに第一章でとりあげたが、フータモは「不可視の遍在する手」に言及するなかで、「モバイルスクリーンを通して流れるようにインタラクティヴィティの楽園に入り込んでも、そこは悪魔抜きには存在しない場所なのだ。どこにでもデバイスがあり、簡単にタップできることが「反対の面」を見えなくしている」と批判的に述べていた）。

重田園江はＧＩＳに言及しながら、その機能をまさに「反対の面」から説明している。

> 人間は、一生という長い歴史を持った時間を生きる一人の個人というより、空間上を移動する点であり、住所などの個人特定情報も、空間情報の一部として地図上に取り込まれる。空間と時間は、ここでは一人の人間という単位で把握されるのではない。むしろ人間が空間内にその他の対象物とともに置かれ、その配置が時間を通じていかに変化するかが記録され、分析さ

れる。（重田 2003：217–218）

ここで重田は個人をデータとして管理する、いわゆる「不可視の遍在する手」の水準からＧＩＳの機能について論及している、とみることができる。そしてさらに彼女は、「こうして集められた統計情報と電子地図を重ねることで、ＧＩＳは新しい空間的リアリティを創造し、地図という面の上を動く点として、人間を掌握し統制する。こうしてＧＩＳは、「個人」とは別のレベルにある「地図上を動くデータとしての人間」に照準する、新しい「統治のテクノロジー」として利用されていくであろう」（同書：247）とも述べている。つまり、ここで示唆されるように、モバイルメディアに搭載されたＧＩＳの機能によって、個々のユーザーはデータとして扱われ、管理の対象、すなわちコントロールの対象へと変換されるわけである。

リキッド・サーベイランス

さて、私たちはここで、フータモが語る「不可視の遍在する手」を、デイヴィッド・ライアンが語る「リキッド・サーベイランス」という概念と関連づけて理解してみることもできるだろう。ライアンは現代における「監視」の形態として九・一一以降に急増したボディ・スキャナーや生体認証《バイオメトリクス》チェック、オンライン・ショッピングやソーシャルメディアへの参加などにおけるデータ管理を念頭におきながら、さらには、かつてジグムント・バウマンの語っていた「リキッド・モダニティ」概念を下敷きにしながら、現代における監視の様態を「リキッド・サーベイランス」（流体的な監視）――「モニターし、探知し、追跡し、分類し、チェックし、系統的に監視する世界で発生しているもの」――として概念化している（ライアン 2013：21）。そして、そのライアンの認識によると、今日の世界は「ポスト・パノプティコン」の段階にあるのだという(1)。

ちなみに福田裕大は、「監視」を意味するフランス語「Surveillance」には二重の意味、すなわち「まなざしを注ぐこと」と「人の行為を管理すること」が重なり合っていると指摘し、そのうえで「まなざしとは同時に、自身の力を他者に注ぎ込み、他者の存在のありようを規定するような媒介行為なのである」と主張している（福田 2010：162−163）。ここには本章における問題の焦点、すなわち「視覚的な対象への介入」あるいは「視覚的な対象の管理」という構図が認められるわけだが、次節では多種多様なデジタルデバイスがもたらしたものを勘案しながら、今日における触覚的なリアリティの問題をさらに検討していきたい。

第三節　「簡易化」がもたらす触覚の変容

タッチパネルの普及によって、「視覚に紐づけられた触覚」が新たなリアリティを創出しつつある。そのような状況のなかで、私たちの触覚のあり方はいかなる段階を迎えつつあるのだろうか。写真家・写真評論家の港千尋はその著書『考える皮膚――触覚文化論』（図5-2）の冒頭において、現代人における「触覚の退化」を次のように語ってみせる。

> 人間の手はどんどん貧しくなっている。インカ帝国の装身具や中世のタペストリーを見て、われわれはそう思う。むかしの人は器用だったんですねえ。年末恒例の蚤の市でみつけた骨董品の見事な細工を見て、われわれの時代はもう、これと同じものを生み出すことができなくなってしまったのだと、忽然と悟るのだ。博物館に漂うある種の寂しさは、もしかすると一種

(1) 他方でライアンは『膨張する監視社会――個人識別システムの進化とリスク』（青土社）のなかで、現代における監視のあり方をめぐって次のように指摘している――「ユビキタス・コンピューティングの導入によって、身元特定による統治の重要度がはるかに大きくなり、各人は、その役割が民間人、専門家、参加者などいずれであっても、システムと関わるためには、身元の認証を必要とする場面が増えた。既にセンサーによって心拍数や血圧を遠隔からモニターするヘルスケア装置や、チップで身元を特定してドアを開閉するシステムがある。また、商店では、顧客の位置を特定して割引を行ったり、年齢、性別、プロファイル、住所などに応じた商品券を発行することもできる。〔…〕こうしたことが発展すると、既に現在でも起こりかけているが、人間と機械との相互作用のあらゆるコンテクストが変化し、「何が起きているのか」についてのこれまでの議論や評価に対して挑戦するだろう」（ライアン 2010：140）。

> の喪失感に根を持っているのかもしれない。しかしそんな感情をいだいた最初の人間が、いったいどの時代に現れたのかは分からない。意外に松明の光で洞窟画を描いていた人々が、すでにそう感じていたかもしれない。最近の若い奴は、狩りは下手だし、野牛ひとつ満足に描けねえ、と。それでも今世紀ほど、手仕事の世界が縮小してしまった時代はなかった。高度技術社会とは、手間を省く社会である。もはや例をあげるまでもないだろう。身の周りにあるボタンの数を数えてみればよい。手間も暇もないわたしの手は今日それではいったい何をしたか。何を作り出したか。（港 2010：8）

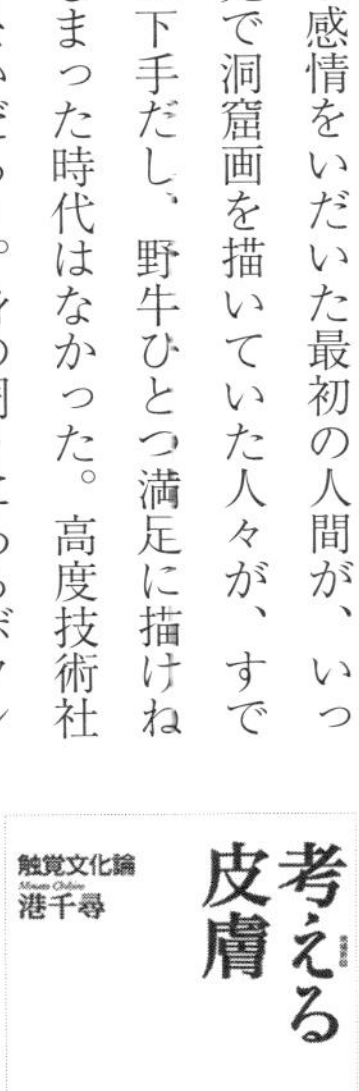

図5－2　港千尋『考える皮膚——触覚文化論』青土社

港が指摘するように一九九〇年代初頭の時点では、「インターネットも携帯電話も一般化にはほど遠い状況にあり、当然のことながら親指ひとつで「メールを打つ」人もいなければ、「ネットで検索する」という表現もなかった」（同書：272）わけであるが、それ以後きわめて短い期間に、手をめぐる、触覚をめぐる技術的状況は一変したといえる。

私たちはなぜ、かくも頻繁に指でボタンを押す、さらには指で画面を触ることに熱心になったのか。港の認識によれば、それは「手間を省く」ためであるとされるが、このことをゲーム研究者、イェスパー・ユールが概念化する「簡易化」（simplification）と関連づけて理解してみることもできよう。

「簡易化」から考える触覚的操作

ユールはこの概念によってゲームのプレイヤーの行為と、それが喚起する主人公の行為との関係性を考察しようと試みている（Juul 2005）——たとえば対戦格闘ゲームである『鉄拳3』に登場するエディ・ゴルドというキャラクターの場合、彼の特技であるカポエイラは本来であれば無数の身体動作によって成り立っているはずだが、それをプレイヤーが操作する場合には、逆立ちをする／しないといった単純な選択肢を含むいくつかの要素のみが反映されるにすぎない。つまりゲームのプレイヤーがエディ・ゴルドの動作を制御しようと試みる際には、本来その格闘技をめぐる身体動作に随伴するはずの複雑性が捨象されて「簡易化」が施され、「プレイヤー」はコントローラの単純化された操作をつうじて、「主人公」の動作とのあいだに対応関係を見出しうるのだ。そして、このような「簡易化」のメカニズムを前提として、ゲームのプレイヤーは、指先の「手間を省く」限定的な動作によって、操作の対象となるプレイヤー・キャラクター（／主人公）を、換言すれば「代理行為者」（松本 2011：233）を制御するのである。

ゲームをプレイするとき、その主人公を操作する私たちの指先は、虚構世界を記号的に現前させるその装置的なシステムへと従属している。そのとき指先とコントローラの接触は、人間の身体を（哲学者ヴィレム・フルッサーのいう）「機能従事者」へと変換する根拠を提供する、と位置づけうるだろう。そして何よりも重要なことは、本来であれば無数に分節可能な身体的動作のシークエンスからなる主人公の行為がその複雑性を捨象され、指先でボタンを押すという、プレイヤーの「手間を省いた」行為によって惹起される、という点である。

触覚の退化

ところで、ここで紹介した「簡易化」のメカニズムに関連づけるならば、港はコンピュータ操作を直感的に遂行するためのインターフェイスのひとつ、「データグローブ」について次のように論及している。

電子メディアに囲まれたわれわれの手の機能が、端末のキーやボタンを叩くだけの、あるいはマウスを動かすだけの、きわめて貧しいものになりはてていることは〔…〕述べた通りだが、いまのところ〈データグローブ〉も、コマンド・ボタンの延長として、その貧しさを受け継いでいるように見える。これではたとえ仮想的な空間がデータベースの容量が許すかぎり無限の広がりをもっていたとしても、その起点にある手の機能は逆に限りなくつまらないものになってしまう。（港 2010：247）

この引用が示唆するように、キーボード、コマンドボタン、データグローブなどの技術的なインターフェイスは、ある種の「貧しさ」と対応するものとして位置づけられている。触覚的なインターフェイスの発達は、たしかにユーザーの行為に新たな選択肢と利便性を付与したようにみえるが、その反面で、テクノロジーに従属したユーザーの触覚そのものは著しく後退している、というのが港の見解である。

たとえばマルチタッチセンサーを考えてみよう。最近のスマートフォンの液晶パネルには、複数の指を検知するそれが装備されている。それを、あらかじめプログラムされたマルチタッチジェスチャーによって「触る」「長押しする」「フリックする」「つまむ」などの動作によって操作し、ユーザーは意中の処理を喚起しようとする。しかし、たとえばそれによってゲームアプリをプレイしようとするとき、放熱するデバイス本体の熱さは、皮膚感覚に訴えつつも、各コンテンツ受容の過程においては無意味な刺激として捨象されてしまう（これはユールが語るものとは別の水準の「簡易化」であるといえる。触覚、痛覚、温度覚からなる皮膚感覚において、ここでは「温度覚」が無視され、プレイヤーはそれに鈍感になるように仕向けられる。テクノロジーが恣意的に、私たちの触覚的な感受性を作りかえようとしているのだ)。たしかに港が予測するように、「今後十年のあいだに指先は時間、圧力、体温、脈拍、指紋といった異なる情報をスクリーンとやりとりしながら、コンピュータを本来の意味での「パーソナル」なものにしてゆくだろう」(同書:273)。だが他方で、その彼が注目するのは、これら触覚を媒介とする、あるいは触覚を補完するテクノロジーの発達とは裏腹に進展する「触覚の退化」という事態なのである。

もちろん、ここで港が選択する「退化」というイメージは、かつてマーシャル・マクルーハンが指摘したような「拡張」というイメージと表裏一体の関係にあるといえる。テクノロジーがもたらすものを「拡張」と捉えるのか、逆に「退化」と捉えるのか、本書では価値判断を含むいずれかの評価に与することは避けるが、しかし現代において、私たちの触覚的なリアリティが変質しつつあることは確かなようである。

第四節　タッチパネルをつうじた映像世界のコントロール

既述のように、フータモはスロットマシンをとりあげながら、そこに「ゲームの考古学」の端緒を見出そうとするのだが、彼が語る「眼の快楽」と「手の使用」の接合、あるいは「視覚的なもの」と「触覚的なもの」の架橋は、当然ながら、その後の現在へといたるゲーム史のなかで、より先鋭的なかたちで現前しつつある。

たとえば『プロ野球スピリッツA』[2]というゲームがある。それは二〇一八年七月末時点で一四〇〇万ダウンロードを達成した人気野球ゲームであり、iOS版とAndroid版などがリリースされている。そのゲームのなかで、私たちは画面上の記号を視認しながらそれを指先で操作し、打者と

(2) https://www.konami.com/games/corporate/ja/news/topics/20180726/(最終閲覧日:二〇一八年八月三一日)

してバットを振ったり、あるいは投手としてボールを投げたりといった経験を得ることができる。

　このゲームでプレイヤーが投手として投球する際には、まず持ち球のなかから球種を選び、そしてコースを選択したうえで、タイミングよく指で画面をタップすれば、意図したところにボールを投げ込むことができる（図5-3a／b）。この、投手として投球する過程で、プレイヤーが操作に使用するのは（通常であれば）親指のみである。その他の人差し指から小指までは、スマートフォンの反対側に回り込み、その画面を支持するための役割を果たすことになる。

　ともあれこのゲーム自体は、現実のスポーツとしての野球を、コンピュータゲームという別のシステムのなかで模倣的に再構成する、換言すれば「シミュレートする」ことを指向したものであるが、プレイヤーが選手となって野球を擬似体験する際の仲立ちになっているのは、第一に、映像や音声などの記号群であり、第二に、人間拡張のメディアとしてのコントローラ（このアプリにおいてはタッチパネルが該当する）である。

　ここで重要なことは、上記の野球ゲームでは、視覚記号とコントローラが連携することで、そのプレイが成立している、という点である。しかもそこで重要となるのは、画面上の視覚記号、たとえば球種選択のパネルや、投球ゾーン表示のマークである（それらはじっさいの野球をめぐる光景を、CGによって再現した画像のうえに重ねられたものである）。これらは画面上に表象された視覚記号であり、コントローラを触覚的に操作するプレイヤーの判断をサポートする機能をもつものである。プレイヤーは画面上の映像記号を視認しつつ、それを手許のデバイスで操りながら、まさに「視覚」と「触覚」を連携させな

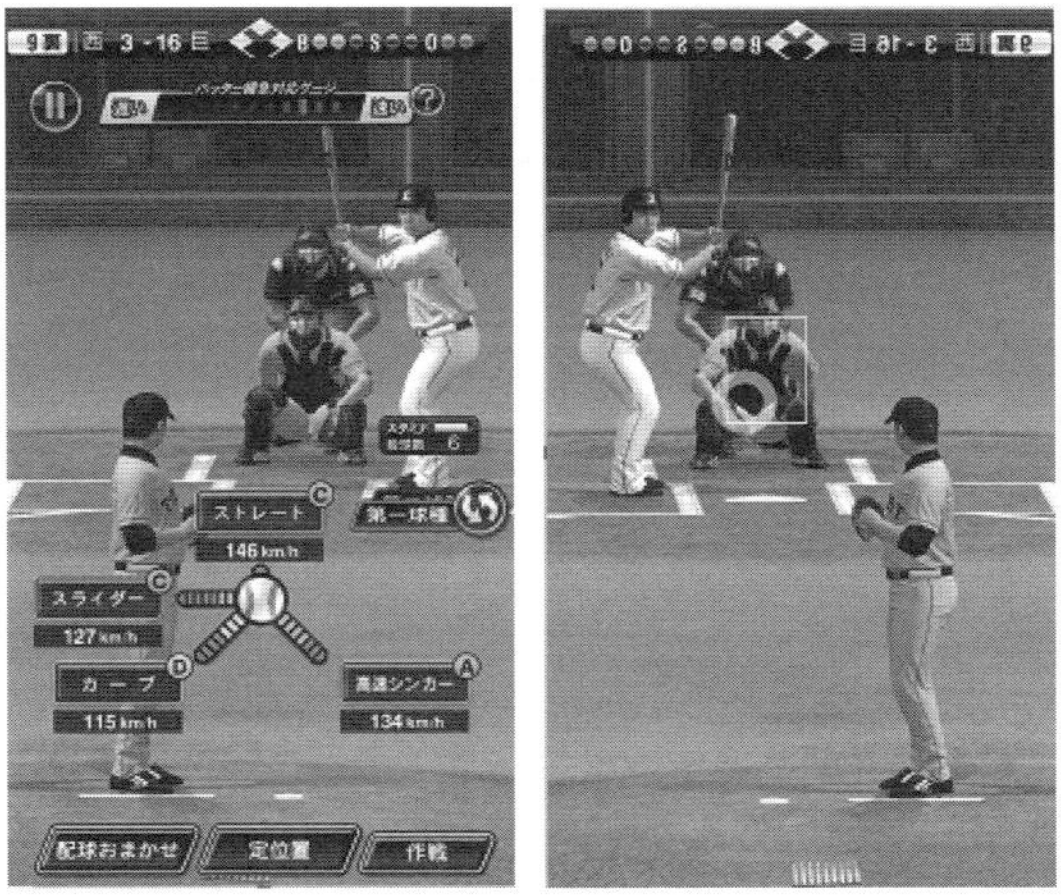

図5-3 a／b 『プロ野球スピリッツA』における投球操作

がら目的を遂行しようと試みるのだ（これをフータモが言及していたコイン＝オプやプロト＝インタラクティヴ・マシンと比べると、そのインタラクティヴィティは格段に強化されている）。

これはほんの一例にすぎない。多種多様なコントローラを考えてみても、プレイに使うものがスマートフォンのタッチパネルなのか、ニンテンドーＤＳのタッチペンなのか、Wii リモコンや Kinect のような体感型のそれなのか、はたまたアーケードゲームの筐体なのか、どのようなものがプレイヤーとゲーム世界とのあいだに介在するかにおうじて、「視覚」と「触覚」の関係づけられ方は当然のことながら異なってくるといえるだろう。

「視覚」と「触覚」をめぐる多様な組合わせ

本章では、これまでいくつかの事例をとりあげながら、「視覚的な対象への介入」もしくは「視覚的な対象の管理」という構図を考察してきた。ちなみに「視覚に紐づけられた触覚」ということでいえば、現代ではそれについてさまざまなヴァリアントがあることも事実である。たとえばデジタルテレビの「データ放送」では、手許のリモコンの「ｄボタン」を介して、視聴者はある程度のインタラクティヴィティを経験することができる（①「画面を制御するコントローラ」というパターン）。それが「ハイブリッドキャスト」の段階になると、視聴者はスマートフォンやタブレットを「セカンドスクリーン」として活用しながら、また、大量のデータをやりとりできるインターネット通信を前提としながら、その用途に即してつくられたアプリを媒介してより自由度の高いインタラクティヴィティを経験することができる（②「第一の画面を制御する第二の画面＝コントローラ」というパターン）。ちなみに、テレビモニター内の映像世界を制御するために「セカンドスクリーン」を活用するという点では、ゲームの領域では「Wii U」などに類似性を認めることができよう。

あるいは、本章で既述したように、タブレットやスマートフォンのうえで駆動するゲームアプリの場合には、タッチパネルの画面そのものがコントローラにもなっている（③「画面＝コントローラ」というパターン）。以上のように、現代のメディア環境においては、私たちの「視覚」と「触覚」をめぐる関係性は、以前にも増して多様化しつつあるともいえるし、また、錯綜したものになりつつあるともいえる。

第五節　ポスト写真時代における触覚的リアリティのゆくえ

デジタル映像テクノロジーが急速な進化を遂げつつある現在、私たちは「視覚」と「触覚」の関係性がもつ意味を改めて再考する必要に迫られているのかもしれない。以下ではダニエル・ブーニューによる言説を援用しながら、そこに、ある種の糸口を見出してみたい。

ブーニューは『コミュニケーション学講義――メディオロジーから情報社会へ』（図5－4）と題された著作のなかで、アメリカ系の記号論の創始者とされるチャールズ・サンダース・パースの記号類型――すなわち指標、類像、象徴という記号の三形態――を独自のかたちで再解釈し、その成果として「記号のピラミッド」（図5－5）なる図式を案出している。

この図式化に際して、ブーニューは「記号のピラミッド」の下層に指標的次元を、中層には類像的次元を、上層には象徴的次元をそれぞれ配置し、これら「三つの記号を、この順番で時間的かつ論理的に並んでいる」と規定している（同書：56）。

ブーニューは記号の抽象度を根拠として、これらの三つの記号形態をピラミッドとして組み上げているわけであるが、このうち、もっとも抽象度が低く基礎的な下層部分、すなわち「指標的次

図5－4　ダニエル・ブーニュー『コミュニケーション学講義』書籍工房早山

元」については、「初めに指標ありきと考えることは、記号圏の基礎には、感性的痕跡あるいは現象のサンプルがあるとすることです。パースは指標を「対象からひき裂かれた断片」と定義し、「モノによって直接触発されるもの」と付け加えました」と指摘し、さらに、指標における「それらの関係は直接的で、コード、意図の介在、精神作用、表象の距離、記号論的切断などを知りません」と語っている（同書：56–57）。そしてまた、この指標的次元の説明を踏まえたうえで、ブーニューは次なる記号の段階、すなわち中層に相当する「類像的次元」に関して、次のように語るのである。

類像――イメージ一般――の獲得とともに、人びとはこの記号の幼年時代〔すなわち指標的次元〕を卒業し、対象との最初の断絶を経験します。イメージとそれが表象するものの関係は、類似性、あるいは広い意味でのアナログな連続性によって担保されていますが、接触は断ち切られます。指標が世界から切り出されて来るのに対して、類像的人工物は世界に付け加えられます。この記号論的断絶は、広い意味での人間学的＝人類学的断絶に対応しています。飼い慣らされていても動物は、指標には反応しますが、絵画や写真、あるいは鏡に映る自分の姿には、興味すら示しません。この単純な事実によって、一見したところ慣れ親しんだものでありながら、実のところ、きわめて構築されたものであり、また複雑な類似という観念に対して、鋭利な問いをさしむけることができるでしょう。たとえば、自分の証明写真を見て確かに自分に似ていると思うにしても、実際この断片は（よくみれば）私の顔より、どんなものであれ四角の紙片にずっと似ています。生きた、温かい、三次元の肉体と、冷たく平面の数センチ四方の紙片が等価なものだと認めるには、どれほどの学習が必要でしょ

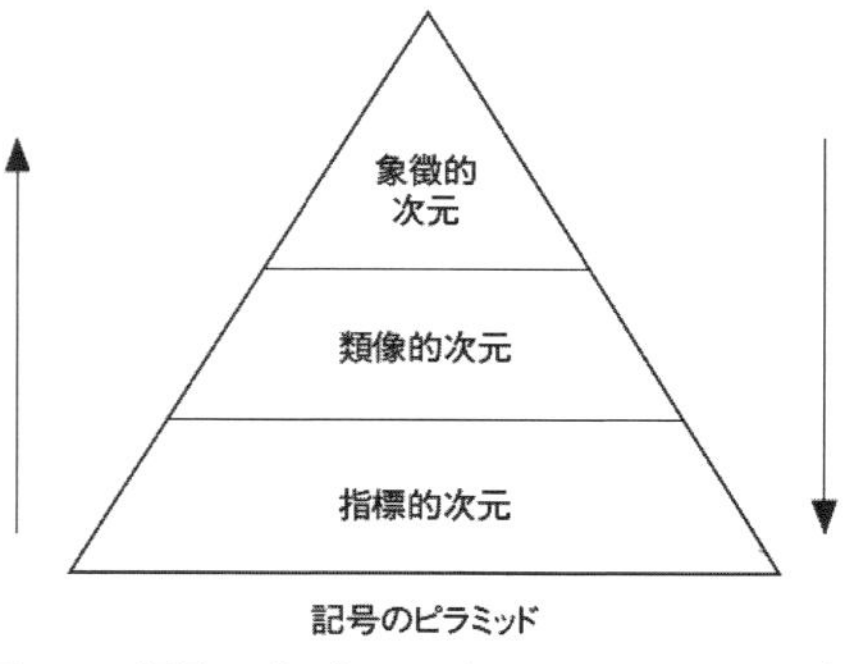

図 5–5　記号のピラミッド（ブーニュー 2010：60）

う！（同書：57–58）

注目してみたいのは、ここでブーニューが記号のリアリティの問題に分析の眼を向けていることである。彼は、今しがた簡単に説明した「指標」および「類像」のうち、前者について以下のように言及しているのだ。

記号圏のホットな極あるいは「関係づける」極である指標は、リアルな現われとして姿を表し、表現され、作用します。それは、モノや現象を別のかたちで表象するのではなく、直接、そのままに提示します。（同書：57）

ここでは、指標こそが直接性を根拠にリアルなものとあわせて語られている。指標的記号は、リアリティを保証する何かとしてイメージされているのだ。

●結びにかえて――デジタル時代のリアリティ

写真は、指標性と類像性をあわせもつ表象形式である、といわれる。すなわち、それは〝光の痕跡〟であるがゆえに、現実をあるがままに映像化し、強力なリアリティをもちうるわけである。だが、それと同時に、写真は画像・映像でもあり、パースの記号類型論でいえば「類像」でもあるのだ。それが現在、映像メディアはデジタル化の時代にはいり、すでに写真からはその本来の指標性が後退しつつある。そう考えてみると、デジタルイメージから脱落したリアリティを保証するために、私たちは別の水準での指標性、すなわち「触る」という直接的行為を必要としつつある、そのように解釈しうるのではないだろうか。ブーニューは既出の引用文で、類像によって「接触は断ち切られます」と示唆したが、失われた接触を補完する要素が、写真の場合には「光の痕跡」としてのその性格であり、ゲームの場合には「手の使用」というその前提なのではないか。現代のデジタルイメージは、写真などの撮影画像とは別の指標性と紐づけられながら、新たな「記号の幼年時代[3]」を生きつつあるのかもしれない。

現代では、写真（をはじめとする撮影された映像）の痕跡性、あるいは、その指標性が衰退しつつある。だとすると、デジタル時代における「視覚」と「触覚」をめぐる関係性の複雑化は、新たなリアリティの形態に対する人びとの欲望を反映している、とみることもできよう。精緻さを増してますますリアルになりつつも、結局のところ虚構的産物でしかないデジタルイメージと向かい合いながら、人びとがそれを触覚的に制御し、管理し、リアルなものとして引き寄せようとするのは、まさに今日において、新種の記号的リアリティが出現しつつあることの証左なのかもしれない。

（3）L・K・フランクなどは「触覚はおそらくもっとも原初的な感覚過程である」と主張し、触覚的コミュニケーションの身体的な次元について分析のまなざしを向けている（フランク 2003：188）。さらにY-F・トゥアンは「触覚は五感の中で最も基本的な感覚である」と指摘し、「目は閉じることができ、耳はふさぐことができ、時にはかいだり味わったりできないこともあるが、しかし触覚だけはつねに機能している」と主張している（トゥアン 1993：165）。

第6章 「接続される私」と「表象される私」
――記号論／メディア論の間隙で考えるゲーム

丸山圭三郎は元来、ソシュールの構造言語学の第一人者として高名であったが、後に自らが標榜する〝唯言論〟に立脚して独自の記号学的スタンスを確立し、言語＝意識の重層構造を念頭においた理論構築――〈生の円環運動〉――を実践していった。彼は「コトバによって世界と身が分節され、事物が存在を開始する」（丸山 1992：112）と主張したが、これは技術的な媒体《メディア》がもつ分節作用を重視したメディア論者の見地とおおいに比較しうる。本章で丸山の記号学を改めて議論の俎上に載せるのは、その理論的射程が特定の記号システムの内在的な分析にとどまらず、より進んで、独自の人間観・文化観の構築にまで到達しているからである。その限りにおいて彼の思想は、マクルーハン以来のメディア論的な人間観・文化観と対照可能であり、ゆえに記号論とメディア論の比較と接合という本書の視点を議論するうえでの恰好の題材となる。

以上を踏まえたうえで本章では、丸山による記号学的言説を起点として、それをマクルーハンらのメディア論的言説と比較する。とくに両者が共通して関心を寄せていた「延長」（extension）概念に着目することで、そこから記号学とメディア論の間隙に横臥する理論的断絶を照射し、さらに「ゲーム」を考察の題材として選定したうえで、それら二つのディシプリンを架橋することの意義を考察していくことになる。

第一節　二つの「延長」概念、および二つの二重分節論的モデル

人類学者エドワード・T・ホールは言語、道具、制度を「自己の延長物」として規定し、それらが人間自らを拘束・疎外すると捉えた（ホール 1979：15）。そして、このホールの「延長」観をマクルーハンと丸山がともに引用している事実は極めて興味ぶかい。むろんマクルーハンがこれを参照することには何ら違和感はない（マクルーハン 1986：8）。もはやメディア論ではクリシェとなっている感もあるが、ある媒体の延長作用に着眼した理論的言説は数限りなく存在する。だが他方で丸山がこれを参照するとき、その背景に介在する意図は異なってくる（丸山 1984：74）。というのも丸山は「道具」の次元、すなわち「技術的媒体」の次元ではなく「言語」の次元を重視し、そこから人間・文化の組成を析出したからである。このことは両分野の差異を反映する典型的な一例となるだろう。

丸山は人間を「身分け構造＋言分け構造」という二重分節体として把握していた。彼はさまざまな論者が過去に主張してきた人間観の諸類型——知性人《ホモ・サピエンス》、工作人《ホモ・ファベル》、遊ぶ人《ホモ・ルーデンス》、死すべき人《ホモ・モルタリス》など——を話題にあげ、各見解の根拠となる人間的特性が発現するためには「コトバ」という基底的な媒介手段の獲得が不可欠な条件であるとし、そこから「〈象徴《シンボル》〉を操る動物（アニマル・シンボリクム）すなわちホモ・ロクエンス」という人間観に賛意を示したのである（丸山 1992：34−35）。

丸山は「人間もかつては〔動物と〕一〇〇パーセント共有していた〈身分け構造〉の図式を、ホモ・ロクエンスにそのまま適用することを拒否するところから真の哲学的人間学が始まる」と説く（丸山 1987：171）。すなわち人間の特異性とは、身体に対する〝プラスα〟として、外界を分節

化・秩序化するための手段たる「コトバ」（＝言分け構造）を獲得したところに認められるという。人間はそれによって複雑な文化的体系を実現した反面、環境世界との調和を失って〝病める動物〟になったというのが、丸山の人間存在論の核心にある洞察なのである。

このことはポール・ヴィリリオがいう（人間の肉体と人工補助具との連結による）「ダーウィン的進化の衰退」とも比較できよう（ヴィリリオ 2002：161）。現代人は視聴覚の欠陥を眼鏡や補聴器で修正するが、それは、もはや聴力や視力の優秀さが生存の条件ではないことを示唆する。ゆえに彼は「自然環境‐生物圏によって支配される淘汰圧（ダーウィンのいう自然選択淘汰）があるとすれば、同じように人工環境‐技術圏によって支配される淘汰圧も存在する」と考えた（同書：165）。これに対して丸山は「逆ホメオスターシス」概念を提起し、やはり人工環境‐技術圏における〈身分け構造〉の破綻を告発したが、その真因をあくまでも〈言分け構造〉に求めたのである（丸山 1989：32）。

他方でマクルーハンは「すべてのメディアは人間のいずれかの能力——心的または肉体的——の延長である」（マクルーハンほか 1995：26）と端的に規定したが、技術的媒体を〝プラスα〟とするような延長観は、しばしば後世のメディア理論家によっても踏襲される。本書ですでにとりあげたノルベルト・ボルツの人間観（人間‐機械の共生）やヴィレム・フルッサーの人間観（装置＋オペレーター）はその具体例になるといいうるだろう。ようするに彼らのメディア論的思考の範疇では（単純化を恐れずにいえば）新たな時代の人間像が「身体＋技術的メディア」として図式化される。それは、つまり丸山とは別種の〝二重分節論〟にほかならない。

記号学／メディア論における人間観

丸山によると「人間の身体は、常に、すでに〈言分《ことわ》けられた身《み》〉でしかない」（丸山 1989：15）。他方でメディア論者たちによると、人間の身体は技術的につくられたメディウムの個別的な特性に応じてモデリングされると捉えられる。いってみれば、ここでは〈メディア分けられた身〉が問題となる（たとえばマクルーハンの「感覚比率」[1]概念がその範例となるだろう）。これらの理論的立場は、ややもすると記号学批判の文脈で指摘される〝言語中心主義〟や、あるいはメディア論批判の文脈で指摘される〝技術決定論〟などとして問題視されることもあろう。

言語中心主義は、とくにソシュール派の記号学に顕著である。例えばロラン・バルトも丸山と同じくソシュール言語学を出発点とし、さらに独自の記号学的境地を開拓した人物だが、その理論構成は明らかに言語偏重である（彼の思想では①言語学的な記号モデルが非言語的記号体系にまで応用され、②言語記号のみが非言語的記号の意味作用を規定しうると想定される）。ともかく丸山は人間と他の動物との根本的な断絶を言語能力の有無に求め、バルトはすべての意味論的現象の根底に言語記号の体系が介在すると主張した。彼らは「言語コード」の媒介作用を重視したが、他方で、技術的なコード（＝テクノコード[2]）の媒介作用に対する問題意識は希薄であったと言わざるをえない。

レジス・ドブレによると「ソシュール言語学は〔…〕記号が記載される媒体については捨象してしまう」（ドブレ 2001：64）と指摘されるが、このような批判はバルトや丸山の記号学に関しても該当するだろう。丸山は人間が産出した道具類を「身の延長」として表現しながらも、それを〈言分け構造〉の間接的所産として副次的にしか扱っていない。また、バルトは「写真のメッセージ」（1961）の段階から写真というメディアを理論的考察の対象としていたが、そこでは映像のコノテー

（1）マクルーハンのメディア論では、ある時代に支配的な情報メディアが、その時代に生きる人間の感覚を支配し、五感のそれぞれをどの程度もちいるかという「感覚比率」を決定する、考えられていた。

（2）本章では「テクノコード」概念を広義に使用する。フルッサーはこの概念を、彼独自のメディア史を根拠づける「テクノ画像」を実現するコードとして限定的に規定したが、むしろここでは、テクノ化されたあらゆる媒体を実現する技術的コードの意として援用する。

ションに対する〝メッセージ研究〟が指向されながらも、その媒体の特性に対するメディア論的な（あるいは〝メディウム研究〟的な）洞察は乏しい。その技術的特性に関する考察が本格的になされるのは、バルトの後期写真論、とくに晩年の『明るい部屋』（1980）を待つ必要がある。

ちなみに記号学では、全般的に、技術的媒体に対する関心が希薄であるために、その段階的発達に由来するメディア史的な認識も希薄にならざるをえない。メディア論者の多くは、新たなメディアが踵を接して発明されていく歴史的プロセスを勘案し、それを時系列的な段階モデルとして整理する。これに対して丸山やバルトは「言語」を普遍的かつ超時代的に重視することで、逆にメディア論者が意識した歴史的次元を軽視する傾向にある（このことは第2章で詳述したとおりである）。

他方でメディア論では、言語と映像の意味論的な関係など、記号学的なトピックが研究のフレームから除外されていることも多い。とはいえ記号学の言語偏重的な性格に反して、メディア論では人間とその文化とを規定する因子が個々の技術的メディアの特性におうじて複数化されている。しかし、それでもマクルーハンをはじめとする一部のメディア論的言説は、特定の技術的媒体が人間・文化・社会に対して与える影響力を過大視するあまり〝技術決定論〟として批判されることも少なくはない。

人間を構成する二つのコードと、その関係性

人間を人間たらしめ、身体に対する〝プラスα〟として作動する延長性の実質を考えたとき、丸山はボルツやフルッサーらとは異質なイメージを描出した（+言分け構造／+機械、+装置）。しかし記号学でも、あるいはメディア論でも、これらの前提となる言語コードとテクノコードの関係性は十全に精査されてこなかった、といえるかもしれない。この点に関連していえば、レイモン

ド・ウィリアムズは両コードの関係性をめぐる理論的断絶を示唆してもいる。彼はある論文で、直接的には〝コミュニケーション手段＝生産手段〟という理論的観点に言及するのだが、そこで「自然的コミュニケーション（言語的）」と「技術的コミュニケーション（機械的・電気的）」の乖離という〝一般的な見方〟に触れているのだ（ウィリアムズ 2001：42）。私たちは、このような理論的断絶を超克しうる新たな視座を模索する必要があるのではないだろうか。

図6-1で便宜的に示したとおり、人間の身体図式は言語コードとテクノコードの媒介作用によって形成される。その限りにおいて、その双方に留意する必要があることは言うまでもない。アンドレ・ルロワ＝グーランは人類の進化に論及するなかで、言語活動を可能にした「脳」の解放、および道具使用を可能にした「手」の解放に着眼していたが、[3] これら各々の水準を別々の視角から照明してきたのが記号学であり、またメディア論であったともいえよう。そして、これら二つの領域を切断しえないことは、彼自身が人類の歴史において「言語活動」と「道具」の水準を切り離す理由はないと主張したことからも推察される（ルロワ＝グーラン 1973：121）。

人間を構成する二つのコードは相補的であり相互形成的である。それは①テクノコードの成立は言語コードの存在を前提とするからであり、逆に、②言語コードのあり方はテクノコードによって規定されるからである。前者に関していえば、なかば当然のことだが、あらゆるテクノコードはそれを産み出す人びとの言語活動を前提とする。後者に関していえば、言語のあり方がそれを記載

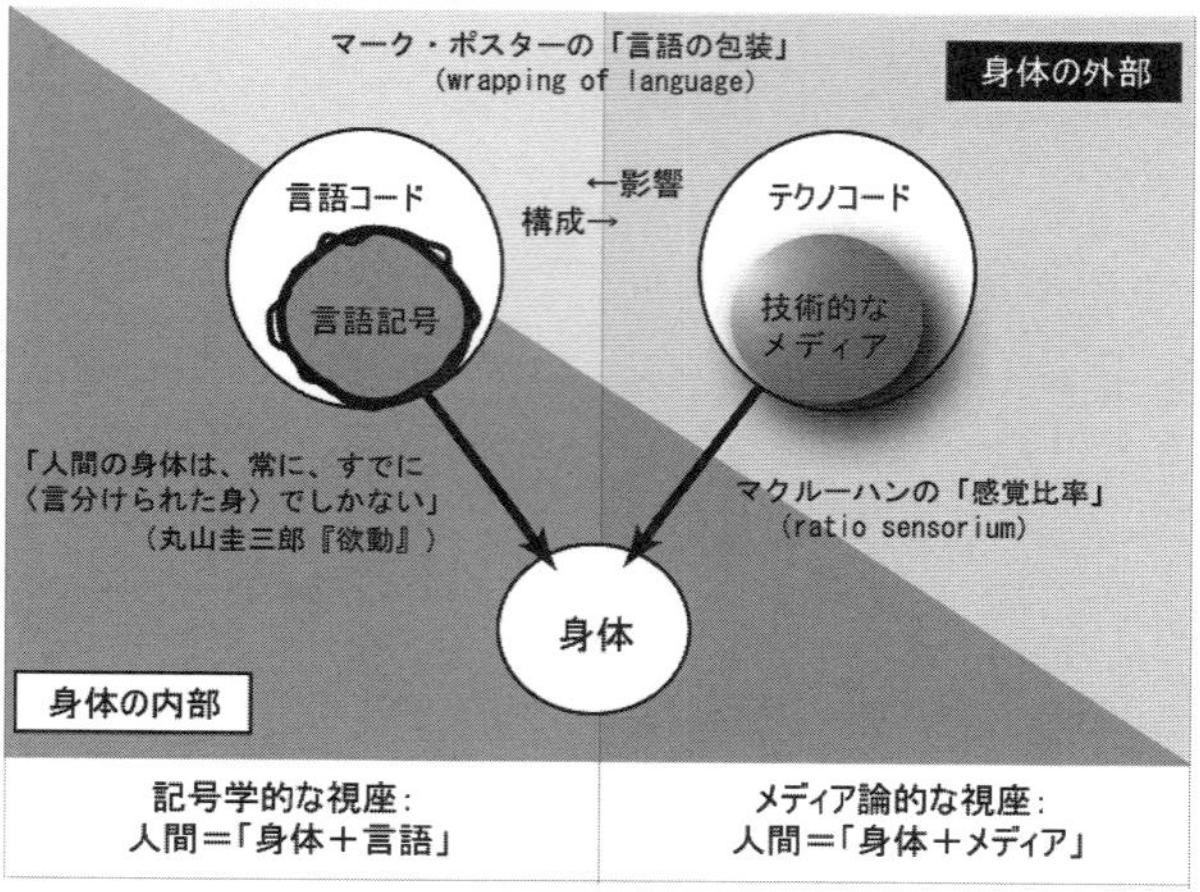

図6-1　身体をモデリングする二つのコード

する技術的媒体によって変質するといった事態を考えてみるとよい。たとえばW・J・オングは「言語表現の電子的変容」を語り（Ong 2002：133）、またマーク・ポスターは「言語の包装」――言語のあり方が媒介テクノロジーの包装《ラッピング》によって変容し、それによって主体と世界との関係が再‐布置化されるという――を語る（ポスター 1991：19）。

記号学とメディア論の間隙でゲームを考える

ともあれ私たちの社会では、言語コードに依拠したシンボル活動と、テクノコードに依拠したシンボル活動が常にせめぎあっている。すでに第4章で論じたことだが、じっさいに写真というメディウムを例にとっても、一九世紀当時に登場したそのテクノコードを制御するために、人びとが言語活動の水準で多様なメタ・テクノロジーを考案したことも事実としてはある。技術的にいって、遠近法的な表象システムの後継者である写真映像は、その機械性を解消するための諸言説――両眼視差を復元するための「立体写真」や、フレームの周辺部に肉眼的な視覚性を付与するための「自然主義的写真」などを生み出していった諸々の言語活動――とのコンフリクトのなかで新たな視覚性を人びとに付与していった。このような事例を考えても、私たちは記号論とメディア論の垣根を越境したところで、言語コードとテクノコードの関係性を、さらにはその諸影響を総合的に勘案する必要があるのではないだろうか。

ともあれ以上のように考えてみた場合、コンピュータゲームは「記号論」と「メディア論」の間隙を考察の俎上に載せるうえで恰好の題材となりうる。以下では、ゲームが打ち立てる仮想現実にプレイヤーが「入り込む」（あるいは「没入する」）際の心理的なメカニズムを解明するために、プレイヤーの物理的な身体と、その人物が単なる「感情移入」以上の感覚をもって自己を投影する登

（3） ノルベルト・ボルツは『人間とは何か――その誕生からネット化社会まで』（法政大学出版局）と題された著作のなかで、次のように指摘している――「道具がきわめて初期に手を解放し、技術と機械に発展したとすれば、会話言語と視覚的知覚が人間を解放するまでには時間がかかった。今日から見ると、発生史的な期間が興味を引く。四〇万年の技術史は、手足と身体の回旋、直立歩行と脳から、能力のある安定したバイオメカニズム的有機体を形成した。この脳におけるバイオメカニズム的なモデル形成は、一〇万年前に終了したように思われる。研究の過程である程度合意をみているように、形象化の出現はおよそ三万年前である。そして、この記号的な記述と表現の発明には、これまた今日から数えて、およそ六〇〇〇年のメディア史が相対している。〔…〕変化したのは何なのか。答えは、人間の生活環境のメディア的自己組織化の領域、すなわち、「外部へ向かう」構造と「内部へ向かう」構造の相互ダイナミズムにある」（ボルツ 2009：126–127）。

場人物たちの仮想的な身体との関係を、換言すれば「接続される私」と「表象される私」との関係を、おもに「記号」と「メディア」をめぐるそれぞれの分野の知見を動員しながら、また、ときにそれらを組み合わせながら説明していく。そして最終的に、本章ではコンピュータゲームの受容体験を分析していくための視座を新たに導出することを目的としたい。

第二節　コントローラによって「接続される私」

ゲームのプレイ中に興奮したり、感動したり、悔しがったりするとき、換言すれば、プレイヤーが何らかのゲーム作品に没頭しながら虚構世界を生きるとき、どのような現象が起きているのだろうか。それは「感情移入」とも、主人公との「同一視」とも呼びうるかもしれない。だが、そのような擬似体験は、そもそも小説・映画・テレビドラマなどの受容に際しても起こりうるものである。だとすると、コンピュータゲームの受容体験に固有の要素とは何なのであろうか。

映画を観る際、観客の身体感覚は映画館の暗闇のなかで制御され、作品が現前させる視聴覚記号の挙動に集中するように仕向けられている。そして、よそ見をする余地がない物理的セッティングのなかで、観客の心理がスクリーンに映し出される登場人物のそれと同化するように誘導されるのが大部分の映画鑑賞における一般的な態度であるといえる、といえよう。だがテレビを鑑賞する場合には事情が異なる。「ながら視聴」を考えてみればわかるように、テレビ観賞においては視聴者の身体的な可動性が許容されている。つまり何か別の作業をしながら鑑賞に従事できるわけだ。

それではコンピュータゲームの受容に関してはどうだろうか。それをプレイするときに、私たちの身体はその感覚の自由を制限されているわけではなく、また他の行為に差し向けられているわけでもない。むしろコンピュータゲームの受容に特徴的なのは、身体がコントローラを経由して仮想現実に接続されている、という構図である。つまりプレイヤーの身体感覚と作品世界との間隙には視聴覚記号に加えて、コントローラという物理的・技術的なインターフェイスが介在するのだ。

以上のようなコントローラの役割を、マーシャル・マクルーハンが主張する「人間拡張」の観点から理解してみることもできよう。彼の言説に依拠するならば、ゲームのコントローラも中枢神経を拡張し、人間の身体と想像をその先にある仮想空間へと接続する役割をはたすという点で拡張力をそなえていると考えられる。

マクルーハンが人間拡張について語るところによると、西欧世界は過去三千年にわたり外爆発(explosion)を続けてきたが、電子的メディアの時代が到来したことで、現在では内爆発(implosion)が発生しているという。このうち外爆発が発生する時期とは、アルファベットにより世界が分節化され、科学技術によって機械化が進展する段階に対応し、それによって実現されるのは「身体の技術的拡張」であるという。これに対して内爆発をもたらすのは電子メディアであり、それによって実現されるのは「人間意識の技術的なシミュレーション」であるという。

ここでいう「外爆発→内爆発」という展開は、つぎに詳述する「道具→機械→装置」という展開とある程度パラレルなものとして把握することができる。フルッサーが提起する概念区分に準拠して室井尚が整理するところによると、このうち「道具」とは産業革命以前のテクノロジーに分類されるものであり、たとえばハンマーが拳《こぶし》の延長であったり、あるいは武器が歯や爪の延長であったりするように、人間の身体機能の模倣から派生したものであるという。これに対して「機械」は産業革命以降のテクノロジーとして分類される。室井はこれを「脱-身体」的なテクノロジーとして語るが、厳密にいうと、それは「人間の身体の拡張」ではなく、「身体機能の外部化」であり、また「身体の運動系‐筋肉系の「シミュレーション」」であるという。つづいて登場する（フルッサー的な意味での）「装置」だが、それが実現するのは人間の認知能力（神経系）の拡張、シミュレーションであるという。[4] この観点からすると、写真をはじめとする各種の装置、たとえば映画、録音技術、テレビ、そしてコンピュータなどの技術的なメディアは「神経系の延長＝外部化されたシステム」であり、「神経系が行う情報処理のシミュレーションを行っている」（室井 1999：160）。これはマクルーハンの用語法でいう「内爆発」の帰結に相当するものと捉えることもできよう。

コンピュータゲームを映画や録音技術などと比較したときに興味深いのは、それが認知能力や神経系を拡張したりシミュレートしたりするものでありながら、その記号世界のなかで「身体」と「道具」との関係を、さらには「身体」と「機械」との関係を再配置しているところである。つまりプレイヤーは人工的に構成された環境のなかで、テニス選手としてラケット（道具）を握ったり、あるいはスポーツカー（機械）に乗り込んでライバルと競争したりするわけだが、重要なのは、その「バックミラー」的なシミュレーションのプロセスに介在するインターフェイスの形態によっては、プレイヤーによる体験の質が大きく異なってくることである。

第三節　視聴覚記号によって「表象される私」

前節で確認したとおり、コンピュータゲームを小説や映画などと比較したときの相違点は、ひとつには身体とメディアとの接続様式にある。つまりコンピュータゲームではプレイヤーの身体がコントローラという物理的・技術的な紐帯によってゲームの仮想現実に繋がれているのである。もうひとつ別の相違点があるとすれば、それは「没入」の先にあるもの、すなわちプレイヤーによる感

（4）　室井は、人間を自らに組み込む「装置」のあり方について、次のように語っている――「装置は人間の一部となり、人間もまた装置の一部となる。このような融合状態を支配し、情報の保存と進行を支えているのは、人間でもなければ、それらの装置を作り出している資本家や権力でもない。そうではなく、装置の「プログラム」であり、各装置の「インターフェイス」なのである。〔…〕装置が人間の神経／認知系の機能の外部化であり、置き換えである以上、それは人間の欲望や無意識すらも支配することになる。つまり、われわれの欲望が先に存在しそれが外部の装置に伝えられるのではなく、装置そのものが欲望を生産し、欲望の対象であると同時にそれが発生する場所となるのだ」（室井 2000：28‐29）。

情移入や同一視の対象となるキャラクターのあり方に認めることができる。映画やテレビドラマの場合、受け手が感情移入する相手とは、自分とは縁もゆかりもない登場人物である。つまり私たちは映画やドラマを鑑賞しながら、名前も顔も、そして状況によっては性別も世代も異なる俳優の演技に心を奪われるのである。それに対してコンピュータゲームの場合、プレイヤーの占めるべき位置が何らかのかたちで作品世界に折り込まれているケースが多い。しかもソフトによっては、主人公に自分の名前を与えたり、性別や年齢を設定したり、風貌を選択したりしうることで、プレイヤーによる感情移入を誘発しやすい仕組みがあらかじめ用意されているのだ。

プレイヤーが操作するキャラクターは、いわば感情移入の「受け皿」として機能するものだが、本書では以下、それを「代理行為者《エージェント》」と呼んでいきたい。というのも、そのキャラクターはゲーム世界内におけるプレイヤーの代理物として機能すると同時に、プレイヤーがさまざまな擬似体験を重ねていく際の基点となるからである。(5) ちなみにその仮想的身体は、おもにモニターやスピーカをつうじてハードウェアが再生する視聴覚記号によって表象される。

もちろん、ひとくちに「代理行為者」といっても、そこにはさまざまなタイプのものが含まれる。たとえば代理行為者が画面上に明示されるもの（人気ＲＰＧ『ドラゴンクエスト』シリーズにおける主人公の勇者などがその典型であるといえる）もあれば、間接的にしか示されないもの（たとえば図６-２の『Microsoft Flight Simulator X』におけるコックピット画面のように、主観ショット的な映像によって主人公の視界がシミュレートされてはいるものの、その本人が画面上に登場しないもの）もある。またシューティングゲームのように、代理行為者が人物ではなく戦闘機や宇宙船など、何らかのモノである場合もあろう。

さらにコンピュータゲームの発達史を通観してみるならば、ハードウェアの進化にしたがって、

(5) むろんすべてのゲームにおいて一律に虚構の代理行為者が必要とされるわけではない。たとえば（代理行為者ではなく、プレイヤーの）脳の鍛錬や活性化を目標とする「脳トレ系」のゲームのように、そこで評価される能力値が代理行為者のものではなく、むしろプレイヤー本人のものであるような作品もある。

図６-２『Microsoft Flight Simulator X』のコックピット画面

画面上に描出される「代理行為者」の姿が大きく変化する過程を確認することができる。草創期の作品に事例を求めるならば、たとえば一九七二年にアタリ社が発売した『ＰＯＮＧ』（図６－３）は卓球をモチーフとする作品であるが、そこではラケットは縦線、ボールは小さな点によって表現されている。つまりプレイヤーはそのラケットをあらわす縦線を堤喩的に自らの代理行為者に見立て、それを上下に動かしながら、相手のショットを打ち返していく仕組みになっているのである。

　これに対して二〇一一年にリリースされた『Top Spin 4』（図６－４）はテニスをモチーフとする作品であるが、そこでの代理行為者の表象は『ＰＯＮＧ』のそれとは比較にならないほどの精緻さを獲得している。グラフィックの美しさもさることながら、実在のプロ選手が実名で登場し、ウェアもじっさいに着用しているものを再現している。つまり、この作品において、プレイヤーは実在のトッププロになりきりながら、仮想現実のなかで「ごっこ遊び」《メイク＝ビリーヴ》(6)を楽しむことができるのである。ともかく、これまで確認してきたように、代理行為者には多種多様な形態のものがありうるわけだが、そのどれもがプレイヤーの「代理物」として機能するだけではない。ただ、感情移入の「基点」として機能している、という点では共通している。

　本節における議論の総括として、コンピュータゲームの受容に際しての「没入」のメカニズムを整理しておこう。生身の体をもったプレイヤーは、コントローラを経由してゲーム機に接続された存在、すなわち「接続される私」としてコントローラを握り、仮想現実の世界に没入していく。そして、その没入の際の〝受け皿〟として、プレイヤーによる擬似体験の基点となるのが代理行為者、すなわち「表象される私」なのである。「私はゲームをプレイする際、私とみなしうるキャラクターの視座から仮想空間を擬似体験する」――そう考えてみたとき、ここでは二つの身体、すなわち「接続される私」と「表象される私」の関係が重要になってくる。

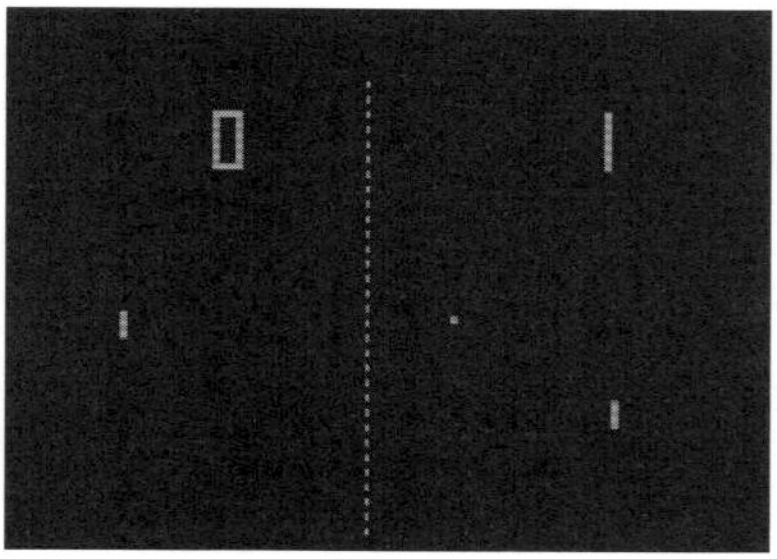

図６－３　『ＰＯＮＧ』の画面

第四節　二つの「私」の等価性、およびインタラクティヴィティ

　コンピュータゲームが小説や映画などと大きく異なるのは、そこに二つの「私」――「接続される私」としてのプレイヤー／「表象される私」としてのキャラクター――の等価性、およびインタラクティヴィティが認められることだろう（図6-5）。ゲーム機のハードウェアは、それが再生する映像や音声によって主人公を記号的に構成する。それをプレイヤーが「表象される私」として錯視することにより、ゲーム世界への没入が可能になる。ここに成立する心理的契約、すなわち「プレイヤー＝代理行為者」という等号関係は、RPGをはじめとする多くのゲーム作品がプレイされるための前提的な態度となっている。

　他方の「インタラクティヴィティ」に関していえば、コンピュータゲームの仮想現実的な世界は、プレイヤーによる「介入」なしに顕在化することはない（たとえばRPGについていえば、プレイヤーが主人公になりかわって「冒険をする」という一連のごっこ遊び《メイク＝ビリーヴ》がなければ、物語世界が具現化されることはない）。つまりプレイヤーは身体の延長物であるコントローラを介してゲームがシミュレートする仮想現実に没入し、そのコントローラを介した選択の積み重ねによってゲームの展開は刻々と変化するのである。

　ちなみに映画やテレビの場合、個々の受容者の解釈が変動することはあっても、彼らの存在／不在によって作品の世界観や物語展開が変質することは原理上ありえない。だがコンピュータゲームの場合、あらかじめプログラムされたシナリオに含まれる無数の分岐のなかで、プレイヤーはコントローラを操作しながら自らの選択を発動し、その一連の作業によって物語や世界観を具現化して

図6-4『Top Spin 4』の画面

（6）哲学者ケンドール・ウォルトンの表現を借りれば、私たちがコンピュータゲームをつうじて行うのは、いわば記号を駆使した「ごっこ遊び」である。例えばRPGのプレイ中、有限個のピクセルで描かれた宝箱らしき視覚パターンを、プレイヤーがそのゲームに妥

いく。そして、その際の選択によっては、個々のプレイヤーが体験する世界観や物語展開が大きく変質しうる。

記号の次元／メディアの次元

コンピュータゲームのハードウェアは、音と映像によってフィクショナルな世界を構築する。むろん視聴覚記号による作品世界の表象という回路は、映画やテレビドラマなどにも認められるものだが、先述のようにコンピュータゲームに固有なのは、プレイヤーの身体がコントローラを経由してゲーム機に接続され、今まさにプレイしている作品世界へと介入していくことでその物語世界が現前していく、という構図である。さやわかは「ボタンの原理とゲームの倫理」と題された論考のなかで、この点に関連して次のように語っている。

> 筆者はゲームの不変の要素は「ボタンを押すと反応する」点だとした。これはつまり、ゲームの本質はインタラクションにあるという意味だ。プレイヤーの入力デバイスでの操作に対し、意外性のある応答が繰り返され、プレイヤーがそこに何らかの法則性や意味を見出すことでプレイが成り立つ。〔…〕ボタンと言えば「ファミコンのAボタン」のようなものを容易に想像できるが、それがクルマのステアリングホイールの形状をしていても構わないし、もちろん、スマートフォンのタッチパネルであってもいい。（さやわか 2018：125）

当するコンベンションにしたがって「宝箱」と認識する。これはウォルトン流にいえば、例えば砂場で作った砂の固まりを見て「はい、おにぎり！」と言うのがそうであるのと同じ意味で、一種の「ごっこ遊び」なのである。

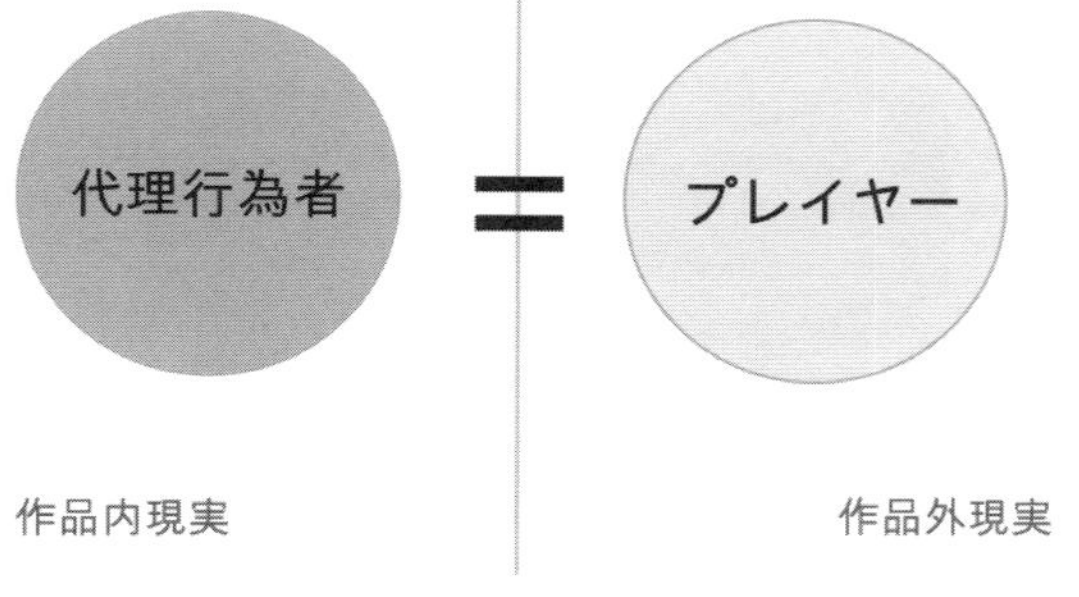

図6–5　プレイヤーと代理行為者の等価性

ちなみにプレイヤーによるゲーム世界への「介入」とは（ゲーム機が再生する）視聴覚記号の挙動と（神経組織を延長する）コントローラの操作とを同調させることが前提となるわけだが、そのプロセスには作品世界の認識にかかわる記号論的なメカニズムと、プレイヤーの身体がハードウェアに接合されるメディア論的なメカニズムが連動している、と整理することもできよう。ようするにコンピュータゲームをプレイするとき、私たちは以下の二つの回路を経由して作品世界に「没入」しているのだ（図6-6）。

①視聴覚記号による世界表象の次元（記号の次元）
②コントローラによる人間拡張の次元（メディアの次元）

プレイヤーがゲームの仮想現実のなかで感じとるリアリティの源泉となりうるのは、ときに物語やグラフィックのリアルさ、精密さであるだろうし、ときにコントローラの操作性であるといえようが、この文脈でさらにいえば、肝心なのはそのどちらか一方ではなく、両者が、すなわち記号技術とメディア技術の双方が連動してゲーム世界のリアリティが成立している、ということである。

むろん映画やテレビなどと同様に、コンピュータゲームの表象世界を記号論的な視座から分析することは可能であろう。しかし上に示したその固有の特性を勘案すれば、それだけでは不十分だといえる。というのもプレイヤーが遂行する「没入」とは、ゲーム機が再生する視聴覚記号の展開と、「身体の延長」であるコントローラの操作とを同調させることが前提となるからであり、その過程には表象世界の認識にか

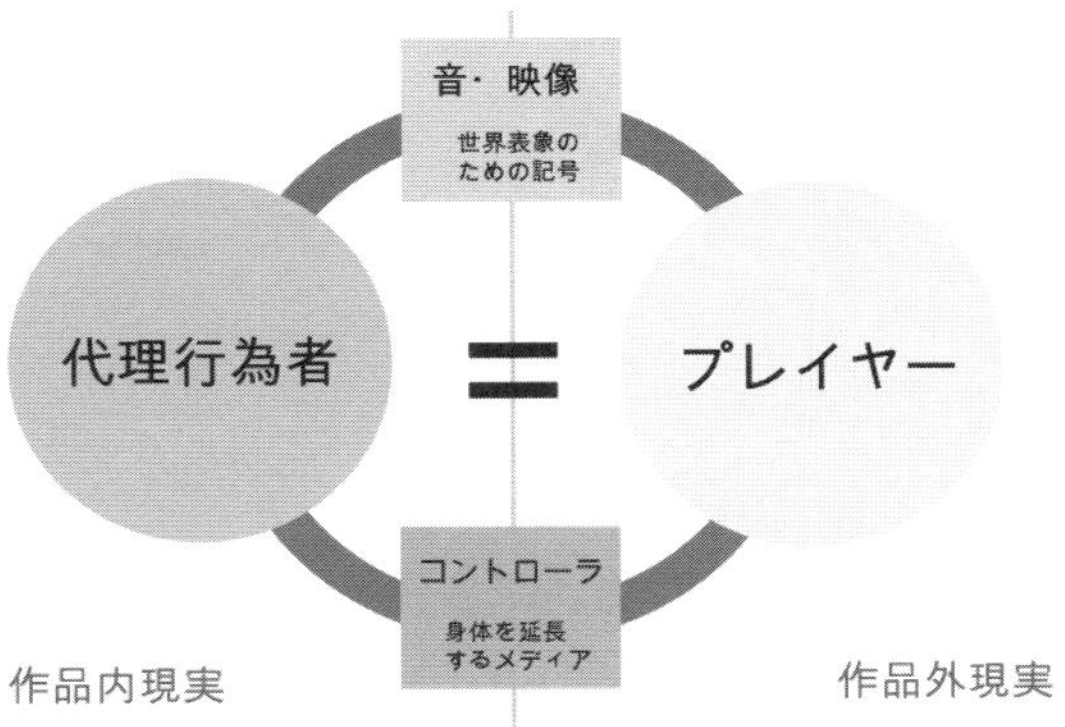

図6-6　ゲームの受容に関与する「記号の次元」と「メディアの次元」

かわる記号論的なメカニズムと、プレイヤーの身体がハードウェアに接合されるメディア論的なメカニズムが介在しているからである。このような複層的な受容形態を射程におさめるためには、記号論／メディア論という既存のディシプリンを越境するような学際的アプローチが必要とされる。

●結びにかえて

コンピュータゲームのあり方は、人間と現代的なメディアとの、あるいは人間と現代的な記号環境との関係を考察するうえでも興味深いものといえる。アンドレ・ルロワ＝グーランは、人類進化の過程における「手の解放」（道具の制作）および「脳の解放」（言語の使用）という二つの契機に言及している。このうち「手の解放」の延長に位置づけられるのが「ホモ・ファベル」（道具をつくるヒト）という人間観であり、コミュニケーションの道具としてのメディアの使用もこの観点から理解することができる。他方、「脳の解放」の延長に位置づけられるのが「ホモ・ロクエンス」（言葉をあやつるヒト）という人間観であり、言語のような複雑な記号体系の使用もこの観点から理解することができる。人類は歴史上、さまざまなメディア技術／記号技術を考案してきたわけだが、その技術的発達の行きつく先で両者が交差する地点となったのがコンピュータゲームのハードウェアであり、また、そこで駆動されるソフトウェアである、と捉えることもできるのではないだろうか。

第7章　スポーツゲームの組成
——それは現実の何を模倣して成立するのか

藤木淳のアート作品《ゲームキョウカイ》（図7-1）では、ゲーム&ウオッチ（任天堂 一九八〇）からXbox 360 Kinect（マイクロソフト 二〇一〇年）に至るまで、携帯型ゲーム機もしくは家庭用ゲーム機と接続された一一の画面が並列的に連結されている。そしてこの作品のプレイヤーは、自らが操作するキャラクターを、各画面の「境界《キョウカイ》」を乗り越えて移動させていくのである（ちなみに個々の画面によって表象されるのは、格闘ゲームであったり、ホラーゲームであったり、スポーツゲームであったりと多様である）。

《ゲームキョウカイ》を構成する数々のゲーム機のうち、一九八〇年発売のゲーム&ウオッチと二〇一〇年発売のキネクトとの間隙には、ファミリーコンピューター（任天堂 一九八三年）、ゲームボーイ（任天堂 一九八九年）、スーパーファミコン（任天堂 一九九〇年）、セガサターン（セガ 一九九四年）、プレイステーション（ソニー 一九九四年）、ニンテンドーDS（任天堂 二〇〇四年）、PSP（ソニー 二〇〇四年）、Wii（任天堂 二〇〇六年）、iPhone（アップル 二〇〇七年）が発売順に組み込まれており、私たちプレイヤーは短時間のうちに、一九八〇年以後の、およそ三〇年にわたるゲーム史を通観／追体験できる仕掛けとなっている。

藤木による《ゲームキョウカイ》では、物理的身体をもった「現実の私」と、仮想的身体をもった「虚構の私」とが、連鎖するディスプレイを隔てて対峙しながら並走していくことになる。ちな

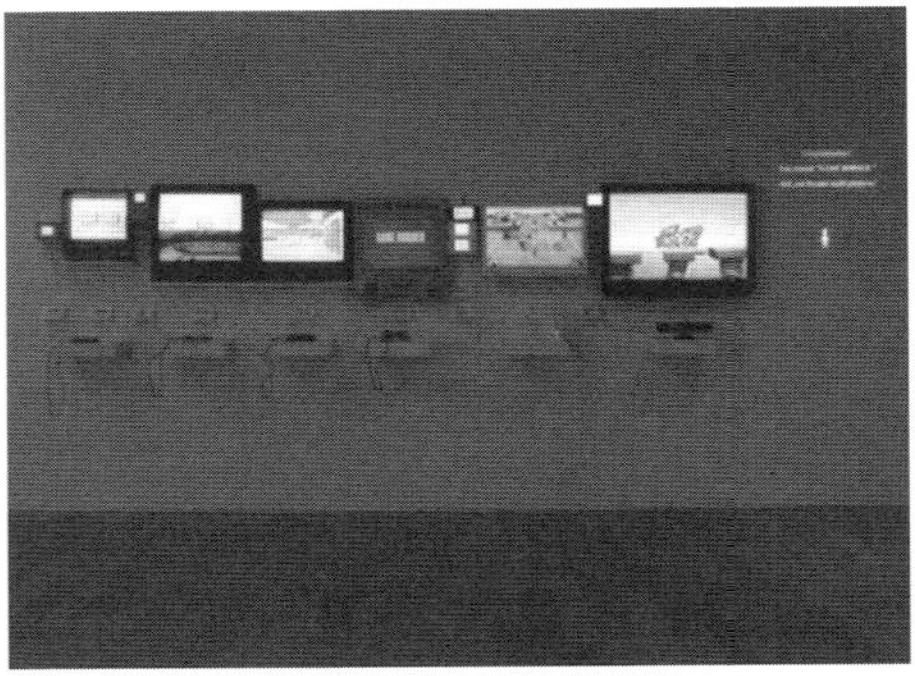

図7-1　藤木淳《ゲームキョウカイ》

みに前章での言説をふまえるなら、ゲームにおける主人公は、プレイヤーにとってのアバター的な存在、すなわち「代理行為者」として把捉しうるわけだが、同時に、そこで言及される「キャラクターと、それを操作するプレイヤーの関係性」に着眼するならば、《ゲームキョウカイ》の場合には、複数の画面を横断する代理行為者の挙動にしたがって、プレイヤーはそのつど、異なるタイプのコントローラが要求する操作に適応しなければならない。

《ゲームキョウカイ》において、プレイヤーは一一の画面と対峙し、また、一一のゲーム機に（コントローラを介して）接続される。この作品に組み込まれた一一のゲーム機を個別にみていくと、コントローラという点からすれば、本体左右に装備された丸ボタンでの操作を前提とする「ゲーム&ウオッチ」、十字キーを含む各種ボタンでの操作を前提とする「ファミリーコンピューター」「ゲームボーイ」「スーパーファミコン」「セガサターン」「プレイステーション」「ＰＳＰ」、ダブルスクリーンでありタッチペンでの操作を必要とする「ニンテンドーＤＳ」、タッチパネルを指でさわる操作を必要とする「iPhone」、より体感的な操作を実現する「Wii」や「Kinect」など、これらのゲーム機が求める身体図式はそれぞれ異同がある。そして画面から画面へと乗り移る一連の過程において、それら個別のインターフェイスとの関係において、プレイヤーは自らを異なるキャラクターとして再構成していくことになる。

コンピュータゲームに関わる三つの空間

コンピュータゲームの歴史ということでいえば、イェスパー・ユールはその著書 *A Casual Revolution*（図７−２）のなかで、ゲーム受容に関与する三つの空間——３Ｄ空間（3d-space）／スクリーン空間（Screen space）／プレイヤー空間（Player space）——に論及し、それらの各空間を図

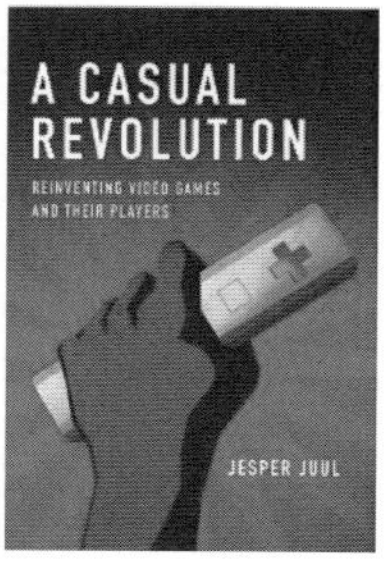

図７−２　*A Casual Revolution*

7−3のように関連づけている。

ユールの整理によれば、そもそもゲームはその草創期に「スクリーン空間」の平面のなかで展開されていたものが、その後にゲーム機の性能が向上したことで奥行きの錯視（＝3D空間）が発生し、さらに近年では、カジュアルに遊べる新しいタイプのゲーム――「カジュアル革命」をもたらしたとされるダウンロード可能なものや、Wiiリモコンのような擬態的《ミメティック》なインターフェイスを前提としたもの――が台頭したことで「プレイヤー空間」が前景化されつつあるという。(1) たしかに『Wii Sports』や『Wii Fit』が発売された当時に放映されたCMを確認してみると、それらを手軽に体験可能なスポーツとして消費するプレイヤー（遊び手＝選手）の身体と、それをとりまく空間（すなわち「プレイヤー空間」）とが強調されている。

ユールの図式は、遠近法（図7−4）の原理を説明するためによく引き合いにだされる「視覚のピラミッド」の図式を連想させるが、両者を比較してみるなら、遠近法が「画面の彼岸」（消失点へといたる奥行き）のイリュージョンを組織化するのに対して、「カジュアル革命」をもたらしつつあるとされたWiiリモコンやキネクトのような体感型のコントローラは「画面の此岸」（映像と身体との関係性）のイリュージョンを組織化するものであった、といえよう。私たちの身体を画像空間に介入させる、あるいは、私たちの身体を映像空間との関係性において位置づける技術として、これらのコントローラは没入感覚を円滑にサポートするものでなくてはならない。ケヴィン・ロビンスによると「新しい技術発展は、映像空間に入りこみたいという欲求に応える」（ロビンス 2003：30）と指摘されるが、カジュアルに、あるいは直感的に遊べる新しいインターフェイスは、映像表象に没入する私たちの錯覚を強化するものといえる。

(1) 山﨑裕行が指摘するように、「「ゲーム実況」動画のようなコンテンツは、まさに「プレイヤー空間」から派生した新しい文化である」といえるかもしれない（山﨑 2017：163）。

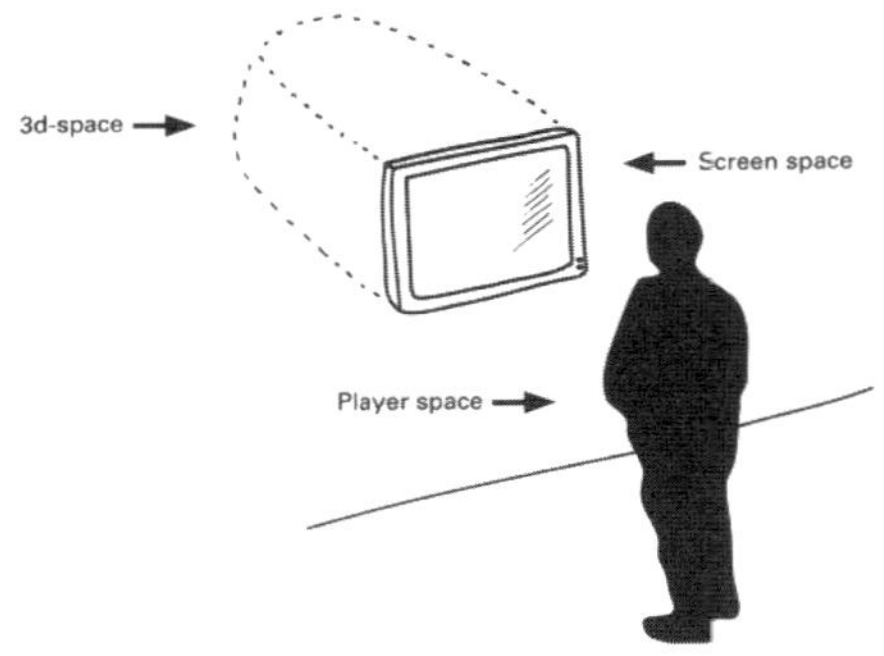

図7−3　ゲームにおける三つの空間(Juul 2010：17)

コンピュータゲームに特有なのは、コントローラという技術的な紐帯を前提とする没入のメカニズムである。テレビが私たちの視聴覚を駆動させるのに対して、ゲームはそれだけではなく触覚をも駆動させる。しかもゲームパッドを操作し、作品世界に介入してはじめて、その世界観ないしはストーリーがプレイヤーに対して現前することになる。そして、この画面の此岸／彼岸を跨《また》いで展開されるインタラクティヴィティを前提としながら、ゲームはそのプレイヤーを虚構世界の当事者として陶冶することになるのだ。

人工的にシミュレートされたゲーム世界のなかで、人間はどのような存在へと変貌を遂げつつあるのか。本章で考察の対象とされるのは、「画面の彼岸」に位置づけられる「私」、すなわちスクリーン空間の向こう側に表示される仮想的な身体をもったキャラクター（あるいは主人公）と、「画面の此岸」に位置づけられる「私」、すなわちスクリーン空間のこちら側に配置される物理的な身体をもったプレイヤーの関係性であり、また、それらの関係性を生成しているシミュレーションの複層的なメカニズムである。コンピュータゲームの基盤を、現実のシミュレーションという観点から把握しようとしても、じっさいにシミュレートされる現実の局面は作品によっても、あるいはジャンルによっても、おおきな隔たりがあるといえる。そこで本章では以下、分析の対象を絞り込んで現実世界の事象に依拠するゲーム作品、とくにスポーツという現実の行為を題材とした作品（以下ではスポーツそのものと区別してコンピュータゲームにおいて再現されたスポーツという意味で、「スポーツゲーム」と表記する）に局限して議論をすすめていきたい。そして、そのうえでコンピュータゲームを単純な現実の模倣ではなく、むしろ複数の基準に依拠した現実のシミュレーションを基盤として成立するものとして把握し、さらなる本章での分析を深化させていきたい。

図 7-4　遠近法で裸婦を描く画家（デューラー「横たわる女性を素描する人」）

第一節　二つの「私」の等価性と、その非対称性

しばしばコンピュータゲームはその受け手に対して、現実とは異なる虚構の人物に扮するように求める。つまりプレイヤーに要求されるのは代理行為者への擬態なのである。たとえばプレイヤーは『ウイニングポスト』においては馬主であったり、『三國無双』においては張飛や呂布であったり、あるいは『ドラゴンクエスト』においては勇者であったりする必要がある。つまり別の何者かに「なる」ことが要請されるのだ。

　コンピュータゲームとは小説や映画などと同様に架空の世界観を伝達する媒体でもあり、また、そこで伝達される作品世界のなかに人びとをひきこむ魅力をもつものでありながら、そのプロセスを他の表現形式とは異質なメカニズムによって実現している。まず、その主人公は、あきらかに他の形態のフィクションにおけるそれとは性質を異にしている。それは虚構世界を擬似体験するための基点となるキャラクターであり、プレイヤーの代理物として、換言すれば「代理行為者《エージェント》」として記号的に描出される（もちろんその様態は作品によって多様であるが、この代理性が前提となるからこそ、しばしばプレイヤーは主人公に自らの属性を、たとえば名前や顔貌などを付与しうる）(2)。プレイヤーがゲーム世界に没入していく際のメカニズムを考察するとき、そこで表象されるキャラクター（視聴覚記号によって表象される仮想的身体／代理行為者）と、それを操作するプレイヤー（コントローラによってゲーム機に接続される物理的身体）の関係性が重要となるのだ。

(2) 逆に、いわゆる「職ゲー」（職業ゲーム）と呼ばれる作品では、スポーツ選手や市長や航空管制官として設定されている主人公の属性を、仮想現実のなかでプレイヤーが内面化することになるが、ここでも等価性は成立している。なお、ジャンルによっては代理行為者の介在を必要としないゲームもある。

代理行為者とプレイヤーの関係をめぐる二つのポイント

コンピュータゲームにおける主人公との同一化、あるいは虚構世界への没入の錯視は、多くの場合において二つの「私」（代理行為者とプレイヤー）のあいだの等価性を前提として惹起される。しかし他方で注意を要するのは以下の二点である。まず第一に、この等価性が仮初《かりその》のものに過ぎない、ということである。じっさいに画面上に明滅する「Game Over」(3)の文字が典型となるように、その等価性の瓦解は記号的演出によってあっけなく導入される（そして仮に主人公が敗北や死を体験し消滅したとしても、プレイヤーは無傷で生存をつづける）。第二に、この等価性によって、二つの「私」のあいだに介在する（しばしば圧倒的ともいえるような）非対称性が隠蔽されている、

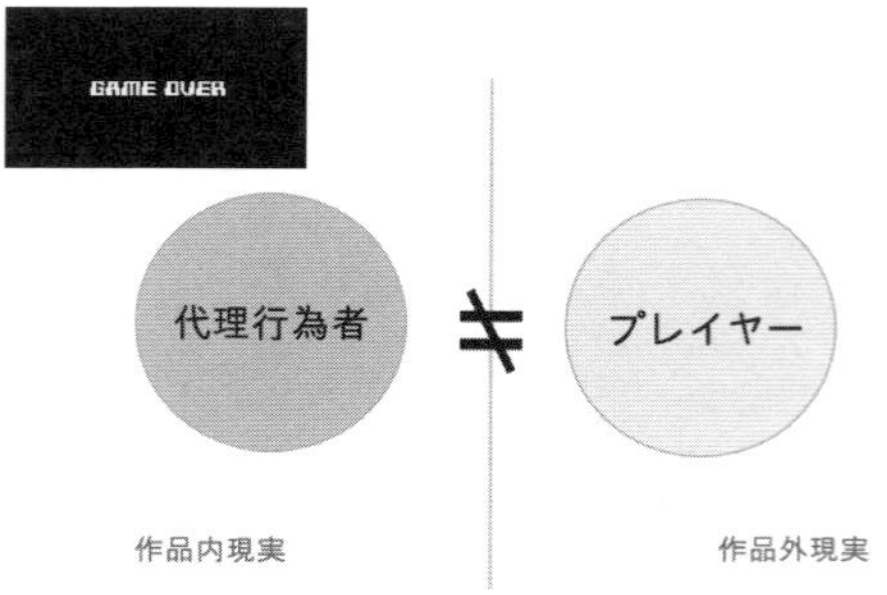

図７−５　「ゲームオーバー」による等価性の瓦解

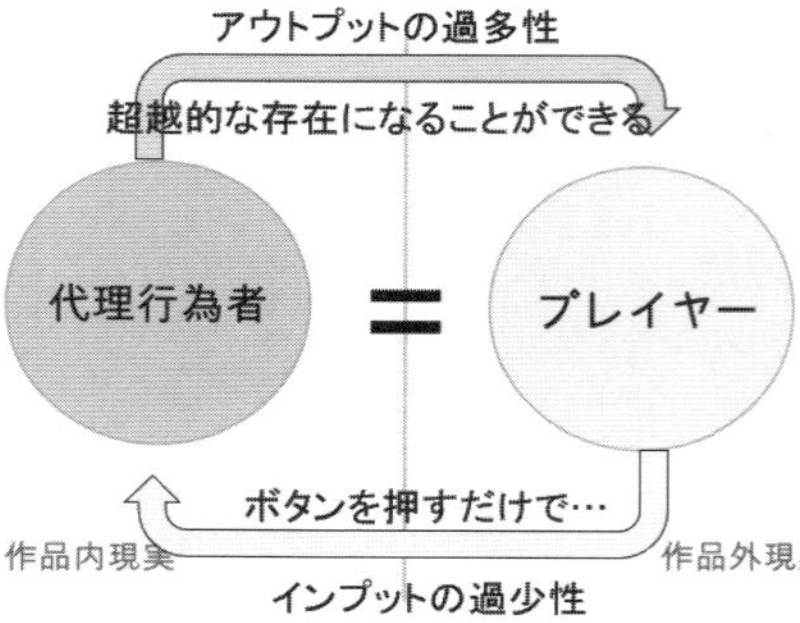

図７−６　インプットの過少性／アウトプットの過多性

（3）「ゲームオーバー」の瞬間とは、見方によっては、ゲームをプレイする際の原動力にもなる。たとえばイェスパー・ユールは次のように指摘する――「これまで見てきたように人は失敗を嫌うとはいえ、失敗はゲームプレイという経験全体にとって「原動力」という欠かせない要素となるほか、プレイヤーが自分の戦略を見直したりゲームの戦略的な奥深さを理解するきっかけとなり、最終的にその失敗を克服したときには、自分が上達したことを示す何よりの証拠となります」（ユール 2015：7）。

（4）すでに第5章で論及したが、この問題はユールが語った「簡易化」のメカニズムと関連づけて理解してみることもできよう。つまり多くのゲームにおいて、プレイヤーはコントローラの単純化された操作をつうじて、「主人公」の動作とのあいだに対応関係を見出しうるのであり、そこにある種の「インプットの過少性」が随伴するのは明らかだからである。

ということである。

上記のうち第二のポイント、すなわち「非対称性の隠蔽」という点は重要である。ゲームとは本質的にプレイヤーのアイデンティティや身体図式を更新する一種の変換回路であり、多かれ少なかれインプットの過少性／アウトプットの過多性が反比例的に対応することになる(4)（図7-6）。つまり現実世界において、私たちはゲームパッドを操作することだけで、じっさいにワールドチャンピオンになれるとも、魔王を倒して世界に平和をもたらせるとも信じていない。しかしゲーム内の虚構世界では、しばしば自己のイメージや行為に関する拡張が成し遂げられ、上述の等価性を前提とした誇大なヴィジョンが技術的／想像的に形成されるのである(5)。それは二つの「私」、すなわちプレイヤーと代理行為者との間隙に横臥する圧倒的な非対称性（もしくは根本的な断絶）を隠蔽するプロセスであると同時に、社会化の過程で失われた万能感をプレイヤーに再供給する契機でもある、と理解することができよう(6)。

第二節　インターフェイスの記号性

ユールが彼の言説のなかで重視した擬態的なインターフェイス、たとえばWiiリモコンのような体感型コントローラはその発売直後、ゲームの世界にどのような変革をもたらしたのだろうか。たとえば二〇〇六年発売の『Wii Sports』に収録されたテニスゲームの場合、プレイヤーがリモコンを振ると同時に、画面内のキャラクターがラケットを振る仕組みになっていた。つまりプレイヤーとキャラクターの動作に直接的な連動関係が成立しているのだ。ここでは従来型のコントローラ、たとえばキャラクターの動作を特定のキー入力によって発動させるゲームパッドでは実現されえな

（5）もしゲーム世界でワールドチャンピオンになるために、現実世界でワールドチャンピオンになる以上の努力が必要とされるとしたら、誰もそのゲームをプレイしようとは考えないのではないだろうか。なお、この場合には一般的なゲーム受容におけるものとは逆に、インプットの過多性／アウトプットの過少性が対応してしまっていると捉えられる。

（6）ジョン・フィスクは『抵抗の快楽――ポピュラーカルチャーの記号論』のなかで「コンピュータ・ゲームが生産するのは社会に対する抵抗であり、マシン操作者自身の意味、つまり一種のアイデンティティである」（1998：127）と述べている。彼がゲームを工場労働と対置していることは印象的だが、この指摘からもゲームの「変換装置」が主体と世界とのあいだの、ある種の倒立像を提示するものであると理解することもできよう。

かった、いわば有契的な関係性がプレイヤーと代理行為者のあいだに導入されている、と捉えることもできよう。そして、このような新しいタイプのコンシューマーゲームが登場したことで、それまでゲームに縁遠かった人びとが興味をもつようになった、とユールは指摘する。

もちろんコンピュータゲーム史の通時的な文脈のなかに位置づけるとき、このような体感型ゲームの前史として、たとえばパワーグローブやガンコンといった機能限定で汎用性のないインターフェイスや、アーケードゲームにおける筐体といった事例を視野に入れる必要があるだろう。たとえば体感型筐体の先駆けとして一九八五年にセガから発売された『ハングオン（ライドオンタイプ）』は、GP500というバイクをモチーフとしたバイクレースゲームであり、敵車をかわしながらタイムを競うことを目的とする（図7-7）。このゲームでプレイヤーはバイク型の筐体に跨り、コーナーリングはハングオンのように筐体ごと体を傾けることで実現される。ここでは筐体の構造そのものがじっさいのバイクの代理物として記号性を帯びている。

これと比較すれば、『Wii Sports』でそのリモコンに特定の意味を付与するのはプレイヤーの身体動作である。たとえばこのゲームにはテニスの他、ベースボールやゴルフなどが収録されているが、それらの擬似的なスポーツにおいてWiiリモコンをバットやゴルフクラブに見立てさせるものはプレイヤーの運動でしかない（具体的には、バットの代理物としてリモコンを振る選手、すなわちプレイヤーの挙動によってリモコンは意味を獲得することができる）。これに対して、他の形態の類似性を基準にしてコントローラが記号性を随伴する場合もある。たとえば足でフリーキックを蹴るかわりに、タッチパネルを指でフリックすることによりゴールを狙う『Flick Soccer!』（図7-8）では、スマートフォンにおけるタッチパネル式ゲームの特徴である「画面＝コントローラ」という前提のもとで、プレイヤーの「指」を選手の「足」へと置換する見立て行為が成立している。

図7-7 『ハングオン（ライドオンタイプ）』の筐体

図7-8 『Flick Soccer!』のフリーキック画面

図7-8

他方でゲームパッドをもちいるスポーツゲームでは、上記の事例とは異なる関係性がプレイヤーの動作と代理行為者の動作のあいだに設定されている。たとえば人気サッカーゲーム『ウイニングイレブン』の場合、その試合中の操作では〇ボタンの作動は攻撃時にはロングパスを、守備時には相手選手へのスライディングを喚起する。他方、×ボタンの作動は攻撃時にはショートパスを喚起し、守備時には相手ボールの奪取を喚起する。ここで特定のボタンと、それが誘発する代理行為者のアクションとの間には、あらかじめ必然的な結びつきがあるわけではない。むしろ両者の間に存在するのは有契的ではなく恣意的ともいえる関係である。

ユールは二〇〇九年二月時点の情報（図7-9）を参照しながら、Wiiの性能および売上げをその他のハードウェア、具体的にはXbox360とPlayStation3のデータと比較している。グラフィックの美しさを指向した対抗機と比較してWiiの性能は格段に劣るものの、その売上げの高さは消費者が当時、身体とゲームとの新たな接合様式を支持したことの証左であると考えられる。つまり「世界表象のリアリティ」とは異なる次元で設定される「身体動作のリアリティ」、すなわち二つの「私」における動作の連動性こそが希求されたのである。

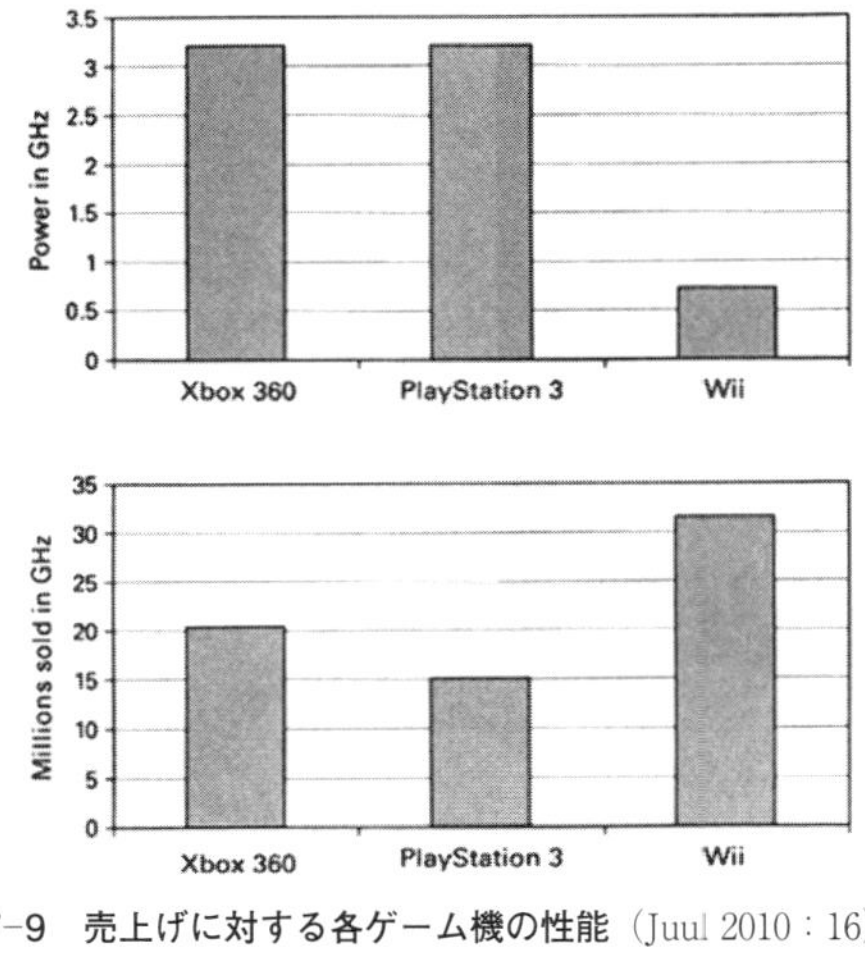

図7-9　売上げに対する各ゲーム機の性能（Juul 2010：16）

第三節　スポーツゲームを形成する三つのシミュレーション

A Casual Revolution の書影（図7-2）にも描かれているように、ユールは当時かなり話題になったWiiリモコンを重視し、それをゲームの世界にカジュアル革命をもたらした要因のひとつと

して評価していた。むろんスポーツということでいえば、従来からそれを題材とするゲーム作品は数多《あまた》存在したが、指先だけでプレイできるそれが「スポーツ」になることは当然ながらなかったはずである。これに対して、全身運動さえも要求しうるWiiリモコンの導入によって、プレイヤーはコンピュータゲームの遊び手であると同時に、その仮想空間に没入しながらじっさいに汗を流すスポーツ選手でもある、という両義的な存在へと変換されるようになった。ようするに『Wii Sports』を仮に新しいタイプのスポーツに見立てるならば、スポーツを題材とする一部のコンピュータゲームがスポーツ化しつつある、との解釈もありうるわけである。

　そもそも「ゲーム」(game)という言葉は、コンピュータゲームのような「遊戯」を意味すると同時に、スポーツの世界では「試合」を意味する。また「プレイヤー」(player)という言葉は、コンピュータゲームの世界では「遊び手」だが、スポーツの世界では「選手」を意味する。しかし、それらの意味論的区分はコンピュータゲームの新しいインターフェイスと、その機能を駆使したゲームソフトの登場によって危機に瀕する。あるいは大袈裟にいえば、スポーツとコンピュータゲームという二つの別個の領域のあいだで新たな文化が生成されつつある、という理解も成り立つかもしれない。

　ともあれ『Wii Sports』に代表される家庭用ゲーム機としては新しいタイプのインターフェイスにもとづく作品を、私たちはどのように捉えるべきなのであろうか。本章ではこの問題を三つのシミュレーション、すなわち「①ルールのシミュレーション」「②世界のシミュレーション」「③動作のシミュレーション」という観点から分析していく(図7-10)。

	①ルールのシミュレーション	②世界のシミュレーション	③動作のシミュレーション
シミュレートされるもの	世界を構成するルール	世界の視聴覚的表象	世界内での身体運動
代理行為者の次元	ルールに従属する主体	仮想現実における感覚主体	仮想現実における運動主体
プレイヤーの次元	新たな自己の獲得	新たな世界の獲得	新たな可動性の獲得
プレイヤーにとってのリアリティの基準	ルールの訴求力 現実との対応関係	グラフィックのリアルさ 環境音の臨場感	コントローラの操作性 「変換」の有無

図7-10　三つのシミュレーション

① ルールのシミュレーション――それによる仮想現実の組織化

あらゆるゲームには、作品世界を構成する基礎となるルールが内包されている。それはRPGでもパズルゲームでも同様であり、それぞれの作品ごとにルールが規定され、そのルールにしたがって優れたパフォーマンスを発揮した者が勝利や成功へと近づく。

また、あるゲーム作品の基盤となるルールの総体は、プレイヤーを代理行為者として主体化する象徴秩序のようなものとして機能する。つまりプレイヤーは作品世界を構成するルールに従属する主体、すなわち代理行為者として陶冶され、「虚構の私」としての擬似体験と、仮想世界における二次的な現実とを同時に獲得することになる。このゲーム世界における主体化のプロセスは、当然のことながらスポーツゲームの受容体験においても認めることができる。スポーツゲームの内部で、人びとはその所与の環境におけるルールに従いながら、選手や監督として、あるいはオーナーとしての活躍を志向することになる。

ここではコンピュータゲームのなかのスポーツゲームを分析の対象としているわけだが、そもそも「コンピュータゲーム」と「スポーツ」の間には何か似ているところがありはしないだろうか。この問題を考えるにあたって、記号論的な視点からスポーツを考察する多木浩二の次のような分析が参考になると思われる。


スポーツについての記号論的分析は、簡単にいうと規則（ルール）とゲームというふたつの領域に向けられうるのである。ある一組のルールによって、ボールゲームも、格闘技も、ランニングも成り立つ。ルールとゲームの関係は、言語におけるラング／パロール、通信理論におけるコード／メッセージの関係とほぼ等しい。しかしここでは言語モデルに言及する必要はさほどない。ここで問題なのはスポーツである。ルールは永遠不変のものではないし、同じルールに従ったとしても、決して二度と同じゲームが成り立つことはない。ゲームの遂行（パフォーマンス）は多様である。（多木 1995：110）

たしかにスポーツに関しても何らかのルールがあり、その枠組みのなかで展開されるゲームがあり、プレイヤーによってそのパフォーマンスは多様である。他方でコンピュータゲームに関しても（スポーツゲームに限らず、ゲーム全般に関して考えてみても）何らかのルールがあり、その枠組みのなかで展開されるゲームがあり、プレイヤーによってそのパフォーマンスは多様なのである。

ここでスポーツゲームのルールが現実のスポーツのルールをシミュレートすることで構成されている、という事実をあらためて意識しておくことは重要である。考えてもみれば、そもそもスポーツとはその実践そのものがゲーム（＝試合）であり、それは一定のルールのもとで実現される。これに対してコンピュータゲーム化されたスポーツゲームをプレイする場合、その実践（ゲーム＝遊び）はシミュレートされたスポーツのルールにしたがって遂行される。つまりスポーツゲームの世界を構成している規則と実践は、現実のスポーツの規則と実践をシミュレートすることで成り立つわけであり、ここで仮想と現実との間に入れ子図式をイメージすることは難しくはないだろう（ちなみに同様の図式は、コンピュータゲーム化された将棋やチェスなどにおいても確認することができる）。

ともかくスポーツとコンピュータゲームの間には上記のような共通性——規則と実践の二重性——があるわけだが、本題であるコンピュータゲーム化されたスポーツに話を戻すならば、ルールの問題に関して二点ほど指摘しておくべきことがある。まず一点目だが、現実世界におけるスポーツのルールが仮想世界へと移植されるとき（たとえばサッカーのルールがコンピュータゲームの世界へと移植されるとき）、ある種の変換の帰結としての「歪み」がルールの水準において発生しうることである（たとえば初期のサッカーゲームであるSEGAの『チャンピオンサッカー』（図7-11）では、そのルールのなかにオフサイドが導入されていない）。もちろんスポーツゲームは現実のスポーツの模倣を指向して制作されるものであろうが、ある段階での技術的制約などによって作品世界に反映されなかった規則も少なくはないのである。

第二点目だが、スポーツゲームの作品世界は、模倣されたスポーツのルールのみから成り立つものではない。作品によってはスポーツそのものに対して外在的な諸要素を組み込んでいるものも多数存在する。たとえば『ウイニングイレブン』では選手のトレードなどを行うこともできるわけだが、それはどちらかというと選手や監督ではなくオーナーが経営陣としての職分に属する業務であり、試合のルールとは別の水準で定められる経営上のルールのもとで実践される（それは必ずしも、現実における経営上のルールが忠実に反映されるわけではない）。また競馬シミュレーションゲームである『ウイニングポスト』では、プレイヤーは馬主となって牧場の拡張・競走馬の育成・業界におけるキーパーソンとの交流などに従事するが、その成功のためには「スポーツとしての競馬」のものとは別のさまざまなルールに習熟する必要がある。このようにスポーツゲームの作品世界とは、スポーツ内のルールと、（どちらかといえば副次的な）スポーツ外のルールとの複合によって形成されている。

② 世界のシミュレーション――それによる視聴覚世界の表象化

昨今では、コンピュータグラフィックスの技術的進歩の成果をうけて、現実の光景を描写する際

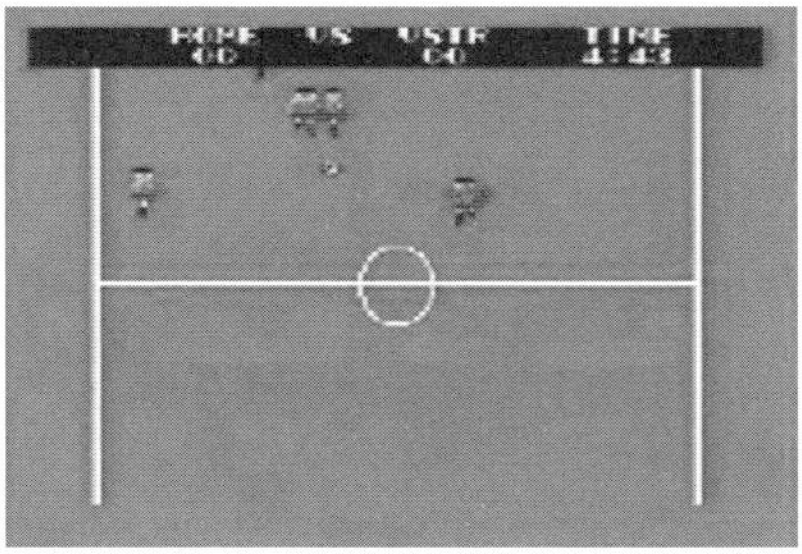

図7-11『チャンピオンサッカー』

の精度は以前にまして高まりつつある。端的にいって、視覚的なリアリティの精度が著しく向上しているのだ。そして、そのような傾向によって、とくに映像分野における表象と実在との関係も錯綜したものになりつつある、といえるのではないだろうか。

図7−12a／bのように「ゲーム映像」と「実写映像」の二つの画像を並べてみた場合、それらの世界観にはどのような組成上の差異が認められるのだろうか。そもそもコンピュータゲームとはデジタルイメージによって構成されたものであり、その成り立ちは（ヴィレム・フルッサーが「テクノ画像」と呼ぶところの、カメラによって撮影された）写真・映画・テレビなどの映像とは質的に異なっている。

ロラン・バルトは写真について、それを現実の光景をあるがままに模写する透明な表象形式として理解し、そのような観点から写真を「コードのないメッセージ」として、あるいは現実の「完全なアナロゴン」を構成するものとして規定した。つまり写真とは人為的変換によらずとも、被写体のイメージを完全に再配置すると捉えたわけである。彼の理解によると、たとえば絵画や言説の指示対象が空想されたもの、あるいは虚構でありうるのに対して、写真の指示対象は「必ず現実の事物でなければならない」。写真家は「主題、構図、アングルを選ぶことはできるが、（トリックを除いて）対象の内部に干渉することはできない」というのである。

これに対してコンピュータゲームの場合、ハードウェアの進化にともなってグラフィックの精度がどれほど向上したとしても、バルトが写真という表象形式に見出したような現実の「完全なアナロゴン」を産出することはない。たとえ、あるゲーム作品がいかに現実世界のリアリスティックな表象を指向するものであったとしても、それはあくまでもゲームクリエイターの想像力の産物として構築されたものであり、その限りにおいて現実の光景の精確な模写という

図7−12 a／b　ゲーム映像／実写映像

よりは、（ほとんどの場合には複数の人物による）現実に対する解釈や変換のプロセスを経由した複合的な産物であるといえる。ようするにコンピュータゲームには作り手による空想の表象化という側面があり、歴史シミュレーションゲームや経営シミュレーションゲームのように現実の事象を題材にした現実指向型の作品であったとしても、その表象が物理的な現実と完全に一致することなどありえないのである。

いずれにせよ、コンピュータゲームのハードウェアは音と映像によって作品世界をシミュレートする。そしてプレイヤーは代理行為者として、あるいは聴覚記号・視覚記号を感覚する主体として、フィクショナルな世界を擬似体験していくことになる。再び『ウイニングイレブン』を例にとると、そこでは多種多様な映像や音声によってスタジアムの環境が人工的に再現されている。プレイヤーはプレイ中（＝試合中）、俯瞰的な視点からグラウンドを見渡すために「カメラの視点」を選択することができるが、これは文字どおり、その場面がカメラによって撮影される映像のシミュレーションであることを示唆している。また同じくプレイ中（＝試合中）に、プレイヤーは解説者の実況やスタジアムの環境音のボリュームなどをも自在に切り替えることができる。その際に、もし実況をオフにして環境音のみを楽しむならば、まさにスタンドにいるかのような臨場感を味わえるし、また、実況をオンにするならば、テレビを介したサッカー観戦に近いような感覚をシミュレートすることができる。ここでコンピュータゲームの映像と音声は、それを受容する代理行為者の五感を合成しようとするかのようである。

③ 動作のシミュレーション——それによる身体運動の同期化

他方でWiiなどの擬態的なインターフェイスがもたらしたものは「動作のシミュレーション」で

ある。従来のコンシューマーゲームに搭載されていたゲームパッドは、身体動作との類似性を前提とした操作を喚起するものにはなりえなかった。そのゲーム世界のなかでリオネル・メッシがゴールネットを揺らすために左足を振りぬく挙動と、現実世界のなかでプレイヤーが自らの判断を伝達するために十字キーを操作しながら□ボタンを押し込む挙動とのあいだには、いかなる相関関係も存在しなかったのである。それがカジュアル革命を契機として、その恣意的ともいえる「変換」のプロセスは後景化し、現実のスポーツにおける身体動作の模倣が実現される(7)。そしてプレイヤーは現実に即した可動性を獲得し、スポーツ選手を模した運動主体として成立する。

（ゲーム機が再生する）視聴覚記号の認知と（神経組織を延長する）コントローラの操作によってプレイヤーによる作品世界への「没入」が惹起されるとき、以下の三つの次元における同期化がその前提として不可欠となる。このうち第一のものとは、記号技術の次元における「視覚記号と聴覚記号の同期化」である。つまり作品世界を表象化するに際して、スピーカーが再生する音声と、モニターが表示する映像とのあいだに同調関係・連動関係が成り立っている必要がある、ということである。つづく第二のものとは、メディア技術の次元における「身体と（その延長としての）コントローラの同期化」である。これも当然のことではあるが、インターフェイスを経由した身体動作の介入なしにはゲームが展開されていくことはないのである。

さらに重要なことは、身体とコントローラの同期化はそれ単独で達成されるものではなく、視聴覚記号との関係性のなかで進展していくことである（これが第三の同期化、すなわち「コントローラを介した身体と視聴覚記号との同期化」である）。というのもプレイヤーは、仮想世界のなかの主人公の動作と、コントローラを操作する指先の動きを同調させながらゲームを実行するからである。たとえば『ウイニングイレブン』でのＰＫ（ペナルティキック）の局面（図7-13）において、

(7) とはいえ、Wiiリモコンはプレイヤーの挙動をつねに精確に拾いあげはしない（そのテニスゲームでは、フォアハンドでリモコンを振り抜いても、キャラクターがバックハンドでラケットを振ってしまうこともある）。そう考えると、プレイヤーとキャラクターの身体動作に直接的な連動関係が成立している、というのはやや言い過ぎであり、じっさいのところ、プレイヤーはゲームの習熟度を高めるために、反映されない無駄な動作を省き、自らの身体性をゲームのなかでモデリングしていく必要性に直面する（これは従来型のコントローラを使用するゲームにも該当することだといえよう）。このような調整過程を踏まえるなら、コンピュータゲームは、それがどのような作品であれ、人間の身体を制約し、その動作を一定のメディアテクノロジーのもとに陶冶する鋳型となる、と捉えることもできよう。

ボールが飛ぶ方向を予測して方向キーを押すと、それに合わせてキーパーがジャンプする。ここではプレイヤーと代理行為者との間で物理的プロパティの共有がはかられるとともに、プレイヤーの身体動作とゲームの視聴覚記号との同調性・連動性が確立されるのだ。

以上でみてきたように、スポーツゲームが現実のスポーツを模倣して再構成されるとき、そのリアリティを生成する基準は単一ではない。ルールや場景の再現性が基準となる場合もあるだろうし、『Wii Sports』のように、身体動作の類似性が基準となる場合もあるだろう。スポーツゲームの世界は、スポーツの現実から借り受けた複数の要素をシミュレートすることで、それらの複合として確立されるのだ。

本節では、スポーツゲームが三つの次元のシミュレーション――ルールのシミュレーション／世界のシミュレーション／動作のシミュレーション――の複合物として形成されていると指摘したが、私たちはそれら各次元に即して、現実をシミュレートする過程における「ルールのリアリズム」「世界のリアリズム」「動作のリアリズム」の存在を想定することができる。プレイヤーがゲームの仮想現実のなかで感じとるリアリティの源泉となりうるのは、ときに現実に対するルールの忠実性であるかもしれないし、グラフィックのリアルさ精密さであるかもしれないし、ときにコントローラの操作性であるかもしれない。もちろんプレイヤーがどの局面のリアリティを重視するかは、そこでプレイされるゲームのジャンルによっても異なるだろう。たとえば『テトリス』のようなパズルゲームではグラフィックの美しさはさほど必要とされないだろうし、また『信長の野望』のような歴史シミュレーションゲームでは身体動作の対応関係は重要ではないだろう。ある特定の作品においてどの種類のリアリズムが要求されるのかは、その作品が属するジャンル（あるいはそこに包含されるコンベンション）によっても左右される。そしてそのリアリズムの配合こそがまさ

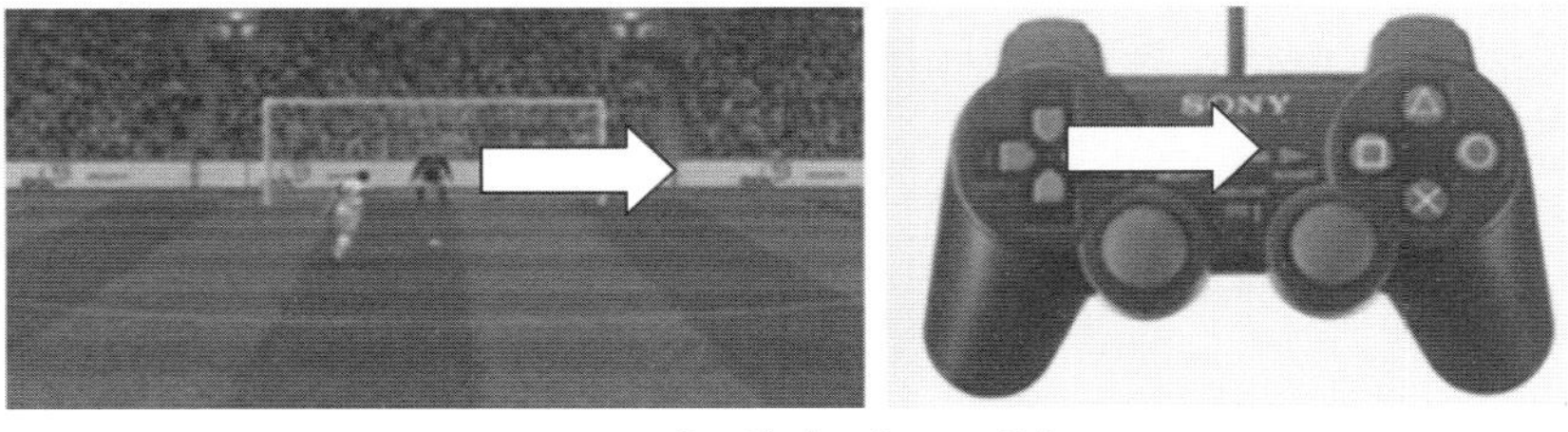

図7-13　物理的プロパティの共有

に作品のアイデンティティを規定する、と考えることもできるかもしれない。

第四節　ルール／動作のシミュレーションを補助する視覚的レトリック

スポーツゲームの世界は、それがどれほど現実のスポーツに即して構築されていたとしても、バルトが写真についてそう考えたように、現実を客観的に模写したものとはいいがたい。なぜならば、第一の理由としては、それが「現実の反映」というよりは、むしろ作り手の「想像力の反映」であるところのデジタルイメージによって構成されているからであり、第二の理由としては、それがいくつかの視覚的要素からなる複合的な画面構成を特徴とするからである。つまりデジタルイメージによって人工的に再現された現実の光景のうえに、複数の情報が重ね書きされているのだ。

この画面構成の複合性を具体的な事例、ここではＥＡスポーツの『ＭＶＰ ベースボール 2005』にもとづいて説明しておこう。まず図7-14ａの試合画面では、その左上にスコア表示、および出塁状況表示のための情報パネルが配置されている。再構成されたスポーツの光景とは別のレイヤーに位置づけられるこのパネルは、スポーツゲームのルールに依拠した試合の進捗を受け手に伝達するため役割を担っている（その意味で、これはシミュレートされたルールを可視化するための視覚的なレトリックであると理解される）。なお、このようなパネルは野球のテレビ中継画面にも見られるが、まさにテレビ中継における類似物は、カメラによって撮影された映像に重ねられることで、テレビの視聴者である私たちを「野球の観戦者」へと変換する機能を有するのだ。

他方で、インタラクティヴィティを特徴とするコンピュータゲームの場合、それは私たちを単なる傍観者ではなく、むしろ当事者（選手や監督など）として陶冶する必要がある。そして、その当

図7-14ａ「シミュレートされたルール」の視覚化

事者性の錯視をうみだすための視覚的要素がこのゲームには導入されているのだ。

図7‐14b／cの二枚の画像は、ともに投手がピッチングの動作にはいる場面を表象したものである。このうち一枚目（b）は、投球に先立ってコースと球種を選択する場面である。ここで注目してほしいのは、画面右下に表示されている球種選択のパネルである。そこではコントローラの各種ボタンと各種球種との対応関係が示唆されている。これに対して二枚目（c）は投手が投球モーションに入りつつある場面であり、プレイヤーは投手の頭上に表示されたインジケーターを確認しながら、タイミングよくコントローラのボタンから指を離すことによって、キレのあるボールを意中のコースへと投球することを目指す（同様の機能をもったインジケーターは、しばしばゴルフゲームなどでも認められる）。

このゲームでは、本来の野球のルールが一定の精度で再現されているのに対して、動作のシミュレーションに関しては（『Wii Sports』とは異なり）完全に放棄されている。すなわちインジケーターを参照しながら、タイミングよくボタンを操作する行為は、そもそも本来の野球における投球動作とは無関係である。しかしその代わりに、視聴覚的な隠喩を組み合わせることで、上記のような情報パネルおよびインジケーターがじっさいの投球の代理物として形成されている。つまり動作の恣意的変換をプレイの要件とする作品において、上記の表示は「動作のシミュレーション」の代理物をプレイヤーが無理なく内面化するための視覚的レトリックの一種として提供されているのだ。「動作のシミュレーション」は画面上で視覚表象化され、リアリスティックに再現されたスポーツの世界のうえに重ね書きされる。いずれにしても、これまで検討した二種の視覚的レトリックは、「世界のシミュレーション」の水準に対する「ルールのシミュレーション」の、さらには「動作のシミュレーション」の越境的介入の事例として理解することもで

図7‐14 b／c 「シミュレートされた動作」の代理物の視覚化

きるだろう。

第五節　ゲームの勝者／受益者とは誰か

インタラクティヴ・メディアであるコンピュータゲームでは、作品世界に介入するプレイヤーのパフォーマンス、すなわちその主体の判断とそれに依拠する操作の集積が勝敗や成否を分かつと概括することができるだろう。格闘ゲームにしても、あるいは歴史シミュレーションゲームにしても、それぞれのゲームが提示するヴァーチャルな環境のなかで最適な振舞いをした者が勝者へと一歩近づく。これは大部分の作品に該当することだといえようが、ここでいったん立ちどまって、そもそもプレイの成果としてもたらされる勝敗や成否がいったい誰に帰属するものなのか、と改めて問い直してみることもできるだろう。この問題に対する考察が意味をもつのは、それによって通常のプレイにおいてはあまり意識されないようなプレイヤーと代理行為者の関係性の曖昧さが顕現するからである。

『ウイニングイレブン』を例に考えてみるならば、プレイヤーがスペインのバルセロナを選択し、自軍を率いてリーガ・エスパニョーラでバレンシアを二対一で撃破した場合、そのスコアが帰属するのはあくまでもチームである。あるいはリーグ戦やカップ戦での優勝が決定した際に、自軍の選手たちによるウイニングランの光景がムービーで再生され、優勝カップを高々と掲げて喜びを露わにする選手たちの姿が映しだされるが、その勝利の栄光が誰に帰属するものかといえば、それはプレイヤーというよりはむしろチームであり、より具体的にいえば、チームを構成する監督や選手たち、すなわちプレイヤーによる操作の対象であった代理行為者の総体であると考えることができる。ゲーム内で描写されるウイニングランは、現実のリアリスティックな表象であるとしても、それはあくまでも虚構世界における架空の出来事に他ならず、そこでのパフォーマンスの結果として優勝を手にしたのは代理行為者であると解釈するのが妥当であろう。

これとは別の事例も検討しておこう。たとえば『スペースインベーダー』（図7-15）の画面上方にはプレイによって獲得されたスコアが表示されるが、それは倒した敵の数に応じて自機が達成したパフォーマンスをプレイヤー向けに数値化したものであり、（『ウイニングイレブン』における勝敗スコアとは違って）その数字そのものは代理行為者（＝自機）にとっては全く無意味なものであると考えられる。しかもこの作品においては、スコアだけでなく勝敗の帰属先に関しても、それがプレイヤーなのか代理行為者なのか――つまり勝ったのはプレイヤーなのか、あるいは自機なのか――その判定は難しいといえるのではないだろうか（『ウイニングイレブン』と『スペースインベーダー』とを比較した場合の根本的な相違として考慮に入れる必要があると考えられるのは、プレイの結果としてのスコアがシミュレーションの対象となる「スポーツの現実」もしくは「宇宙戦争の現実」にあらかじめプログラムされているか否か、ということである）。

上記の二例は代理行為者を介した虚構世界への没入を前提とするゲーム作品であったが、これに対して、一見すると代理行為者の介在を前提としないようにみえる作品もある。たとえば『テトリス』のような落ち物パズルの場合には、パズルの格子に一人称視点から向き合う「虚構の私」を仮設する必要はない。むしろプレイヤーは代理行為者を媒介せずに仮想空間に向き合っていると理解するのが適切な解釈であるといえるのではないだろうか（つまりパズルを楽しんでいるのは、ゲーム内の仮想の私ではなく、ゲーム外の現

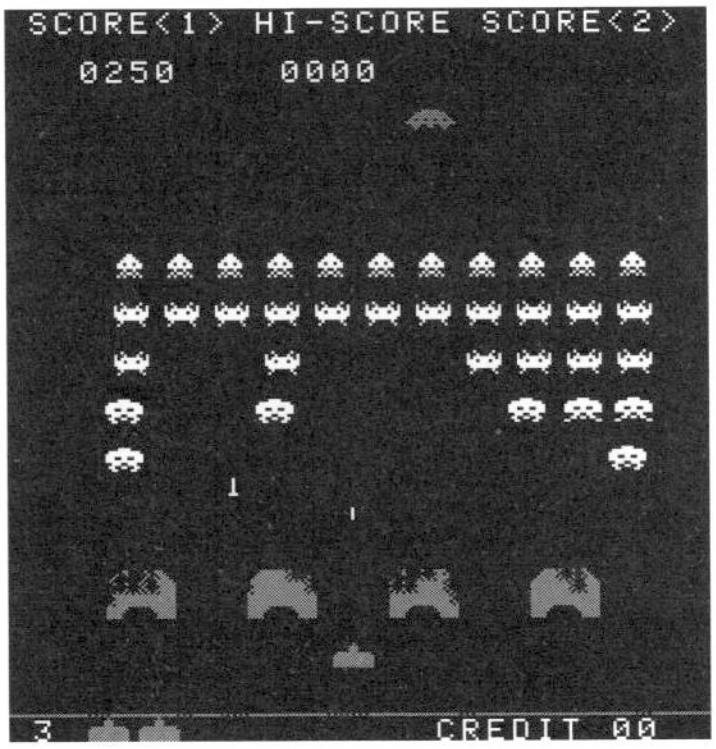

図7-15『スペースインベーダー』

実の私である）。そう考えるならば、そもそもその画面上に表示されるスコアに関しても、それがプレイヤーに対して向けられたものであると理解するのが適当であろう。

代理行為者の不在（もしくは代理行為者の必要性の欠如）ということでいえば、いわゆる脳トレ系のゲームなどもその事例としてあげることができる。というのもこのジャンルのゲームの場合、プレイの結果として「脳力」が向上するとされるのは代理行為者ではなく、あくまでもプレイヤーだからである。たとえば、このジャンルの代表的なソフトのひとつである任天堂の『もっと脳を鍛える大人のＤＳトレーニング』では、プレイヤーの「脳年齢」なるものをチェックする機能がそなえられている。そして、この実益型のソフトを活用したトレーニングの帰結として仮に「脳力」の向上がもたらされるとするならば、プレイのパフォーマンスが還元されるのは代理行為者ではなく、まさにプレイヤーだということになる。

プレイヤーが依拠する視点の恣意性・可変性

以上、私たちはプレイの成果（勝敗や成否）が代理行為者に還元される事例（①）、還元の対象が代理行為者になるのかプレイヤーになるのか曖昧な事例（②）、プレイヤーに還元される事例（③）の三つのパターンをとりあげてきた。①に関しては、プレイの受益者となるのは虚構世界のなかの代理行為者に他ならず、③に関しては、プレイの受益者となるのは現実世界のなかのプレイヤーに他ならない。おそらくそれらの差異が生じるのは、それぞれの作品の虚構性の度合いや画面構成の相違（一人称視点／三人称視点）などさまざまな要因が関与していると推察されるが、ここで注目すべきなのは②のようなタイプのゲームである。

ここで再度、『スペースインベーダー』の画面構成を確認すると、そこでは代理行為者（＝自機）

向けの情報（たとえば敵としてのインベーダー）とプレイヤー向けの情報（たとえば画面上方に表示されるスコア）が混在している。そしてプレイヤーがそれらの異質な情報を同時受信（および縫合）しながらプレイを楽しむとき、そこではコントローラを握る「現実の私」（プレイヤー）による情報処理と、画面に表示された「虚構の私」（代理行為者）による情報処理との並列が成立している、と考えることができる。

ともあれ以上のような分析は、ゲーム空間においてプレイヤーが依拠する視点の恣意性・可変性を浮き彫りにする。プレイヤーはゲーム世界のなかでプレイヤー自身として振る舞うこともあれば、代理行為者として振る舞うこともある、柔軟きわまりない存在なのである。そして、そのようなプレイヤーの視点の柔軟性にそったかたちで、しばしば同一画面のなかに、あるいは隣接場面のなかに、プレイヤー向けの情報と代理行為者向けの情報が混在する、ということがゲームの仮想世界においては起こりうるのである。

第六節　スポーツゲームにおける主体の分裂的構造

ともあれ以上の議論によって理解されるように、コンピュータゲームの世界表象（あるいは「世界のシミュレーション」）は「動作のシミュレーション」や「ルールのシミュレーション」の次元と無関係ではない。むしろそれらが相互に連関して、場合によっては「現実の私」と「虚構の私」の垣根を乗り越えるかたちで、コンピュータゲームの作品世界は複合的なかたちで成立しているのである。プレイヤーは画面上の複数の情報を統合処理しながら、あるいはゲームパッドをもちいた複雑な操作を内面化しながら、虚構世界における代理行為者として自らを画面の彼岸へと介入させる。ただし、複雑なのはそれだけではない。たとえば『ウイニングイレブン』の場合、プレイヤーは試合中、ボールの挙動とともに選手間を移動する一一人の代理行為者を操作するだけではなく、選手交代や戦術判断をつかさどる監督の業務をはたし、さらには試合外ではトレードなどの経営判断をおこなうオーナーの業務をはたすなど、複数の人物の役割視点を渡り歩き、なおかつ、その断片化された視点を違和感なく統合処理してゲーム世界を受容するようになる。なお、この代理行為者の視点の恣意性・可動性・流動性は、コンピュータゲームそのものが現実のさまざまな局面をシミュレートした複合的産物として制作されたものであることと決して無関係ではないだろう。

さらにいえば、プレイヤーは複数の感覚器官に訴求する情報の不整合を補正しながら、ゲームを楽しんでいるともいえる。たとえば『Wii Sports』のテニスゲームの場合、そのインターフェイスは視覚的には三人称的であると同時に、触覚的には一人称的である。つまりプレイヤーは画面を通してコート全体を視野に収めつつ、代理行為者になりかわってWiiリモコンを振るのである（図7-16）。

同様の構図はＥＡスポーツのiPhone版のボクシング・ゲーム『Fight Night Champion』でも認められる。周知のように、この種のゲームではマルチタッチスクリーンによる直感的操作が可能になっており、キー入力などは必要なく、指で直接画面に触れてプレイを遂行する。図7-17ａは、じっさいの試合中の一場面である（ちなみにプレイヤーが操作するのは、リング上の二人のうち左側にいるモハメド・アリである）。その場景はリングサイドに構えられた架空のカメラから三人称視点で描出されている。これに対して図7-17ｂの画像はプレイヤー向けのチュートリアルであり、画面上のどのエリアをタッチすればどのようなパンチを引き出すことができるのかが示されている（たとえば右のパンチを相手の顔面に繰り出そうとすれば、画面の右上をタッチする必要がある）。

図7-16　一人称的触覚性と三人称的視覚性の縫合

画面上に表象されているシルエットは対戦する相手のそれであり、つまるところ触覚的には一人称的な操作が要請されていることが示唆される。ようするにこの作品でも、ゲームの主体は異なる感覚に訴求する記号が交差するところに立ちあがるのだ。

一人称的な触覚性と三人称的な視覚性の縫合という上記の事例は、ゲームの主体の分裂的構造を反映するものとして解釈することができる。動作の断絶／視点の断絶／感覚の断絶など、複数の不整合を想像力によって補正しながら、プレイヤーは特定の作品に包含される世界観ないしはストーリーを自然なものとして受けとめ、そのなかに自らの場所を見出しうる。おそらくゲーム受容に関与する文法やコンベンションがジャンルや作品ごとに異なり、マンガや映画などのようにある程度の普遍性をもった読解コードを想定しにくい以上、個々のゲーム受容のプロセスは本来的には相当に複雑なものといえる。しかし本章であげた「三つのシミュレーション」という記号提示の複合的なプロセスのなかで、あるいは多様な情報を統合処理する心理的なメカニズムのなかで、私たちはゲームの当事者として主体化されてしまうのである。

第七節　「一人称の死」のシミュレーション

さて、本節ではすこし話題を転換することになるが、一人称性と三人称性の揺らぎという問題に関連して「ゲームオーバー」[8]の瞬間、すなわちコンピュータゲームによって表象される「死」、そのなかでも三人称の死ではなく、一人称の死に注目してみたい。というのも、もちろんすべてとはいわないが、あるジャンルのゲーム作品では「三人称の死」が表象されるだけではなく、原理的に不可能な体験であったはずの「一人称の死」がシミュレートされているからである。

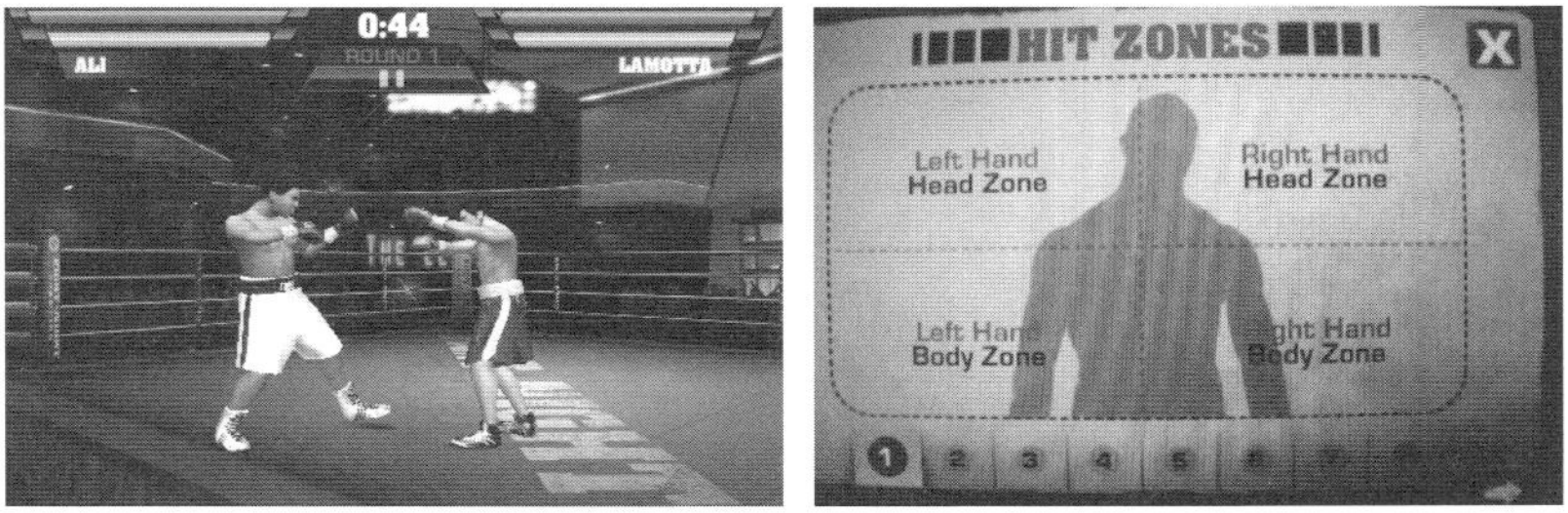

図 7-17 a ／ b　『Fight Night Champion』の試合画面とチュートリアル画面

そもそも「死」という事象に関しては、自己のそれと他者のそれは質的に断絶しているわけだが、このことは養老孟司が『死の壁』のなかで言及している「死体の人称」を踏まえると理解しやすいかもしれない（養老 2004：77–82）。彼によると一人称のものとは「ない死体」、すなわち（この私が生きているかぎり直視することが原理上ありえない）私自身の死体であり、また、二人称のものとは「死体でない死体」、すなわち（感情移入の対象となるがゆえに単なる死体にはみえない）近親者の死体であり、さらに三人称のものとは「死体である死体」、すなわち（アカの他人であるがゆえに感情移入の対象になりえない、物体としての）第三者の死体であるという。これらの人称区分のうち「一人称の死」とは生命の限界を区切るものであり、その到来によって私たちは自らの身体に対する支配権を失うことになる。

「一人称の死」とは私が体験する出来事というよりは、むしろ体験する私自身の瓦解を意味する。つまり自らの死を体験してしまったときには、その死を体験する主体そのものが終焉を迎えているのである。だが、その体験不可能な体験ともいえる「死」について、それに付随する不安や不気味さを掻き消すためにか、人びとはさまざまな映像メディアを通じてその何たるかを理解しようとする。たとえば私たちはマスメディアの映像から零れ落ちた死の現場を、報道写真や動画投稿サイトなどで閲覧することもできる。あるいはコンピュータゲームの虚構世界のなかで、人工的にシミュレートされた「仮想の死」を追体験することもできる。実際の体験の本来的な不可能性とは裏腹に、現代社会では記号消費の対象として死のイメージが氾濫しているのだ。

私たちの社会においては、ときにテクノ画像による「現実のリアルな死」の表象がタブー視される一方で、現実というより想像の映像化を実現するデジタルイメージによって、「現実ではないフィクショナルな死」が大量に産出されつつある。ケヴィン・ロビンスは『サイバー・メディア・

（8）アレクサンダー・R・ギャロウェイは「ゲームオーバー」の瞬間について、それを「機械的な具現化」（*machinic embodiment*）の帰結として位置づけながら次のように語っている――「死の行為は、操作者のふるまい――またはその欠如――によってある程度は左右されるものの、根本的にはゲームそれ自体によって課されるものだ。それは、プレイヤーの入力に対する応答として、プレイヤーに有無を言わせないかたちで行われる。死の行為は、コントローラがユーザのゲームプレイを受け取ることをやめ、本質的にオフになるモメントである（少なくとも、メニュー行為に移ったり、ゲームプレイにそのまま戻ったりするまでの間は一時的にそうなる）。このモメントは、ゲーム世界の内部でのプレイヤーキャラクターの死とふつう一致する」（ギャロウェイ 2018：200）。

スタディーズ』のなかで「デジタル技術は、表象としての写真／映像の性質・機能に疑問符を投げかける。デジタル情報の本質はその可塑性、変容性にある」（ロビンス 2003：54）と指摘するが、それによって形成されるゲームの分野を考えてみても、たとえば画面中央で明滅する「Gameover」の文字が示唆する一人称の死や、呪文や金銭によってキャンセル可能となる二人称の死、あるいは倒されるや否や遺体とともに蒸発する無数の三人称の死など、数々のゲーム作品のなかで「死」はその本質を大きく歪められながら、プレイの目的にあわせて都合よく描き出されている。つまり作り手の想像力に応じて、「死」はいくらでも加工の効くイメージと化したのだ。

　先述のとおり、一般的に主人公の存在を前提とするあるジャンルの作品では、ゲームの虚構世界に没入する前提条件として、プレイヤーと代理行為者との、換言すれば「現実の私」と「虚構の私」との擬似的な等号関係、すなわち「イコール」の関係が仮設されている。それは仮想現実におけるフィクショナルな「生」を保証する基盤であり、逆に代理行為者の「死」が意味するものとは、二つの「私」の間に成立していた等価性の瓦解なのである。

　そのような前提に依拠してみるならば、ゲーム世界のなかで主人公にもたらされる「死」は、それ以外の登場人物の死とは性格を異にするものだといえる。主人公の「死」が意味するのはゲームオーバーであり、視点人物の消滅による作品世界の途絶でもある。先述のように、生きている人間にとって「一人称の死」とは体験不可能な体験である。しかし、たとえば「ファーストパーソン・シューティングゲーム」（以下、ＦＰＳと略記する）では、その体験不可能であるはずの「自己の死」が主観ショット的な視界のなかでシミュレートされることになる。

図７−18　『Sandstorm』における「一人称の死」

ＦＰＳの具体例としてゲームロフト社が制作したiPhone版アプリ『Sandstorm』（図7-18）をあげてみよう。そこで主人公の死へと至る過程をなぞってみるならば、まず浴びる銃弾の数が増えるにしたがって画面上の主観ショット的な映像が次第に赤く血でそまり、次第に視野が狭まるとともに視認性が著しく低下し、さらには作品世界を見通すことが不可能になる。それと同時に主人公の苦しそうな呼吸音が挿入され、また環境音が反響して聞き取りにくくなり、遂にはコントローラを介した主人公の操作が途絶する。まさに魂が抜けていくプロセスを連続的に描写したかのようなその場面によって描出されるのは「負傷」であり、その延長線上にある「死」である。そして、この種の「死」の視聴覚的表象が意味するものとは何かというと、それはプレイヤーと代理行為者のあいだに介在していた等号の綻《ほころ》びだといえる。

「一人称の死」の三人称性

コンピュータゲームの受容体験は「記号の次元」（視聴覚記号による世界表象）と「メディアの次元」（コントローラによる人間延長）の二つの回路が連動しながら実現されるわけだが、注目すべきは「死」という究極的な事象が複数の感覚器官を経由してプレイヤーに伝達されている、ということである。一部のゲームでは視聴覚記号、すなわち眼にとどく映像と耳にとどく音声によって、さらには触覚的刺激、すなわち指先にとどくコントローラの振動技術によって「死」のイメージが人工的に合成される。しかしながら触覚を駆動させることで代理行為者の死をプレイヤーに還元するためには、その振動はあまりにも微弱であるといわざるをえない。死を人工的にシミュレートする技術はあくまでも虚構の産物であり、プレイヤーと代理行為者とのあいだに横たわる根本的な断絶を隠蔽するものにはなりえないのである。

ともかく、この死の表象はプレイヤーと代理行為者との等価性の解消を示唆するものであるが、私たちが着眼すべきは、それがプレイヤーにとっては三人称的な出来事として感知される、という点である。当然のことではあるが、代理行為者としての主人公が死んでもプレイヤーは死ぬわけではない。実際に代理行為者の死によって画面がブラックアウトした後も、その画面上の光景を凝視するプレイヤーは無傷で生き続ける。ゲームのなかでシミュレートされる「一人称の死」とは、結局のところプレイヤーにとっては自己の終焉ではなく他者の出来事、すなわち三人称的な出来事に他ならないのである。

第八節　現実とゲームの相互形成性

シェリー・タークルは『接続された心』のなかで、「私たちはゲームを現実にし、現実をゲームにする」と語り、さらに市販のバトルゲームをとりあげながら「シミュレーションは現実によってモデリングされるが、現実の戦争もまた、シミュレーションによってモデリングされる」と述べている[9]。現実とゲームが今日において相互形成的な関係にあるとすれば、私たちの戦争体験のイメージは、あるいは私たちがそこで見出す「死」の価値はどのように変質していくのだろうか。

実際のところ、ゲーム的な想像力が現実に干渉する事例は戦争表象の現場においても確認することができる。一九九一年に勃発した湾岸戦争において、テレビの視聴者は画面上でくりひろげられる「ピンポイント爆撃[10]」のクリーンな映像を幾度となく見せつけられた。そこには人が死んだり、血を流したりという残酷なシーンは一切なく、当時、コンピュータゲームのワンシーンを見ているかのような錯覚にとらわれた者も少なくはないだろう。実際にアメリカでは、このピンポイント爆

(9) 石岡良治は『視覚文化「超」講義』のなかで、戦争とシミュレーションとの関係について次のように指摘している――「デジタルゲームには、当初から戦争と経済のシミュレーションが多かったという特徴があります（大抵のRPGにも資金を稼ぐという要素があり、これも含まれるでしょう）。元々コンピュータ、電子計算機が生まれた背景は物理的・経済的シミュレーションが主でした。戦争と経済のシミュレーションがコンピュータの主要な活動のひとつであり、当然のことながらデジタルゲームも戦争と経済を適度に抽象化したシミュレーションに富んでいます」（石岡 2014：195）。

(10) 攻撃地点コントロールシステムをそなえた知的な兵器が敵の軍事拠点のみを攻撃する、と喧伝されていたが、実際には民間人数万人がアメリカ軍の爆撃によって死亡したともいわれている。

撃のゲーム感覚的な映像から、この湾岸戦争を「Nintendo war」と呼ぶ人びとすらいた。つまり軍当局はリアルな戦場風景を人びとの視界から完全に排除することで、残酷さに対する人びとの批判を回避するとともに、より大衆うけする「戦争の現実」を捏造していったのである。

ケヴィン・ロビンスも「脱現実化」しつつある戦争体験について次のような事例を報告している――「米国空軍では、「パイロットのために、敵の飛行機は光る記号として表し、標的に向けて黄色く光る線が表示されるなど、戦争を漫画のように映写する」ヴァーチャル・リアリティ・ヘルメットを開発中だそうだ。あたかもシミュレーションが、モデルとなった現実を消しているようである。兵士たちは、感情を殺した、血みどろの戦闘を行っているというよりも、ゲームの論理をマスターしているかのようである」と述べたうえで、「そのように見えるが、もちろん真実は違っている。マスターしているというのは幻想で、現実は常に、シミュレーションを突き破って噴出する脅威を孕んでいる」と警鐘を鳴らしている（ロビンス 2003：70–71）。

現実感を欠いた表象が戦争を覆うことによって、その表象のなかで人びとが死んでいく現実が見えにくくなる、ということは確かだろう。この問題についてロビンスはさらに次のように続けている――「シミュレーションの力によって、われわれは、戦争が今やヴァーチャルなできごとになったと信じるべきではない。もし軍事シミュレーションが戦争ゲームを想起させるとしても、その標的は、スクリーン上の記号を遙かに超えたところに実在している、と認識すべきなのだ。シミュレーションが現実のモデルであり、その究極の目的は、モデルを利用して現実に介入することなのだ、ということを忘れてはいけない」（同書：71）。

とはいえ、昨今では戦争に限らず、メディアによって構成されるあらゆる現実がゲーム的になり、現実とシミュレーションの差異が判然としなくなりつつあることも確かであろう。たとえば吉田寛は次のように語る――「かつて湾岸戦争は「ゲームのような戦争」と揶揄されたが、その後同様の揶揄を聞かなくなって久しい。むろんそれは、現代の戦争が再び「ゲームのようではないもの」へと姿を変えたからではなく、今日ではゲームというフォーマットが、戦争に限らず、あらゆる現実を経験するための「窓」として完全に日常化し、また世界中で標準化されているからに他ならない。いまやゲームはメディアのメタファーでしかなく、メディアもまたゲームのメタファーでしかない。「ゲームのような現実」を「ただの現実」から区別することは、ますます困難に、そしてそれ以上に無意味になりつつある」（吉田 2018：95）。

一人称的触覚と三人称的視覚の縫合と分断

一般的にいって、コンピュータゲームのプレイヤーは一人称的であると同時に三人称的であると理解される。一人称的というのは、プレイヤーがコントローラを操作して代理行為者になりきり、その主人公としての視点から虚構世界を擬似体験するからであり、三人称的というのは、画面をとおして虚構世界を見渡しながら、俯瞰的な視座を確保しつつ自らの代理物を操作するからである。そしてプレイヤーは、ときに一人称的触覚と三人称的視覚のずれを想像力によって無意識のうちに補正しながらゲームを楽しむのである。

コンピュータゲームのプレイヤーは、しばしば複数の人物の視点を横断しながら、または複数の器官から得た感覚イメージを縫合しながら、あるいはゲームパッドの複雑な操作を自分のものとして内面化しながら仮想世界のなかに没入していく。見方を変えれば、コンピュータゲームはそれだけ複雑きわまりない心理的処理をプレイヤーに要求しながら、「代理行為者」を受容器とする擬似体験をシミュレートすることになるのだ。

ゲーム受容における異なる感覚イメージの縫合と比較してみると、現実の戦争においてはどのような事態が発生しつつあるといえるだろうか。ジェネラル・アトミックス社製の武装型の無人航空機MQ-1プレデターには、ある段階から攻撃機能が搭載された。この航空機を遠隔地から操作するのは地上の管制室にいる複数のスタッフであり、そこでは操縦桿を握るパイロットとは別の人物がミサイルの発射ボタンを押す。つまりアメリカ本国から衛星経由で遠隔的な空間をカメラによって視認する人物と、遠隔的な空間に攻撃能力をもって介入する人物が分離されており、アーケードゲームでもしているのかのような感覚をもって人命が抹消されていくことになる。これは逆にゲーム化する戦争のなかで、あえて一人称的な触覚性と三人称的な視覚性を分断することで戦争のリアリティを変形させる効果をもつといえるだろう[11]。

ジャン・ボードリヤールは現代の文化的状況を次のような隠喩的表現でもって論及している。すなわち「領土が地図に先行するのでも、従うのでもない。今後、地図こそ領土に先行する」（ボードリヤール 1984：2）と語りながら、いちはやく彼は「シミュレーションの先行」という事態を予測していたのである。もはや現在においてゲーム世界は単純に現実世界の模倣として成立するのではない。逆に現代においてはゲームのなかでシミュレートされた仮想世界が、私たちの生きる現実世界に流入する場合さえあると考えられる。それは実際に戦争表象の現場においても私たちの知らないところで進行しつつあるのかもしれない。

かつて湾岸戦争がその報道を埋め尽くしていた無機質な映像から「Nintendo War」、すなわち凄惨さを欠いたゲーム的な戦争になぞらえて認識されたように、現実の戦争がヴァーチャルな表象のなかで見うしなわれ、報道される戦争のリアリティが変容しつつあるとするなら、その背景には、おそらく直視しがたいものを遠ざけようとする、人間の基本的な心理が介在しているのだろう。

(11) グレゴワール・シャマユーは『ドローンの哲学——遠隔テクノロジーと〈無人化〉する戦争』のなかで、太平洋戦争における「特攻」（＝「カミカゼ」と呼ばれる）を念頭におきながら、それとの比較において攻撃能力をもった現代のドローンについて語っている。彼によると「カミカゼでは戦闘員の身体が武器と融合しているのに対して、ドローンでは両者は根本的に分離している。カミカゼにおいて私の身体は武器である。これに対して、ドローンでは、私の武器は身体をもたない。前者は行為者の死を伴うが、後者はこれを絶対的に排除する。カミカゼの実行者にとって、死は確実であるのに対し、ドローンのオペレーターにとって、死は不可能である」（シャマユー 2018：103）。

現在では戦争の表象においてある種のゲーム的な想像力が流入し、人びとが無菌化された現実しか受容しえなくなりつつある反面、ゲームの世界はますますそのリアリティを増し、プレイヤーは仮想の戦争のなかで「恐怖」や「不安」をスリルとして消費しつづけている。いわば「死」の不可思議なリハーサルであり、それが何故かくも魅力的なのかというと、ロビンスが指摘するように、あくまでも「安全でスリリングな娯楽」に違いないからであろう。

私たち人間は、テクノロジーによって外部世界との直接的な接触を回避し、我が身にふりかかる恐怖や不安を遠ざけようとする――そうロビンスは指摘するが、まさにコンピュータゲームをはじめとする現代の表象テクノロジーは、ときにテレビ画面の「こちら側」と「あちら側」とを切断する機能を果たす。そして、そのような現状のなかで、恐怖をコントロールするためのテクノロジーは、本来的に不可視な「死」の現実を可視化させているようでいて、じつは逆にそれを記号的な代理物によって偽装することになっているのではないだろうか。

第九節　記号的想像力と媒介テクノロジーの間隙で

映像表象に対する没入のイリュージョンを考察するとき、映像表象と私たちの身体を連結しているインターフェイス、とくにその身体の延長という意味でのコントローラのメディア性と、その操作に馴化する過程で介在する想像力の記号性とを同時に勘案する必要があるのではないだろうか。スポーツゲームにおいて画面上の選手、すなわち代理行為者の振舞いは、(それが従来型のゲームパッドを使用するものである場合には) プレイヤーによる複数のボタンの組合わせと、その連鎖によってコントロールされるわけだが、その際に諸々のボタンはキャラクターの特定の動作を意味するシニフィアンとなる。しかも既述のように、その特定のボタンと、それが誘発するアクションとの間には、あらかじめ必然的な結びつきがあるわけではなく、プレイヤーは説明書に記載された変換コードを内面化しながら、コントローラに配された記号群を上手に扱う方法を学習していくのである。

以上のようにコントローラ上の各種ボタンは当初それぞれが「記号」として認識されるが、操作方法がいったんプレイヤーによって内面化されると、その記号性は徐々に失われていく。つまり意識的な記号活動によって裏づけられなくとも、コントローラという「神経組織の延長」によって、なかば自動的に操作が処理されるようになり、プレイヤーは自らの身体と機械とが直結されたように感じるようになるのだ。このコントローラの操作感の変質は、いわば「脱記号化」の体験であり、また、人間の身体がメディア・システムに取り込まれていく体験でもあるといえよう。ロビンスは「人間と機械との障壁でもあるインターフェイスをなくしてしまおうとの夢は、テクノロジーとその利用者との完全な共生を実現しようとの欲望を反映している」（ロビンス 2003：64）と語っているが、よほど操作性の悪いソフトでもない限り、そのコントローラ操作にともなう「媒介意識の後退」によってもたらされる直接性・無媒介性の感覚は[12]、プレイヤーによる経験の蓄積によってある程度は達成されるはずである[13]。

この「媒介意識の後退」は、コンピュータゲームだけでなく、あらゆるメディア受容において重要な契機である、と考えることができるかもしれない。たとえば写真を見る際に、その透明な表象そのものは通常は意識の俎上にのぼることはない。人びとがじっさいに見ているのは写真そのものではなく、写真にうつりこんだ被写体の形象だからである。また読書をする際に、ページを捲るという身体と物質との接触体験は通常は意識の俎上にのぼることはない。人びとが読書によって作品

（12）デリック・ドゥ・ケルコフは『ポストメディア論——結合知に向けて』（原著は一九九五年刊行）のなかで、無媒介性の感覚について次のように言及している——「はじめてヘッドホンで音にじかに触れるような経験をしたときの奇妙な感じは、誰もがおぼえているだろう。今私たちはウォークマンにすっかり慣れてしまったため、音がどのように全身に浸透するかなど考えてもいない。同じような感覚の無媒介性が、視覚で起きた場合を想像してほしい。この種の感覚を体験できる機器はすでに市場に出ている。サイバースペース社は頭に巻きつけるアイピースを製造しているが、これは装着者の網膜に光をあてて直接像を見せるものだ。空中に浮かぶ像は十分に大きく、装着者にしか見えない。視標追跡、イメージ・コンタクト、レーザーによる網膜への直接投影といった新奇な装置の数々は、リアルタイム処理の場が思考から機械に移行しつつあることを物語っている。あらゆる研究がこの無媒介テクノ

世界に没入するときには、書物による媒介意識は忘れ去られているからである。これらのメディア接触の体験は、コンピュータゲームをプレイする際にコントローラの処理が自動化されるという体験に通底するものがある、といえるのではないだろうか。

メディアは媒介性が意識されなくなったときに、その作用を十全に発揮することができる。見方をかえれば、人がストレスなくメディアに接続される（もしくは、そのシステムに取り込まれるとき）、その媒介は意識されなくなる（もしくは意識化された媒介をめぐる記号活動は低減する）。つまり当初の段階では、人間とメディアの接合のために記号活動というインターフェイスが必要となるわけであるが、操作の馴化によってその必要性は次第に後退していく。そしてその一連の過程は、コンピュータゲームの受容においても確認することができるのだ。ともかく以上のようにコントローラの記号性／メディア性の双方に着目するならば、身体動作の恣意的な変換を前提にプログラムされた「動作のシミュレーション」の代理物がプレイヤーの意識に内面化され、プレイヤーがコンピュータゲームのメディア・システムへと組み込まれる過程を把握することができる。

●結びにかえて

なぜ人は膨大な時間と労力を投資してゲームのコントローラを握るのか。レジス・ドブレは人間を「人工補綴具をつけた神」と形容したが、これに対して、私たちの意識を内的に拡張する補綴具ともいいうるコンピュータゲームの場合、その主人公はプレイヤーにとってのアバター（すなわち語義的には〝神の化身〟）のような存在として振る舞う。そしてプレイの最中には「二つの私」、すなわちゲーム機を補綴具として装備した〝神〟としてのプレイヤーと、その〝化身〟としての代理行為者とのあいだに、ある種の契約のように（圧倒的な非対称性を抑圧したうえで）擬似的な等価

ロジーに集中していることと、コンピュータの昨今の進歩を考え合わせると、私たちは近い将来多様なインターフェイスを使うことになりそうだ」（ケルコフ 1999：59）。

(13) しかし、だからといってプレイにおける記号活動の次元が完全に消失してしまうわけではない。なぜなら、大部分のゲームでは、コントローラの基本的な操作に馴化するにしたがって、プレイヤーの意識（あるいは、それを支えるセミオーシス）はより高次の戦略的思考へと向けられていくからである。『ウイニングイレブン』の場合、プレイヤーは操作法をひととおり覚えてしまうと、次にチームのフォーメーションを考えたり、さらには、時間ごとの戦術を考えたり、選手交代のタイミングを考えるようになる。つまり基本的操作の学習を前提として、プレイヤーの記号活動はメタレベルの戦略的思考へと差し向けられるようになるのだ。コンピュータゲームの受容体験はメディアの延長作用

性が仮設されるのである。そして、そこで成立しうる快楽や万能感は、動作の断絶／視点の断絶／感覚の断絶を超克する記号的な想像力の産物として理解することができるかもしれない。

本章で論述した「三つのシミュレーション」から合成されるゲーム世界の究極的な進化形を（あるいは映像空間のなかに没入するという究極的な進化形を）、私たちは映画『マトリックス』に見出すことができるのではないだろうか。その舞台、マトリックスと呼ばれる仮想現実は、二〇世紀末の世界を構成していた諸ルールに依拠してシミュレートされ、そのなかで主人公はアバターとしての人生を無自覚のままに過ごしていたことになる。だが、その主人公を含む人間たちの身体は、コンピュータによって生成されたマトリックスの外部に実在し、ケーブルに繋がれ、ＡＩが自らのシステムを維持するための「電池」として活用されている。もちろん現状では、私たちは『Wii Sports』を楽しんでいるときに、それを現実のスポーツと取り違えることはない（あるいは、ここではケヴィン・ロビンスが論及する「インターフェイスの消滅」が実現されているわけでもない）が、しかしマトリックス世界では、仮想的な体験が現実のそれと判別がつかないほどの高い精度で、「透明感」をともなって「無媒介的」に合成されているのである。

『マトリックス』において機械に接合され、仮想現実を与えられた人間たちの姿は、記号的に合成されたゲーム世界のなかで代理行為者としての生を与えられ、またコンピュータのケーブルに繋がれてゲーム産業の「電池」と化したプレイヤーの姿とも重複する。ジョン・フィスクによるとコンピュータゲームは「社会に対する抵抗」を生産すると主張されたが、万能感を担保するゲームの虚構世界において、プレイヤーは抵抗を実現するどころか、皮肉にもその産業システムの部品として回収されてしまうのである。

の次元と、それを操作する人間の記号活動の次元とが複雑に絡み合うことで成立しているわけだが、メディアによる無媒介的な感覚が優位な状況においてもセミオーシスは残存しつづける。フルッサーにならって表現するならば、プレイヤーは「従属的《サブジェクティヴ》な姿勢から背筋を伸ばして、投企的《プロジェクティヴ》な姿勢を取ろうとしているかのようだ」（フルッサー 1996：23）。

第Ⅲ部　空間と身体の現代的な関係性を考える

第8章 ポケモンGOでゲーム化する世界
——画面の内外をめぐる軋轢を起点として

筆者がポケモンGO（ナイアンティックと株式会社ポケモンが共同開発した位置情報ゲーム）をしながら街をぶらぶら歩きつつ、一瞬「あれ?」と思って立ちどまったポケストップ／ジムを紹介するところから議論を切りだそう。まず一つ目は、三軒茶屋駅のほど近く、飲食店の壁面に描かれたストリートアートをはめこんだポケストップである（図8-1）。ゲーム史の草創期に流行したインベーダーゲームの敵キャラを象ったその作品は、バンクシー監督によるドキュメンタリー映画『イグジット・スルー・ザ・ギフトショップ』（図8-2）にも登場したフランス出身のストリート・アーティスト、インベーダー（INVADER）の手によるもののようにも見受けられる（とはいえ、真贋は不明である）。筆者自身、これをスマホの画面で発見してふと足をとめて、それが描かれているはずの飲食店の壁を見上げたのだが、どうやらそれは塗りかえられて、すでに消されてしまったようである。(1)

都市の意味空間を組みかえうるストリートアート（むろん建築家や都市設計家の視点からみれば、それは自らの「作品」にノイズを付加する作品である、といえるかもしれない）、それも、とりわけインベーダーゲームから二次創作的に派生した当該作品が、別のゲームであるところのポケモンGOに組み込まれ、ポケストップというかたちでそのシステムの構成要素と化している。しかもそのインベーダーの姿は、画面内でポケストップの画像としては残存しているものの、すでに物

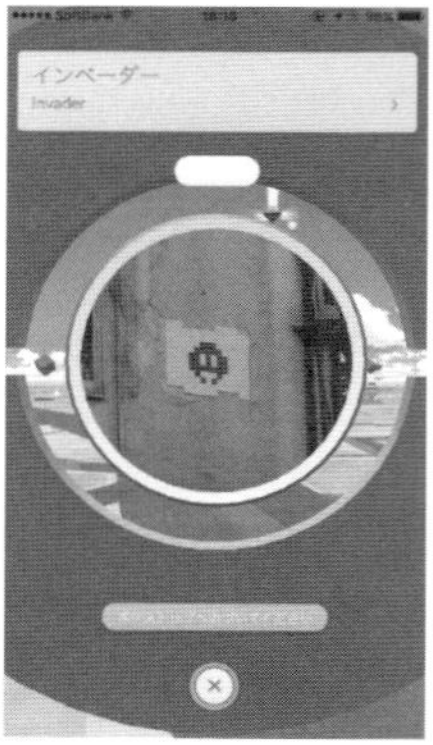

図8-1 ストリートアートをはめこんだポケストップ

図8-2 『イグジット・スルー・ザ・ギフトショップ』

(1) 若年層を中心的な担い手とする下位文化としてのストリートアートは、多くの場合「落書き」や「迷惑行為」として認識される。南後由和と飯田豊によれば、たとえばストリートアートにおける「グラフィティは、都市空間における

理的空間からは消失しているのである（ようするに、現実空間の意味が仮想空間を経由して再び上書きされている、ともいえる）。

二つ目として紹介してみたいのは、多摩センターに所在するサンリオピューロランドの入口付近に設置されたジムである（図8-3a／b）。この施設は、ハローキティやマイメロディなどの人気キャラクターを擁する、株式会社サンリオエンターテイメントが運営する屋内型テーマパークである。アラン・ブライマンの提起する「テーマ化」(2)概念が示唆するように、そもそもサンリオピューロランドにはそれに固有の物語や世界観があり、また、それと紐づけられた多数のキャラクター群が配置されているわけであるが、しかし、そのテーマパークの「顔」ともいうべきエントランスがポケモンGOではジムとして指定され、（サンリオのそれとはまったく異質な物語や世界観に紐づけられた）ポケモンキャラクターたちによって占拠されているのだ。

ポケモンGOによる意味空間の複数化＝多層化

これらの事例が示唆するのは、ポケモンGOが都市の意味空間を規定するレイヤーを複数化＝多層化させている、という現象である。そのリリース直後、ポケモンGOは物理空間と仮想空間の垣根を越境しながら、私たちが生きる意味世界に「分断」をもたらす存在として報道され、また、社会的にもそう認識されることになった。同じ場所に身をおき、その同じ場所を意味づけるとしても、ポケモンGOのプレイヤーとそれ以外の人とでは、物理的空間に対する意味解釈が異なる可能性がありうる。じっさい、壁に描かれたインベーダーの作品を目にしたとき、ストリートアートに理解がある人とそれを「落書き」として拒絶する人、さらには、スマートフォンを介して単にそれを「ポケストップ」としてのみ認識する人のあいだでは、空間理解に差異が生じうる。同様に、サ

「ヴァンダリズム」（vandalism 公共物破壊）として軽犯罪法に抵触する一方で、現代美術や服飾デザインなどに幅広く適用されるという、一見相容れない二面性を併せもった視覚的表現として定着している」と指摘される（南後＋飯田 2005：109）。

（2）アラン・ブライマンはディズニーのテーマパークを念頭におきつつ、それをささえる「テーマ化」なる概念を提起している。彼がいうテーマ化とは「対象となる施設や物体をそれとはほとんど無縁のナラティヴで表現すること」を意味する（ブライマン 2008：15）。ここでいうナラティヴとは「物語」のことであり、ディズニーランドでは「第一に、各テーマパークそれ自体が包括的なナラティヴで統一されている点でテーマ化されている」のであり、「第二に、各ディズニー・テーマパークは、テーマ化され、独自のテーマ上の一貫性と統一性をもっている「ランド」に分けられている」（同書：46-47）。

ンリオピューロランドのエントランスに足を運んだとしても、そこをテーマパークのシンボルとして認識する人もいれば、単にそれをポケモンGOの「ジム」として認識する人もいる。そしてそのような認識上の差異は、身体とそれをとりまく空間の関係性を変換するデジタルテクノロジー、すなわちGPSやARなどを前提とするこのゲームがもたらした副産物ともいえよう。

ともあれ上記の事例に限らず、ポケモンGOはそれをプレイする人とそうでない人とのあいだでさまざまなレベルでの「分断」をもたらす存在になった。本章では両者のあいだの「軋轢」、あるいは、そこから派生した「分断」を視野にいれつつ、複数の領域にわたる理論的言説を参照しながら、また、それを前提に「ゲーミフィケーション」(ゲーム化)概念を再考するなどしながら、デジタルテクノロジーが現代の記号世界にもたらしつつあるものを考察の俎上に載せてみたい。

図8-3 a/b　サンリオピューロランドの入口に設置されたジム

第一節　ポータブルデバイスが牽引する「予期」と「移動」

映像とそれをまなざす人間の関係性を考えたとき、現在の状況を勘案すると、これほどまでに映像を表象する画面(もしくは映像メディア)を持ち歩いたり、あるいは、それに「べたべた」と接触したりする時代は過去にはなかったのではないか、とも感じられる。

考えてみれば、移動する現代人の手許(もしくは、手のとどくポケットや鞄)には、ほとんどの場合、携帯電話やスマートフォンなどをはじめとするポータブルデバイスがある。つまり移動する主体にとっては、風景を連続的に視認すると同時に、上記の端末を同伴することにより、視認される風景に関連した情報を検索して導くためのデバイスが与えられているわけである。文字どおりに解するなら、「移動する媒体」であるモバイルメディア、すなわち携帯可能なポータブルデバイスとともに、「移動する人」が一緒に移動をしたり旅をしたりする。このような、今となってはもはや新鮮味を欠いた構図のなかで、ポケモンＧＯは人間とその手中にあるデバイスとのあいだに新たな関係を打ち立てたといっても過言ではない。

本書の冒頭でもふれたが、ジョン・アーリはその著書『モビリティーズ――移動の社会学』のなかで、人びとの移動を可能にする「システム」（たとえばチケット発行、住所、安全装置、乗換駅、ウェブサイト、送金、パッケージツアー、バーコード、橋、タイムテーブル、監視など）に論及しながら、それは「旅ができる、メッセージが通じる、小包が到着するといった「予期空間」をもたらす。システムによって、当該の移動が予想可能かつ相対的にリスクのないかたちで反復されることが可能になる」と指摘していた。彼によると、「この反復システムの歴史は、実質的に、自然界を「支配」し、安全を確保し、管理し、リスクを減らしてきたプロセスの歴史である」（アーリ 2015：25–26）とされるが、これをふまえるなら、ポケモンＧＯもまた（もちろん既存の「旅」とは異なるかたちではあるが）移動をめぐる新たな「予期空間」をプレイヤーに提供し、虚構世界の「支配」を欲望させるテクノロジーとして機能しうる。では、このゲームのプレイヤーは何に導かれて、都市空間を移動するのだろうか。そして（そのうち一部の）プレイヤーは、どのような構図のなかで社会との「軋轢」や「分断」を産出したのだろうか。

画面上に小さく表象されたポケモンたちは、それが架空のものであり、単なる「記号的な存在」でしかないにもかかわらず、現実社会に多大な影響をおよぼしたといえる。じっさい二〇一六年におけるそのリリース直後、それこそ多種多様な問題がマスメディアによって報道された。それは、たとえば「歩きスマホ」が急増する、自動車の運転中にプレイする、プレイヤーが立ち入り禁止区域に侵入する、といった具合である。そしてそれらの問題は、ポケモンに意識を奪われた人びとと、その姿を遠まきに（その共同性の外部から）視認する人びととの認識の差異に起因するともいえよう。次節では感性学を専門とする吉田寛の言説を援用しながら、これらの事象について分析を展開してみたい。

第二節　ゲームにおける「意味論的次元」と「統語論的次元」

吉田はチャールズ・ウィリアム・モリスの記号理論——とくにそのなかの意味論的次元（semantical dimension）および統語論的次元（syntactical dimension）をめぐる議論——を下敷きにしながら、それをゲームの分析に適用するなかで、次のような整理をおこなっている。

意味論的次元＝スクリーン上（ゲーム世界内）の記号（キャラクター）とスクリーン外（ゲーム世界外）の事物との対応関係
統語論的次元＝スクリーン上（ゲーム世界内）での記号（キャラクター）同士の関係

吉田によれば「意味論的次元と統語論的次元の両者はつねに不可分であり、一方を欠いてはどんなゲームも成立しない」（吉田 2013：65）と主張される。ちなみに彼はファミコン時代における野球ゲームの代表作、『プロ野球　ファミリースタジアム』（ナムコ　一九八六年）を例にあげながら、ゲームにおける「意味論的次元」と「統語論的次元」を前提に、次のような考察を展開するのである。

このゲームの初心者にとっての大きなハードルは「フライ」の処理である。空高く飛んでいる打球はスクリーンには表示されないため、ボールの位置は地面に映る「影」によってプレイヤーに知らされる〔…〕。打球の影とSE（効果音）を用いて二次元のスクリーンの上で「高さ」を擬似的に表現したことが、このゲームの画期的な点であった。その結果、このゲームにおいて「フライを捕る」という行為は「ボールの影を追いかける」あるいは「ボールの影とキャラクター（野手）の座標を重ねる」という、このゲーム特有の行為へと置き換えられる。ゲームが「遊び」であり現実の正確な対応物ではない以上、そうした「行為の置き換え」は珍しくないが、このフライの処理においてこのゲームの意味論的次元と統語論的次元のギャップは最大化する。（同書：同頁）

このゲームでプレイヤーに要求されるのは、いわば「座標あわせ」である（図8-4）。引用文で論及されるように、（現実の野球における野手として）外野の守備についてフライを捕球する動作と、（影の視認と音の聴取を前提として）ゲームでの操作対象となる選手をコントローラで落下位置へと移動させる動作とは、そもそもは無関係のはずである。吉田の言葉を借りれば、そこでは「意味論的次元と統語論的次元のギャップは最大化する」わけである。つまるところこのゲームにおけるフライ捕球の操作は「意味論的次元」、すなわち、その行為をめぐる画面の内外の対応関係（ゲームの外野手と現実の外野手との動作上の対応関係）によって規定されるのではなく、むしろ「統語論的次元」、すなわち、画面内での記号間の関係性（ボールやその影や効果音など、各種記号

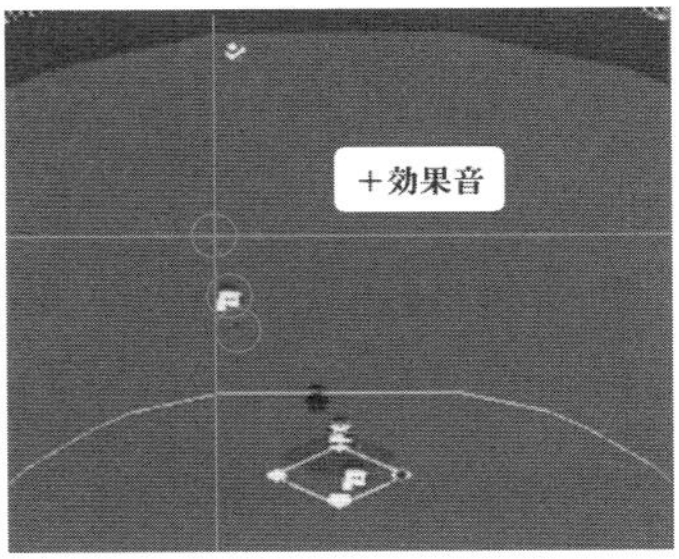

図8-4 『ファミリースタジアム』における十字キーをつかった座標あわせ

の関係性）によって規定されるのである。

吉田が言及するように、ゲームの場合には「意味論的次元」と「統語論的次元」に乖離があったとしてもそれは問題にならない。むしろ、その二重性が問題視されるのは、ゲームとは似て非なるもの、すなわちシミュレーターである。昨今では訓練用のドライビングシミュレーターやフライトシミュレーターなど、ゲームとは異なる目的で開発された各種の技術が実用段階を迎えているが、そもそもそれらにおいて、「意味論的次元」と「統語論的次元」が二重化していたら使い物にならない。というのも「シミュレーターにおける運転動作（統語論的次元）とじっさいに道路を走る（または空を飛ぶ）ときのそれ（意味論的次元）が大きく食い違うならば「訓練」にならないから」である（同書：68–69）。

第三節　ポケモンGOにおける統語論的関係の優位化

吉田寛による言説をふまえてポケモンGOの分析を試みたとき、そこから何がみえてくるだろうか。まず指摘しておくべきことは、このゲームがその特色として喧伝されたARやGPSによって、「画面内の記号世界／画面外の現実世界」をめぐる新たな組合わせを提示している点である。このうち前者、すなわちAR機能に関していえば、プレイヤーは虚構的存在であるはずのポケモンたちを、カメラが捕捉した現実の風景に重ねあわせることができる。他方で後者、すなわちGPS機能に関していえば、プレイヤーは画面上のデジタル地図、およびそのなかでの主人公＝プレイヤーの位置をプレイ中そのつど確認することができる。これは現実と虚構の組合わせが新たな局面を迎えたことを示唆するが、それは同時に、吉田が言及する「意味論的次元」において、画面の内側と外側をめぐる対応関係が技術的に保証されていることをも意味する。

以上のようにポケモンGOでは、一見すると「意味論的次元」において、画面の内側と外側との強固な結びつきが前提となっているように思われる。しかしより重要なことは、このゲームにおけるその対応関係が完全なものではなく、しかもその不完全性を前提として、画面内で組織された記号間の関係性がその外部世界との「軋轢」を生じさせている、という点である。このゲームのプレイに際して必須の機能とはいえないARはひとまず措くとして、以下ではGPSと紐づけられたそのデジタル地図の組成を再考してみよう。

ポケモンGOのフィールド画面を構成するデジタル地図は、いってみれば極度に抽象化されたものといえる。そこには歩行者や車両の姿はなく、また建造物や地形の高低差も反映されていない。その「のっぺり」とした地図空間のなかでは、ゲームの遂行に際して有意味なポケストップやジムなどの施設が点在するだけで、それ以外の、現実の都市に林立するはずのランドマークなどは捨象されている。つまりポケモンGOでは、GPS機能によって画面の内外の対応関係が確保されているようにみえるが、実は、必ずしもそうとはいえないのである。

ポケモンGOの地図から排除されたもの

現実の風景を構成する諸要素は、ポケモンGOのデジタル地図において忠実に反映されているとはいいがたい。つまりその地図からは「軋轢」を惹起する、換言すれば、社会問題の遠因になりかねない「他者」や「事物」の姿はあらかじめ排除されているのだ。他方、そこでプレイヤーの行為を誘導するのは、フィールド画面に表象されつつ、実社会には存在しないポケモンやポケストップやジムなどの記号群なのである。そしてプレイヤーはタッチパネルとの接触を繰り返しながら、しかもそこに表象された記号間の関係性を見定めながら、とりあえずの目的地と現在地との距離感を推し測ることで、自らの身体を移動させていく（図8－5）。むろんそこで重要となるのは、吉田のいう「意味論的関係」（すなわち、画面の内と外の対応）ではなく、むしろ「統語論的関係」（すなわち、画面に表象された記号間の関係）なのである。

図8－5　画面に表象された記号間の関係性

画面内の統語論的関係に目を奪われ、そのフレームの外側がみえなくなるということは、ポケモンGOのプレイヤーにはありうることなのではないだろうか。いずれにせよ、吉田による言説をふまえるなら、ポケモンGOとは「統語論的関係の優位」が社会との分断をもたらすゲームとして評価しうるかもしれない。彼は「統語論的次元と意味論的次元のズレや乖離こそがゲームをゲームたらしめている」と語るが、それは実社会での移動を前提とするポケモンGOにおいて、より先鋭的なかたちで顕在化したといえる。プレイヤーたちは、ポケモンGOの虚構世界に包摂される記号間の関係性に導かれて都市空間を移動し、それにより思わぬところで、画面に表象されていない人びとや、あるいは、その集合体としての社会との間隙で、多様な水準でのコンフリクトを招来することになったわけである。

第四節　ポケモンGOでゲーム化する世界

前節では吉田論文を援用しながらポケモンGOを分析したが、その過程で言及した「統語論的関係の優位化」は、実は「ゲーミフィケーション」概念を捉えなおすうえでも有用ではないだろうか。

吉岡洋によるとゲーミフィケーションとは、「ゲーム的なデザインやインターフェイスを経済活動や教育などに応用する研究」であり、「ゲーム的な枠組の導入によって世界がどのように変化するかという関心」がその背景にはあるという（吉岡 2013：4）。今やゲーミフィケーションとは多岐にわたる領域、たとえばマーケティングやソーシャルゲームなどの分野、さらには健康分野や行政分野などで活用される発想であるが、深田浩嗣によると、それは「ターン制、行動力、オークション・入札、カード、サイコロ、リスクと報酬」などのゲーム・メカニクスを利用することで、「ユーザーの持続するやる気、持続するロイヤリティを引き出すためにゲームが持つ仕掛けを使う」こととも解説される（深田 2011：217）。

ゲーミフィケーションを導入することにより、ユーザーは作業や学習などの労苦をともなうプロセスを「遊び」として体験しうるわけだが、同様の事例はポケモンＧＯの受容体験に関しても散見することができる。じっさいあるサイトでは、このゲームに随伴するゲーミフィケーション的な要素として、以下の三点があげられている。(3)

○目標の距離数を歩くと卵が孵《ふ》化→健康増進、運動不足解消
○三色のチームに分かれて陣取り→仲間意識の芽生え、コミュニケーション
○各地にポケモン出現→地域の活性化

ともあれポケモンＧＯもその文脈に位置づけうるゲーミフィケーションであるが、既述のように、ゲーミフィケーションもまた「統語論的関係の優位化」という視点から再考しうる。たとえば吉岡はその例として、「買い物をするとカードにポイントが貯まる。あと少し貯まれば何か特典が

（3） http://merasouma.hatenablog.com/entry/2016/10/10/120633（最終閲覧日：二〇一七年九月二七日）

あるとわかると、私たちは特に欲しくなくてもポイントのために何かを買ったりする。その時、私たちは本当に「買い物」という行為をしているのだろうか？　それとも「買い物ゲーム」をプレイしているだけなのだろうか？」と問いかけている（吉岡 2013：4）。ポイント制というゲーム的な要素が付加されることにより、「買い物」という行為をささえる記号間の関係性が組み変わる一方で、もともとその行為が社会的にそなえていた意味が後景化するのである。そして、ここで認められる「意味論的関係」の後景化、および「統語論的関係」の前景化という構図は、「移動」という行為をささえる記号間の関係性を組みかえるポケモンGOによっても認められるのだ。

●結びにかえて──ポケストップに嵌め込まれた写真の意味

本章ではポケモンGOがもたらすリアリティの多層化＝複層化、および、それがもたらす「分断」を考察の俎上に載せるために、まず吉田による言説を参照し、さらにそのうえで、ゲーミフィケーション概念に再検討を加えてきた。その一連の議論を経た後でいまいちど立ち戻ってみたいのが、冒頭で紹介した事例、すなわちポケストップとジムの例である。

インベーダーによるストリートアート、および、サンリオピューロランドのエントランスは、ポケモンGOでは「ポケストップの写真」というかたちで取り込まれている。だが当該システムのなかで、プレイヤーが一枚の写真に向きあってその意味を汲みとることに重きをおくかというと、多くの場合にはそうとはいえないだろう。つまり個々の写真はそれがどのような被写体をうつしたものであろうと、プレイヤーにとっては「ポケストップ」としてのみ認識される傾向にあると考えられるのだ。

かつてロラン・バルトが考えたように、もともと写真とは被写体の過去の現実をありのままに表象する媒体であったはずである。むろん彼が照準したのはあくまでもフィルムカメラで撮影されたアナログ写真であり、その段階にあってそれは「光の痕跡」として、ある種の客観性や信憑性を獲得していたのかもしれない。だが、従来的にはそのように把捉しえた写真も、アナログからデジタルの段階へと移行するにつれて、その表現形式としての、あるいは、そのメディウムとしての特性が大きく変化したことは言を俟たない。じっさいに写真がデジタル化されるようになった今、フォトショップなどによるその画像の加工・編集はいっそう容易になったともいえるし、また、フェイスブックやインスタグラムなどソーシャルメディアの回路を経由して交換されるようになった今、その画像を介した新たなコミュニケーションやコミュニティが台頭しつつあるともいえる。前川修はデジタル写真を語るなかで、それを「複数の状態につねに開かれている」と語り、「写真は単数形でそれを見る者の没入を誘うというよりも、つねに「もうひとつ」の写真へと手や指で写真を突き動かす運動を前提にしている」と指摘している（前川 2016a：12）。iPhone の画面に羅列されたサムネイル画像をみても直感的に理解されるように、私たちがある瞬間にまなざすデジタル写真は、それと隣接して並べられた無数の写真群のなかの一枚でしかない――つまり「複数の状態」にひらかれているのだ。

実世界を覆いつくそうとするポケモンGOのゲームフィールドには、ポケストップやジムの根拠として、さまざまなスポットを被写体とする無数の写真が差し込まれている。個々の写真はデータベースに登録され、他の写真とのネットワークのなかにおかれているわけだが、他方で当該システムにおいては、写真がもともとそなえていた意味作用が希釈され、空虚な記号と化している印象すらある。痕跡性に依拠したアナログメディアと比較したとき、デジタルメディアの時代にあっては、記号とそれが指し示す対象との対応関係がゆるやかに解体されつつあるようにも思われる。そのような現況を勘案したときに、ポケモンGOはまさに現代における記号世界の特質を象徴的に示唆するものといえるかもしれない。

第9章　拡大される細部
——マイケル・ウルフとダグ・リカードの写真集を比較する

数あるウェブGIS(1)のなかでも、Google社の提供するデジタル地図——GoogleマップやGoogle Earth——は、現代人の空間認識のあり方に深く介入しつつある顕著な事例である、といえるのではないだろうか。昨今私たちは日常的に、スマートフォンやタブレットなどの画面をつうじて、ときには、現在地と目的地を対照しながら自らの身体を空間内で移動させるために、またときには、訪れたことのない未知の場所を探索するために、それらのテクノロジーの恩恵にあずかっている。

以前、筆者が『空間とメディア——場所の記憶・移動・リアリティ』（図9-1）のなかで論及したように、「地図は空間把握のための「メディア」（媒介物・中間物）でもありうるし、また、そのための「記号」（代理物）でもありうる。というのも、このうち前者に関連していえば、地図とはそれをみる人が現実の地理的空間を把握するために必要とする媒介物、すなわち人間と空間とを仲立ちする「メディア」としても位置づけうるし、後者に関連していえば、地図とは現実の地理を代理的に表象する「記号」としても位置づけうるからである」（松本 2015a：67）。

なぜ、人びとは地図を作成し、それを使用するのか。高橋裕行は『コミュニケーションのデザイン史——人類の根源から未来を学ぶ』のなかで、地図を「世界認識のツール」として位置づけながら、その機能として「1 現在地を知るため」「2 目的地を知るため」「3 目的地までの経路を知る

（1）GISはGeographic Information Systemの略語で地理情報システムを意味するが、これに対してウェブGISは、インターネットによりアクセス可能にしたものを意味する。

図9-1　遠藤英樹＋松本健太郎ほか編『空間とメディア』ナカニシヤ出版

ため」「4 場所や経路を記録するため」「5 他人に場所や経路を伝えるため」「6 眺めて楽しむため（「バーチャル旅行」「空想地図」）」「7 位置情報に関連づけて、情報を理解したり伝達したりするため」という、合計で七つのポイントをあげている（高橋 2016：62）。これらの機能を考えたとき、Googleマップなどのデジタル地図は私たちにとっての有用な手段としてその役割を日常生活のなかで果たしている、といえよう。

じっさい地図の歴史は文字のそれよりも古いともいわれるが、その記号としての／メディアとしての機能は現在、大きく変わりつつある印象がある。それは松岡慧祐の言葉を借りるならば、「見わたす地図」から「導く地図」への移行として示すことができるだろう。

> 実際、グーグルマップに付加されていくのは、その多くが、世界を全体として見わたすためではなく、それぞれのユーザーが「いま・ここ」についての最適な情報を引きだし、そのユーザーを目的地に導くためのきわめて実用的な機能である。自分が必要とするローカルな情報にピンポイントでアクセスできる検索機能、ＧＰＳによって現在地を探知しながら目的地へのルートを示してくれるナビ機能をはじめ、グーグルマップは人々の生活や活動、とりわけ「身体の移動」という基本的な行動に役立つ技術を発達させ、スマホと融合することでユーザー数を伸ばし、多くの人々の日常に急速に浸透してきた。（松岡 2016：128）

昨今、ユーザーの行為を「導く地図」が台頭しつつある背景には、ＧＰＳを前提に自己を中心化した地図を自動的に表示させる技術、いわゆる「エゴセントリック・マッピング」の普及がある。松岡が論及するように「ＧＰＳが搭載された地図では、その普遍的な視点が特定の個人を照準するように設定されている。それによって人間は初めて地図のなかに入りこみ、地図上の点としてみずからを表象できるようになった。つまり、わたしたちは地図を外から「見る」だけでなく、地図のなかに「居る」ことができるようになったのだ。そして、GPSは「私」のために、「私」の動きに合わせて、その点を動かす。同時に、ディスプレイも「私」を表象する点を追いかけるように動いてくれるのである」(同書:72–73)。ともあれユーザーの「いま・ここ」に最適化され、必要とされる情報をそのつど提供してくれるデジタル地図によって、「私」が認知するもの、「私」が思考するもの、「私」が欲望するものは刻々と枠づけられながら更新されていく。そのような新種の地図との関係性のなかで、知らず知らずのうちに「私」の存在が制約されてしまうという状況は、私たちの日常のいたるところで散見される事態なのではないだろうか。

Google ストリートビューにおける空間との関係性

さて、本章でじっさいに分析の俎上に載せるのはGoogle ストリートビューである。それはGoogle マップもしくはGoogle Earth と連携したインターネットサービスであり、道路上のある地点から撮影されたパノラマ写真の閲覧を可能にするものである。デジタル地図を自在に拡大/縮小することで、地上を見下ろす俯瞰的な視座を提供するものがGoogle マップだとすれば、他方でGoogle ストリートビューのほうは、ユーザーが選択した特定の地点からの仰観的な視座を提供するものだといえる。これらマップとストリートビューの双方を組み合わせることにより、俯瞰と仰観、あるいはメタレベルとオブジェクトレベルの往還運動を、私たちはモニター上で容易に擬似体験できるようになった。ちなみに先述の「エゴセントリック・マッピング」に関連していうならば、このGoogle ストリートビューもまた「地図のなかに入りこむ」あるいは「地図のなかに「居る」という感覚を人工的に合成することにより、人間と空間との関係性を再構成する技術である、といえる。そして、その〝Googleストリートビューに対する没入の錯視〟は、近年ではさまざまなアーティストにインスピレーションを与える源泉ともなっている。(2)

ともあれ本章では、Googleストリートビューを題材として人間と空間との現代的な関係を精査していくことになるが、まず第一節では、都市のイメージ構造に関するケヴィン・リンチの言説を援用しながら、イメージ形成に関与する各要素がGoogleストリートビューの内部でどのように表象されているのかを分析する。つづく第二節では、Googleストリートビューの画像空間が無数の写真データの集積から形成されている点に着眼し、そのメディウムとしての特性をふまえたうえでユーザーによる受容体験を検証する。第三節では、写真のなかの言語化不可能な細部としてロラン・バルトが提唱した「プンクトゥム」概念を、その後のGoogleストリートビューに関する分析のために導入することになる。さいごに第四節では、Googleストリートビューの画像群を素材として活用するマイケル・ウルフとダグ・リカードの写真集を比較しながら、それぞれの作品が被写体となる現実をどのように表象しているのかを分析する。

第一節　Googleストリートビューにおける都市空間のイメージ喚起性

私たちが空間のなかに生き、何らかの記号活動に従事するとき、それは単純に空間内の任意の位置を占めるということではない。むしろ、私たちはその場所を「意味を帯びた空間」(＝意味空間)として認識し、その空間とのあいだで絶えざる相互作用を繰り返しているのである。それは都市空間を移動する際にも同様であり、人びとはまさに通過しつつある空間内のあらゆるモノを「記号」

(2) ひとつ典型的な事例をあげてみよう。group-inouによる「ＥＹＥ」は、第二〇回文化庁メディア芸術祭においてエンターテインメント部門新人賞を受賞したミュージックビデオであるが、当該作品ではメンバーの二人が彼らの曲にあわせて、ストリートビューの空間を駆け抜けていく連続的なプロセスが表象されている。その授賞理由を紹介するサイトでは「世界中で撮影された膨大な量の画像をもとに、インターネット上に再構築された「視点」の連続をキャプチャーして映像化している。本曲が収められたgroup-inouのアルバム「ＭＡＰ」にちなんだこの作品は、数々のデジタル・ツールを駆使して徹底的に効率化する過程と、一コマずつ緻密につくりこむ過程の両方によって制作されている」と解説されるが、この作品ではメンバーの二人の姿が画面中央に表示される一方、Googleストリートビュー内の風景が彼らの背後で高速で流れていくことにより、現実にはありえないほどの速度で彼らが道路／経路を移動して

として、なにかしらの意味をそこから汲みとりうるのである。たとえば都市に張りめぐらされた道路などは無数の記号の集積によって成り立っており、だからこそダニエル・ブーニューによって、「道路は、記号の重なり合いや交通ルールを前提にしています。道路や街角の記号的な風景は、消費への誘いをコミュニケーションに混ぜ合わせるポスターやウィンドウ、広告で覆われています」と説明されうるのである（ブーニュー 2010：22）。

ところでGoogleストリートビューの内部空間を構成するものは、むろん無数の写真画像の集積である。そのシミュレーション空間においては、写真の画像データを機械的に捕捉していく車載カメラの移動経路および日時におうじて、複数の時間性が混合されている。では、そのような人工的な画像世界のなかで、私たちの空間認識はどのように変容するのだろうか。

本節ではこの問題を考察するための補助線として、都市のイメージ喚起性を論じるケヴィン・リンチの言説を援用しておこう。彼は『都市のイメージ』（図9-2）と題された著作のなかで、私たちにとっての都市のイメージ構造を成立させる諸要素として、①街路・運河・鉄道などの「通路」（path）、②地域を隔離し移動を遮る海岸線や城壁などの「境」（edge）、③駅や交差点など都市の主要な場所である「結び目」（node）、④一貫したアイデンティティをもった空間的広がりを指す「区域」（district）、⑤ひときわ目立つ塔や山などの「目印」（landmark）の五点をあげている。

私たちが新宿の街を想起しようとする場合、たとえば「通路」としての靖国通り、「結び目」としての新宿駅、「目印」としての東京都庁など、複数の要素を組みあわせながら想起の対象となる都市イメージを頭のなかで組みあげる。もちろんその想起のプロセスに、個人の経験が関与していることは間違いない。つまり人によって、新宿を訪れた経験が多いか少ないか、東京都内に在住しているか否か、あるいは、新宿を舞台とする映画やドラマをどれだけ観た経験があるか等々の差異

いくかのように錯視される、疾走感のある動画ができあがっている。これもまさに彼らの存在がエゴセントリックに中心化されることで、地図と連携したシミュレーション空間のなかに「入りこむ」ないしは「居る」という感覚が、それを見る者にも共有される仕掛けになっている。

図9-2　ケヴィン・リンチ『都市のイメージ』岩波書店

があるわけで、それらの要因によって、ある人の新宿という街に対するイメージが流動する可能性があるわけである。それは、人それぞれがもつメンタルマップ(3)の違いとしてとらえることもできるだろう。

Google マップ/Google ストリートビューにおけるイメージ喚起性

ともあれ、リンチが上記の五要素を提起したのは一九六〇年のことだが、その当時には存在しなかったものが現在、私たちの空間認識には深く介入している——つまり〝エゴセントリック〟なデジタル地図の台頭を考慮する必要があるのだ。では、Google マップおよび Google ストリートビューの表象空間において、リンチのいう諸要素がどのように描出されているか、具体的な事例とともに検討してみよう。

まずリンチがあげた「通路」をとりあげてみたいのだが、これは Google ストリートビューが〝ストリートビュー〟である限りにおいて、そこでは最も重要な要素として強調されているといえる。図9-3を参照してみると、Google ストリートビューが表象する視界の片隅（画面の左下）には、ペグマンと呼ばれる人型のアイコンによって視点位置を示すための小さなマップが並置されている。Google マップ上でペグマンを移動させると Google ストリートビューの視点（ＰＯＶ）も移動し、ユーザーにとっては、当然そこからの眺望も変化する仕組みである。重要なことは、ここでユーザーによるヴァーチャルな移動を制約しているのが、Google 社の車載カメラが移動した経路であるという点である。つまりユーザーに選択肢が与えられるのは、カメラが過去に通過し撮影された通路からの風景に限られるわけであり、したがって当然ながら、撮影されていない路上からの風景をユーザーが閲覧しようと欲しても、システム上そのような選択は許容されていないのである。

（3）地理学者ピーター・グールドが提起した概念がある。それは、たとえば「五万分の一の地形図や縮尺に基づいて描かれる道路地図などの、いわゆる客観的に正しいと認識されている地図とは異なり、一人ひとりの人間の精神のなかに構成されている地図のようなもの」であるという（中村＋岡本 1993：iii）。ちなみに「メンタルマップ」という言葉によって、心の中の地図を外在化させた手書きのものを指す場合もあるが、そこには客観的な地図、すなわち地理学的地図にはない特徴が含まれている。たとえば自らが住んでいる地域に関しては情報量が多いのに対して、そこから遠い地域に関しては情報が欠けていたり、あるいはじっさいには等距離なのにメンタルマップのなかではそれが歪んでいたり、といった具合である（たとえば東京都内をめぐる山手線はじっさいには南北に長い楕円形をなしているのだが、メンタルマップのなかでは東西方向に引き伸ばされ、円形に近い形状として歪んで想起される場合などがそれに該当する）。

このようにGoogleストリートビューにおいて「通路」は極めて強い拘束力をもって前景化されているといえるが、これに対して「結び目」としての駅はどうかというと、それは写真画像のなかの一部として表象されるにすぎない。図9-4はGoogleストリートビューにおける東京駅付近の画像であるが、そのなかで東京駅は何らかの際立った存在として強調されているというよりは、むしろ、その他の建造物とともに風景に溶け込んでしまっている。

もちろん、画面をGoogleストリートビューからGoogleマップ（図9-5）へと切り替え、東京駅の箇所に表示されるアイコンをクリックすれば、そこから

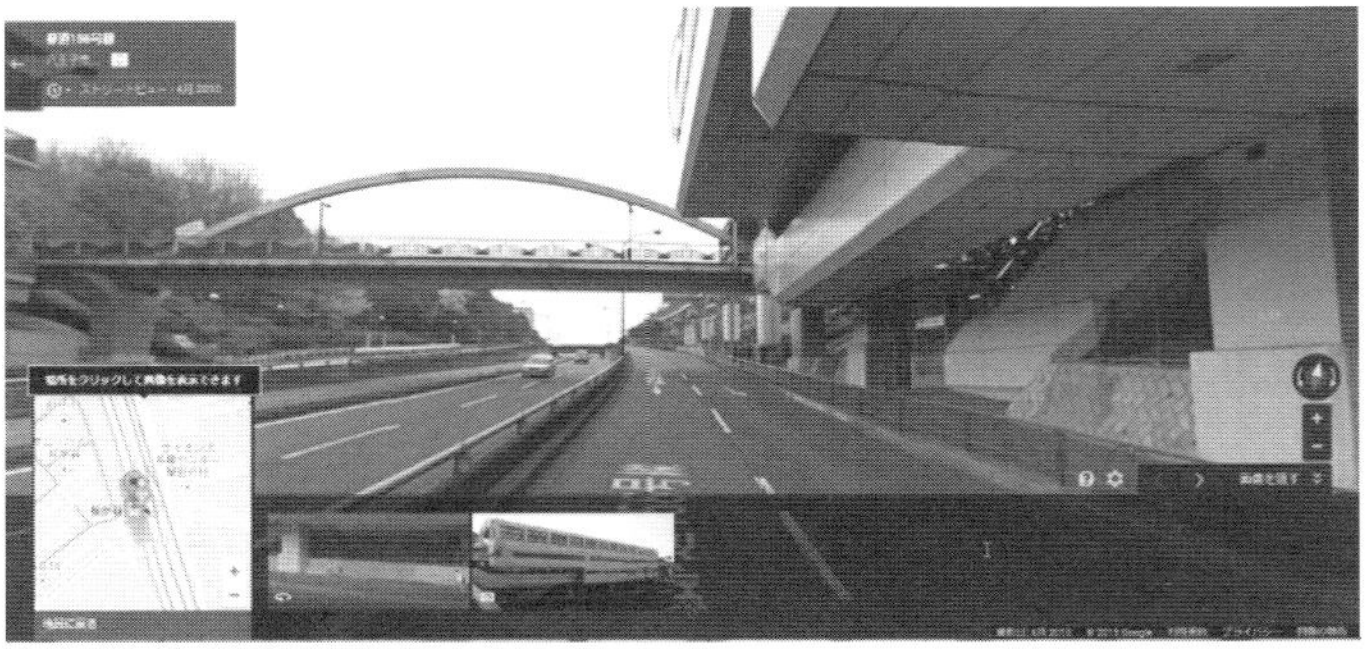

図9-3　Googleストリートビューにおける「通路」の表象

図9-4　Googleストリートビューにおける東京駅の表象

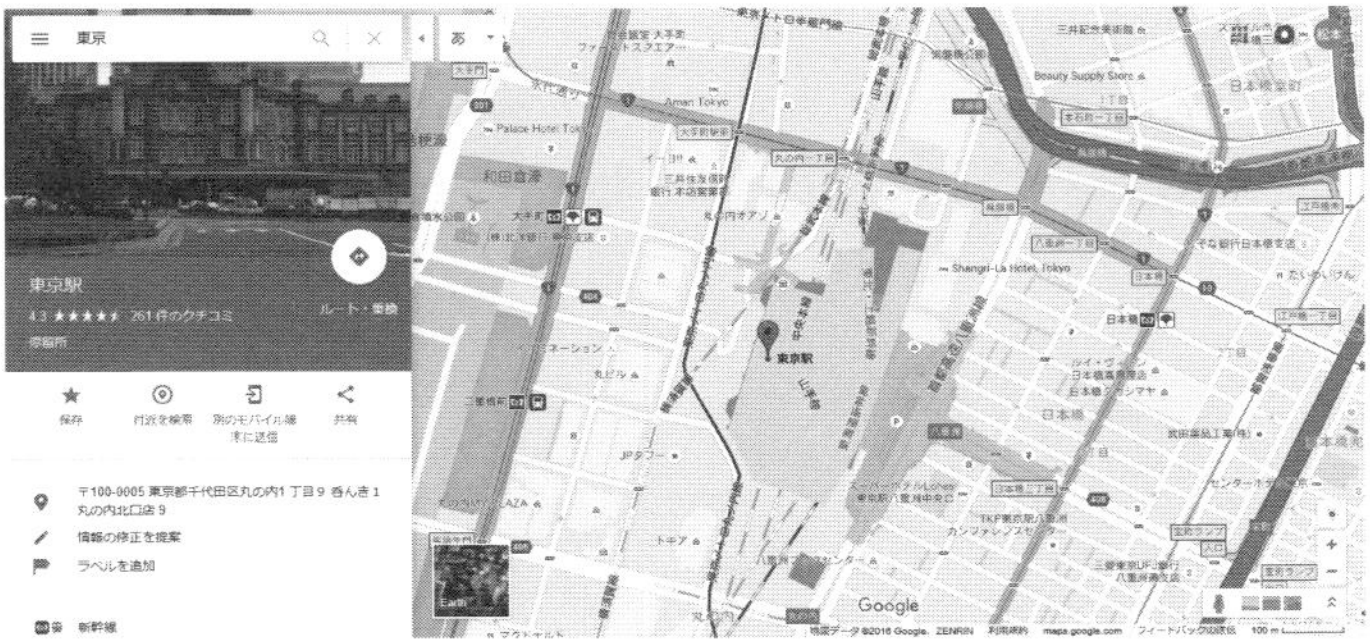

図9-5　Googleマップにおける東京駅の表象

「ルート・乗換」や「付近を検索」などの機能によって、ユーザーはさまざまな情報を〝エゴセントリック〟に入手することができる。このようにマップの水準からみれば、駅は「結び目」としてその役割が強調されているとはいえるものの、他方でGoogleストリートビューの水準からみれば、それは写真のなかの一要素として目立たない存在に切り下げられている、ともいえる。ちなみに目立たないということでいえば、それはリンチのいう「境」に関しても同様であり、たとえば、ある自治体とその隣の自治体とをへだてる境界線は、Googleマップ上においても、あるいはGoogleストリートビュー上においても明示的に強調されているとはいいがたい。

以上、私たちはGoogleストリートビューにおける「通路」「結び目」「境」の表象について簡単に確認してきたが、そのなかでも「通路」はこのシステムが〝ストリートビュー〟と命名されていることからしても、もっとも重要であるといっても過言ではないだろう。この通路を含むGoogleストリートビューの空間デザインは、多かれ少なかれ、それを活用して生きる現代人の空間認識、あるいはメンタルマップの組成に対して影響を及ぼしている、といえるのではないだろうか。

以上、本節ではGoogleストリートビューを都市イメージとの関係において考察してきたが、次節ではそれを写真というメディウムの特性から考察してみたい。

第二節　Googleストリートビューにおける時空間の編成

バルトは、類像性と指標性をあわせもつ写真というメディウムの精髄を「それは＝かつて＝あった」《*Ça-a-été*》という言辞によって表現したが、たしかに被写体（＝それ）が撮影の瞬間（＝かつて）、レンズの前に実在した（＝あった）という事実を、その映像は客観的に証明するものといえる。写真とはいわば〝光の痕跡〟であり、それが撮影の瞬間の時間性と不可分に結びついているからこそ、バルトは写真という記録メディアを、換言すれば、時間を超えて過去の現実を表象する機能をもったその媒体を、「ものをみる時計」として表現したのである。

いうまでもないことだが、従来的にはそのように語りえた写真も、アナログからデジタルの段階へと移行するにつれて、その表現形式としての、あるいは、そのメディウムとしての特性は当然ながら変化をこうむる。前川修は氏の論文「デジタル写真の現在」のなかで、デジタル時代の写真をめぐる言説を、一九九〇年代半ばに訪れたその草創期と、Ｗｅｂ２・０以降とに大別して整理している。以下でとりあげてみたいのはそのうち後者、すなわち二〇〇〇年代以降の言説であるが、彼はその論点を以下の三点——「①メディアの収斂とカメラの消失」「②スクリーンの肌理とフロー性」「③自動化とメタデータ」——へと大別して議論を整理するのである。

第一点の「①メディアの収斂とカメラの消失」に関してだが、前川によると二〇〇一年にカメラ付き携帯電話が登場して以降、「カメラはもはやそれ自体が独立して存在するというよりも、他のデバイスに取りこまれる一機能になる」(前川 2016a : 10) と指摘される。また二〇〇四年には、パソコンや携帯から写真をアップロードして共有できる「Flickr」が登場し、それ以後、オンライン上のアーカイブやデータベースを前提に、「同一のスクリーン上で複数のジャンルのメディアがスペースを共有するという帰結」(同書 : 11) がもたらされたと言及される。

つぎは二点目の「②スクリーンの肌理とフロー性」である。前川によると、いうまでもなくカメラが搭載された「携帯デバイスは、〔明るく鮮やかな〕スクリーンをデザインの主要なアピールポイントとしている」わけだが、私たちが指やマウスでそれを触覚的に操作するという閲覧時の行為を想起するならば、もはや「写真は単数形でそれを見る者の没入を誘うというよりも、つねに「もうひとつ」の写真へと手や指で写真を突き動かす運動を前提にしている」とされる。つまり、この「潜在的な複数の状態につねに開かれているという在り方」をふまえて、前川はデジタル写真に認められるデータの流れを「フロー」という概念によって呼ぶのである。

さいごに三点目の「③自動化とメタデータ」に関してだが、デジタルカメラによる写真撮影に付随して、同時に「ＥＸＩＦデータ」（使用機器、シャッター速度、ＩＳＯ感度などの技術的データや、地理的位置、日付、時間などの撮影データ）が記録され、「イメージが後にウェブ空間において分類、検索、使用される際の「メタデータ」になっている」（同書：13）という。

「フロー」から考えるGoogleストリートビュー

アレクサンダー・Ｒ・ギャロウェイは「ゲーム的行為、四つのモメント」と題された論考の冒頭において、「写真は画像であり、映画は動画である。だとすると、ビデオゲームは行為である」（ギャロウェイ 2018：192）と語っているが、では、無数の写真データの集積によって構成されるGoogleストリートビューは単なる「画像」だろうか、それとも「行為」だろうか。

前川は「撮影後に即座にパソコンに取りこまれる写真や、携帯電話のスクリーン上で見られる写真は、もはやそれ自身で明瞭な境界を持たず、スクリーン上で他の映像と合流して際限ないデータの流れ（フロー）のなかの一要素になっている」（同書：11）と指摘するが、それは、まさにデジタルテクノロジーが生成するシミュレーション空間、すなわちGoogleストリートビューにとりこまれた写真データにも該当するのではないだろうか。じっさいに前川はGoogleストリートビューについて、それを「フローの視覚の典型例だと言ってもよいかもしれない」（同書：25）と語るが、私たちはインターネット経由でその画像群にアクセスし、指やマウスで触覚的な操作を遂行しながら、それらをデータのフローのなかで（一枚いちまいを個別に鑑賞するのではなく、あくまでも）連続的に視認する。そして画像に付されたメタデータによって特定の場所にアクセスし、それが撮影された場所や時間を事後的に確認しうるのである。

このようにGoogleストリートビューのなかでは、写真そのもののあり方も確実に変化している。もちろん、私たちはGoogleストリートビューのなかの一枚いちまいを、バルトがいう「それはかつて＝あった」を反映するものとして受けとることにさほど違和感をもたないだろう。(4)しかしその無数の画像の集積によって成立しているGoogleストリートビューの画像空間は、現実世界の反映というよりは、むしろ現実世界のシミュラークルであり、その内部で私たちは奇妙に歪んだ時空に遭遇することになる。それは、たとえば「グランド・セフト・オート」シリーズにおけるゲーム世界のような、いわゆるオープンワールドの仮想現実とも類似しているところもあるが、その成り立ちは全く異質なのである。

既述のように、Googleストリートビューの内部空間を構成しているのは、Google社の車載カメラがその移動経路にそって自動的に撮影した無数の写真群であり、それらの画像データの集積によって、一見すると、現実空間の似姿であるヴァーチャルな空間が画面の彼岸で組み上げられているようにみえる。だが、その〝瓜二つ〟ともいえるシミュレーション空間を探索すると容易に気づくことであるが、その内部では奇妙に歪んだ時空間が現前することになる――端的にいえば、そこではさまざまなレベルで〝時間の断層〟が露出しているのだ。たとえば、ある画像をクリックしてその奥に待ち受けている画像を視認するとき、一枚目には前方にうつり込んでいたオートバイが二枚目ではいきなり消えていたり、あるいは路地を左に曲がった瞬間にそれまで晴天だった空が突如として曇天に変わったり、といった具合である（つまるところ物理的に隣接している二つの場所を、

(4) とはいえ、よく知られているように、Googleストリートビューの画像群が一定の加工・編集を受けていることは忘れるべきではないだろう。それらの画像は、たとえばプライバシー保護の観点から個人の顔やナンバープレートにボカシが加えられている。

別の時間帯に撮影したものがGoogleストリートビューの内部世界では連続しており、一枚の写真に込められた「それは＝かつて＝あった」、すなわち撮影時間の唯一性が瓦解しているのである）。

しかしながら、その奇妙に歪んだ時空間のなかで、そのユーザーはヴァーチャルな「移動」を、あるいは「旅」を擬似的に体験しうる。ある瞬間に一枚の画像を視認した直後に、クリックなどの操作を挟んで、それと隣接する別の画像を視認する。さらに、それ以後も同様である……。つまるところ一枚いちまいの画像を順々に眺めているに過ぎないはずなのだが、それを一定の時間軸のなかで連続的に捉えてみた場合に、あたかもその仮想空間を「移動」したり「旅」をしたりしているかのような錯視が派生しうるわけである。ともあれ、以上のような画像データのフロー、およびその認識のプロセスをつうじて前景化されるのは、（バルトが洞察したような）実在した被写体の「過去」をめぐる再現ではなく、想像された移動主体の「現在」をめぐる合成だといえよう(5)。

ストリートビューに含まれる画像の閲覧を継続していると、そこで生成される仮想の「移動体験」は、M・チクセントミハイであれば別の意味で「フロー」と規定した心理的状態を惹起することもあるだろう。彼が語る「フロー」とは心理学的な概念であり、前川が写真研究の視点から語るそれとは当然ながら異なる。すなわち、チクセントミハイが「フロー」と呼ぶのは、時間を忘れるほど人が何かに没頭したり、極度に集中したりするときの意識状態であり、本人の言説を引用するならば、「意識がバランスよく秩序づけられた時の心の状態」（チクセントミハイ 1996：8）を指す。

たとえばGoogle社のプロモーション動画「Googleで、もっと。ストリートビューで、アメリカ横断レース(6)」には、二人の人物がパソコンのモニターに貼りつき、ストリートビューのなかで仮想の横断レースを競う様子が表象されている（サンフランシスコからニューヨークまでの四七六〇キロの横断に要したのはおよそ九〇時間、一〇万四六一九クリック分の指先の運動だという）。指先

（5）Googleストリートビューが実現する〝移動〟や〝旅〟に関しては、さまざまな見方が提起されうるだろう。たとえば東浩紀は『弱いつながり——検索ワードを探す旅』のなかで、「いまや情報そのものは稀少財ではない。世界中たいていの場所について、写真や記録映像でほとんどわかってしまう。にもかかわらず、旅をするのは、その「わかってしまった情報」に対して、あらためて感情でタグづけをするためです。いまや海外旅行なんて必要ない、グーグルストリートビューで写真を見れば十分じゃないかというひとは、このことを見落としています」と語っている（東 2014：85）。

（6）http://www.morewithgoogle.jp/m/video.html（最終閲覧日：二〇一五年三月二三日）

をすばやく動かしつづけ、レースに没頭していく彼らの姿は、まさに、チクセントミハイ的な意味での「フロー」概念でもって説明するに相応しい状態におかれているといえよう。そしてそのような状態において、彼ら〝レーサー〟の意識は、個々の画像が表象する被写体の「過去」へと差し向けられるのではなく、あくまでも〝レース〟の「現在」へと差し向けられるようにみえる。

第三節　プンクトゥム──写真のなかの言語化不可能な細部

そもそも写真とは平板である、とバルトは理解していた。写真とはそこに写りこんでいるものがすべてであり、その映像を深く掘り下げたり変換したりすることはできないと彼は考えていたようである。しかしGoogle ストリートビューの超時間的なシミュレーション空間では、画像をクリックし前進していくことで、画面のなかに入り込んでいくような、もしくは（車を運転しながら道路を疾走するドライバー視点からの動画を見るかのごとく）一枚の画像からその外部へと逃れていくような感覚が芽生えるのである。もちろん、そのヴァーチャル・ツーリズムはテクノロジーが提供する錯覚でしかない。画像をクリックすることで自らの架空の視点を前進させるとしても、それはあくまでも架空の前進であり、私たちは二枚の画像を連続的に視認することによって、それを「自らの移動」として見立てているだけのことである。それは現実とは全く別のシステムにおける、移動のシミュレーションなのである。

バルトの見解に依拠するなら、写真とは現実を客観的に表象する透明な媒体といえるが、その集合によって成り立つGoogle ストリートビューの「通路」では、ユーザーはあたかも〝透明な画像のトンネル〟を潜りぬけていくいくかのように、その限定された隘路のなかで、自らの行為の拘束性を体験することになる。つまりこのシステムでは空間を眼差す主体、あるいは空間を移動する主体がその画面の閲覧およびクリックという（そもそも実体験のなかでの移動にともなう労力とは無関係の）最小限のアクションをつうじて合成されるのである。そしてその際に成り立つ「シミュレーション」が動作の恣意的な変換をともなうことは、改めていうまでもないだろう。

ストゥディウム／プンクトゥム

写真という観点から考えてみた場合、従来のアナログ的なそれと、Google ストリートビューのデジタル的なそれとでは、それぞれのメディアとしての様態が大きく異なる。そのことをふまえたうえで、本節では写真に表象される「細部」に目を向けつつ、アナログ時代の写真を論じたバルトの言説を再度とりあげておきたい。というのもバルトはその晩年に著した『明るい部屋』において、写真の精髄としての「それは＝かつて＝あった」のほかに、「ストゥディウム／プンクトゥム」なる分析概念を提起しており、それが写真の「細部」を検討するうえで有用と考えられるからである。

バルトが規定する「ストゥディウム」とは、写真に対する一般的関心に基礎を置くものとされる（Barthes 1995：1126）。それは「写真家の意図」に統御され（同書：1127）、常にコード化されており（同書：1144）、したがって文化と不可分である（同書：1127）。これに対して「プンクトゥム」はといえば、それは「ストゥディウムを破壊しに（あるいは、区切りに）くる」ものとして位置づけられる（同書：1126）。それは写真のなかの「細部」に宿り（同書：1137）、やはりコード化に抗するものとして規定されている（同書：1144）。

ちなみにバルトの関心を惹く細部は、「不可避であると同時に無償の補足物として、撮影された事物の場で発見される」という（同書：1142）。もし、そのような細部が影響力を発揮しない（あるいは突き刺さない）としたら、それは「写真家により、故意にそこに置かれたことに原因がある」とされる（同書：1138）。いずれにせよプンクトゥムの効果として、「その「細部」のおかげで写真は記号であることをやめて、ものとなり」、そして「偶然にめぐりあう」のである（多木 1985：83）。バルトは例として、ナダール撮影の「サヴォルニャン・ド・ブラザ」（図9-6）の写真を紹介している。この冒険家の写真に対する第一の着眼点は、ブラザの膝に片手を置く右側の水夫の仕草にある。バルトにとって一見、この突飛な身振りはプンクトゥムの構成に適していると思われるのだが、しかし即刻、それは「突飛な姿勢」としてコード化されるために命名可能であり、結果として突き刺す力をもつには至らないという（Barthes 1995：1144）。むしろバルトがプンクトゥムを認めるのは「二人目〔左側〕の見習水夫の組まれた腕」なのである。ともかくバルトは、プンクトゥムという概念によって、写真のなかの言語化不可能な「細部」をとらえようとしたのである。

«Le punctum, pour moi, ce sont les bras croisés du second mousse.»
Nadar : Savorgnan de Brazza, 1882.

図9-6　ナダール撮影の「サヴォルニャン・ド・ブラザ」

以上のように説明される「プンクトゥム」概念によって、バルトは『明るい部屋』において言語化不可能なもの、あるいは〝言語の外部〟を指向し、そして、その企図を実現するために記号学をはじめとする解釈コードのすべてと距離を置こうとした。しかしながら解釈コードの拒否は、それだけには止まらない。というのもバルトは、社会学、記号学、精神分析などの批評的コードだけではなく、ルネッサンス以来の因襲的な視覚的コードでもある遠近法に対しても拒絶感を抱いていたようなのである。たとえば、下の写真（図9-7）を参照してみよう。

アメリカの写真家ルイス・W・ハインが撮影したこの写真に対して、バルトは次のような言葉を

図9-7　ルイス・W・ハイン撮影の写真

添えている――「私はあらゆる知、あらゆる文化をお払い箱にする〔…〕私の眼に入るのは、男の子のひどく大きな襟、女の子の指の包帯だけである」。ハインが意図したであろうことを汲み取るならば、この写真の狙いは遠近法の撹乱にあるといえるだろう。写真中の男の子と女の子の身長差は、両者のポジションが前後に隔たっていなくては不可解であるといえるほど大きい。つまり見かけ上の身長の差は、一見して、男の子の立ち位置が後方にあることを直感させるのである。しかしじっさいには、二人の子供はレンズから等距離に並んでいるため、鑑賞者は最終的に両者の身長の実質的な格差の開きを悟ることになるのである。そのようなわけで、このハインの作品では、二人の身長の格差が遠近法的な奥行き認知を混乱させる要因として作用しているのである。ちなみにバルトは別の箇所で、写真家の視点から遠近法に関して論及しているので、以下に引用しておこう。

「撮影者《オペラトール》」の感動（したがって、「職業的な写真家による写真」の本質）は《小さな穴》（ピンホールカメラの針穴）と何らかの関連をもつ、ということは私にも推測できた。彼はその《小さな穴》を通して、自分が《とらえ》（不意に襲い）たいと思う対象を眺め、区切り、枠に入れ、遠近法に従わせるのである。（同書：1115）

しかし同時に、バルトは「私は写真家ではないし、アマチュアの写真家ですらない」と語り、写真家の《小さな穴》からこれ以上の考察を加えることを実質的に放棄している。ようするにバルトは、職業写真家の遠近法的な視点から離れたところから写真を眺めようとするのだ。したがって前出の写真のキャプションからも読み取れるように、彼はハインの狙いに準じて鑑賞行為を実践することはしない。だからこそ「私の眼に入るのは、男の子のひどく大きな襟、女の子の指の包帯だけである」などという言葉が添えられているのである。

もちろん、バルトがここで遠近法の撹乱という写真家の意図をあえて無視し、代わりに男の子の襟と女の子の指先に着目したということは、彼なりに理由のないことではないだろう。たとえば男の子の襟に関する言及は、衣服の開口部を身体におけるエロティックな部位として指定した『テクストの快楽』での言辞を思い起こさせもする（Barthes 1994：1498）。また、女の子の指先に関する言及は、撮影された事物の場で「不可避であると同時に無償の補足物」として発見されるプンクトゥムの特徴と合致するものとなる。というのも、プンクトゥムとは写真の細部に宿り、しかも突き刺すものとして説明されていたからである。しかも、もし、そのような細部が影響力を発揮しない（あるいは突き刺さない）としたら、それは「写真家により、故意にそこに置かれたことに原因がある」とも解説されていた。このような定義を踏まえるならば、写真の少女の指先は、ハインの意図が及ばないところでバルトを惹きつけ、彼を突き刺すプンクトゥムとして機能していたと解釈できるのではないだろうか。また、その対立概念たるストゥディウムが写真に対する一般的関心に基礎を置き、写真家の意図に統御され、つねにコード化され、ゆえに文化と不可分であると規定されていたことを勘案するならば、記号学などの還元的なコードを斥けようとしたバルトが「遠近法の撹乱」という既定の意図にも迎合しなかったことは、当然といえば当然かもしれない。あくまでも「ある種の写真と向き合ったとき、私は文化を抜きにして、野生のままでいることを望んだ」と述懐しているのである（Barthes 1995：1113）。いずれにせよ、バルトは写真のなかに言語化不可能な要素を希求したわけであるが、彼のいうプンクトゥムとは、そのような言語化不可能な「細部」を指示するものとして概念化されているのである。

第四節　Google ストリートビューにおける「細部」の事後的発見

近年、自動的／機械的に撮影され、データベースへと登録された画像群のなかから、人びとがインターネットによってそれを閲覧し、何かしらの「細部」を事後的に発見する、という事例が増えている。火星探査車のキュリオシティが撮影したその惑星地表の画像も然り、あるいは、Google ストリートビューが路上で撮影したその被写体の画像も然りである。前者のキュリオシティのものに関しては、たとえば wired.jp の記事でいえば「火星上で「プラスティック片」を発見」[7]や「火星探査機、明るく光る未知の粒子を発見」[8]といった真偽不明のニュース（図9-8）がたびたび話題となるし、後者の Google ストリートビューのものに関しては、たとえば「Google ストリートビューで見る「世界の珍場面」」[9]や「ちょっと怖い!? グーグルストリートビューがとらえたヤバイ瞬間〈画像集〉」といった記事がネット上で出回ったりする。[10]

ヴァルター・ベンヤミンによれば、写真とは日常的な視覚が見過ごしがちなものを剝き出しにする——たとえば、一瞬の身振り、束の間の姿勢、自分では意識していない身体や顔の表情がこれにあたる、という。ベンヤミンは写真のなかに「無意識が織りこまれた空間」を見いだすわけであるが、ここで簡単に、彼の『写真小史』のなかで論及されていることを引用しておこう。

カメラに語りかける自然は、肉眼に語りかける自然とは当然異なる。異なるのはとりわけ次の点においてである。人間によって意識を織りこまれた空間の代わりに、無意識が織りこまれた空間が立ちあらわれるのである。たとえば人の歩き方について、大ざっぱにではあれ説明す

（7）
http://wired.jp/2012/10/11/curiosity-bright-plastic/（閲覧日：二〇一六年七月二〇日）

（8）
http://wired.jp/2012/10/19/curiosity-scoops-objects/（閲覧日：二〇一六年七月二〇日）

（9）
http://rocketnews24.com/2013/06/16/340653/（閲覧日：二〇一六年七月二〇日）

（10）
http://blog.livedoor.jp/loveai0221/archives/33274851.html（閲覧日：二〇一六年七月二〇日）

ることは、一応誰にでもできる。しかし〈足を踏み出す〉ときの何分の一秒かにおける姿勢となると、誰もまったく知らないに違いない。写真はスローモーションや拡大といった補助手段を使って、それを解明してくれる。こうした視覚における無意識的なものは、写真によってはじめて知られる。（ベンヤミン 1998 : 17–18）

さて、本章で主張したいのは、エゴセントリックな地図を自在に縮小／拡大し、自らにとって必要な情報を自在に召喚することができるGoogleストリートビューのシステムによって、ベンヤミンが語る「視覚的無意識」が飛躍的に拡大、もしくは肥大化しているのではないか、ということである。彼がいうように、そもそも写真とは人間の肉眼や意識が把捉しきれないものを露わにする作用をもっている。つまり、いちおうは私たちの視野に入りつつも認識の網の目から零れ落ちてしまうものを、あるいは、記憶の俎上から零れ落ちてしまうものを、写真はその鑑賞の段階で、事後的に確認する術を人びとに提供するのである[11]。ただ、このような視点に立脚するならば、Googleストリートビューの膨大な画像データベースはその画像空間における〝無意識的なもの〟をさらに拡張するのではないだろうか。既述のキュリオシティ、もしくはGoogleストリートビューの事例が示唆するように、被写体に付随する何かしらの「細部」が画像データベースの集合体から発掘され、それに新たな意味が付与され、インターネット空間を流通する記号として波及力をもつという事態が昨今では散見されるからである。

ただ他方で、画像データベースから掘り出される「細部」を、バルトが語るプンク

図9–8　キュリオシティが撮影した火星地表の細部

トゥムとしての「細部」と比較した場合、それを同列に位置づけることには躊躇《ためら》いを覚える。まずGoogleストリートビューの写真は写真家によって意図的に撮られたものではなく、車載カメラによって機械的／自動的に撮影されていったものである。その限りにおいて、それらは偶然性の産物には他ならないが、しかし他方で、そこに事後的に発見される「細部」はインターネット空間でコード化され、人びとの「一般的関心」にかなうものとして文化的に消費されることになる。

いずれにしても、Googleストリートビューの画像群はいまや、アートの文脈で二次創作的に加工される素材ともなっている。たとえば二〇一一年九月一四日付のwired.jpの記事では、次のような言及がなされている。

> 『Google Street View』（GSV）は、究極の「ストリート写真家」だ。〔二〇世紀を代表する写真家といわれる〕アンリ・カルティエ＝ブレッソンがロボット化したようなもので、街をうろつき、見たものをすべて記録していく。ほとんどの人たちはGSVを実用的な用途にしか使わない。三六〇度回転するカメラが捉えたどんなドラマやコメディも、ただの偶然として扱われる。そんななかで、少数の写真家たちは、これらの「偶然」を意識的に見る。街に出て興味深いシーンや人々を見つける写真家とは違い、彼らは、快適な家のデスクに坐って、すでに記録された街を編集し直すのだ(12)。

この記事で言及される「少数の写真家」の具体例として、以下では二人の人物、すなわちダグ・リカードの作品、およびマイケル・ウルフの作品を取りあげておこう。

（11）これと関連づけるならば、石田英敬は映画やフォノグラフなどに言及しながら、機械的な記録と人間的な認知の「ギャップ」こそが「技術的無意識」をうみだすとも指摘してもいる（石田 2016：75）。ともあれ、これらの視座に立脚するならば、デジタル映像のなかで事後的に発見される「細部」たちは、テクノロジーがうみだした〝無意識的なもの〟を基盤に生成された想像力の所産として把捉してみることができるだろう。

（12）http://wired.jp/2011/09/14/%e3%82%a2%e3%83%bc%e3%83%88%e3%81%ab%e3%81%aa%e3%81%a3%e3%81%9f%e3%80%8egoogle%e3%82%b9%e3%83%88%e3%83%aa%e3%83%bc%e3%83%88%e3%83%bb%e3%83%93%e3%83%a5%e3%83%bc%e3%80%8f/（閲覧日：二〇一六年七月二〇日）

ダグ・リカードの作品

もともとカリフォルニア大学サンディエゴ校でアメリカ史と社会学を学んでいたというダグ・リカードの写真集 *A New American Picture*（図９-９）は、一見すると何の変哲もないドキュメンタリーのように思われるかもしれない。そこにはアメリカの荒廃した地域の現実が写しだされ、一枚いちまいの作品も画質は粗いもののそれなりに美しい。驚くのは、この写真集に収められた画像群は単なる写真ではなく、「写真の写真」なのである。つまり写真家がシャッターを切ることによって生まれる写真ではなく、Googleストリートビューの車載カメラが機械的に撮影した画像群の一枚をデジタルカメラで再撮影し、それをフォトショップで加工したものなのである（Rickard 2012：133）。リカードの作品では、透明性という特徴をもつ写真を再撮影する（すなわち写真を写真に撮る）過程で、彼による事後的な加工・編集の営為そのものが透明化＝後景化してしまっているのである。

じっさいに彼の作品をみてみると、たとえば「#33. 665001 Atlanta GA（2007）, 2010」と題された作品では、すべての窓、すべての扉がベニア板によって閉鎖された二軒の、おそらくは誰も住んでいない家屋の前を、ひとりの黒人少年が自転車で駆け抜けていく姿がうつしだされている。あるいは「#32. 758964 Dallas TX（2009）, 2010」と題された作品では、両手で二本の杖をつき、なんとか自力で歩行している老人が路傍で佇んでいる姿がうつしだされている。それ以外にも、簡素な住まいの前で車椅子に乗った状態でうつりこんだ男性、また、上半身裸でうつりこんだ男性、カメラに背を向けて用を足す少年など、そのどれもが撮影された地域の貧困を想起させる画像となっている（見方を変えれば、それらの写真は人種、性別、階級について、アメリカ社会が抱えている問題を提起しているともいえる）。

図９-９　*A New American Picture*

ちなみにリカードの作品は、ところどころボカシがはいっているものの、一枚いちまいの写真を単体でみてみても、それがGoogleストリートビューに由来するものだと気づく手がかりは乏しいように思われる。これらはGoogleストリートビューのモニター越しに間接的に撮影された写真群ではあるが、リカードの狙いは、あくまでもドキュメンタリー的にアメリカのある地域の現実を表象することにあるように受けとることができる。

ともあれ、アメリカのある地域の現実、すなわちバルトのいう「それは＝かつて＝あった」を反映することが、リカードの意図に含まれていたようである。リカードは自らがじっさいには訪れたことのない場所、そしてじっさいには出会ったことのない人を撮影しながらも、彼が選択した画像によって、たとえばアトランタやダラスのような「場所の感覚を呼び起こそうと欲した」という（同書：137）。もちろん、その場合、彼の作品において「それは＝かつて＝あった」を保証しているのは、ある瞬間に被写体がカメラの前に実在したという事実ではなく、むしろ各作品の表題にも含まれる撮影の時間と場所に関するデータだともみることができよう。

マイケル・ウルフの作品

これに対してマイケル・ウルフの写真集 *Asoue. a Series of Unfortunate Events*（図9-10）は、リカードのものと同様にGoogleストリートビューの画像を二次創作的に利用したものではあるが、画像空間へのアプローチがまったく異なる。ウルフの作品はこの写真集のタイトルが示すとおり、Googleストリートビューに偶然うつりこんでしまった不幸な出来事が写真として収集されている。じっさいにその写真集を通観してみると、カメラの近くを飛ぶ鳩がクローズアップになって視界を覆ってしまう写真、歩道で仰向けに倒れている老婦人の写真、Googleの車載カメラに向けてカメ

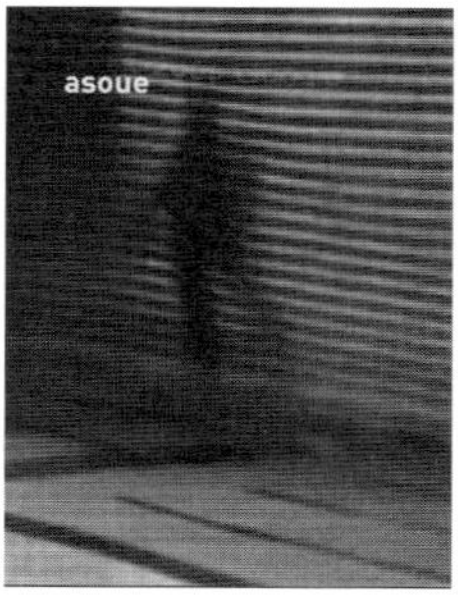

図9-10　*Asoue. a Series of Unfortunate Events*

ラを構える男性の写真、子供に向けて銃を構える黒人男性の写真、キスをする男性同士の写真など、どれもたまたまGoogle ストリートビューにうつりこんでしまった人目をひく写真であるが、それらをウルフは集め、一冊の写真集に仕立てあげてしまったのである。この写真集の巻末の解説で論及されるように、「興味深いことに、Google ストリートビューは〔二〇世紀を代表する写真家〕カルティエ＝ブレッソンの基本的なコンセプトのひとつ、「決定的瞬間」を激増させる」——ただし「ストリートビューが産出するのは、別種の「決定的瞬間」であり、それはもはや写真家には依存せずに量産されるのである」（Wolf 2011：62）。

Asoue. a Series of Unfortunate Events の特徴としてもうひとつ重要なのが、そこに所収された写真群がGoogle ストリートビューやそれを表示するパソコンに付随していた諸要素——たとえばGoogle ストリートビューのルート表示、「@2009 Google」の記載、被写体の顔に付加されたボカシ、パソコンのポインタ、モニター上のピクセルなど——を積極的に明示していることである。比較するならば、そもそもリカードの写真はドキュメンタリー的であり、現実の風景をGoogle ストリートビュー経由で表象することを志向するものであったが、これに対してウルフの写真は、現実を客観的に表象するというよりは、むしろ（Google ストリートビューをつうじて現実にアプローチしようとする）ユーザーのおかれている文脈そのものを照射するものといえる。

窓としてのインターフェイス／鏡としてのインターフェイス

リカードの写真集 *A New American Picture* とウルフの写真集 *Asoue. a Series of Unfortunate Events* は、双方ともにGoogle ストリートビューのデータベースに格納された画像群を二次創作的に活用したものではあるが、端的にいえば、それぞれがもつ〝被写体の現実〟への態度は、大きく異なるように思われる。前者、リカードの写真はGoogleストリートビューを介したものでありながら「透明性」を自称する作品であり、後者、ウルフの写真は、むしろGoogleストリートビューにおけるインターフェイスの「媒介性」や「不透明性」を前景化する作品であるといえる。これら双方の差異については、それと関連してデイヴィッド・ボルターとダイアン・グロマラによる次のような言説を引用しておくこともできるだろう。

鏡を覗きこむと自分が映る。その背後には、自分のいる部屋や周囲のものが映っている。われわれは文脈に囲まれている。物理的環境や、職場や家庭での環境、さらに文化や言語に規定されるより広い環境を含めて、文脈の中にユーザーを映し出すという意味で、デジタル・インターフェイスは鏡と言える。（ボルター＋グロマラ 2007 : 41）

そう語りながらボルターとグロマラは、ユーザーに自らのおかれている文脈を内省させる「鏡としてのインターフェイス」を、世界を透明にまなざすことを保証する「窓としてのインターフェイス」と対置しながら議論を展開している。まさにこれらの対概念を援用するならば、リカードの写真集は「窓」としてのGoogleストリートビューのあり方を雄弁に語るものといえるだろうし、ウルフの写真集は「鏡」としてのGoogleストリートビューのあり方を雄弁に語るものといえるだろう（というのもウルフの作品は、そこに付随する不透明性によって、私たちがどのような技術的文脈で鑑賞行為に及んでいるのか、ある種の自覚を強いるからである）。私たちはGoogleストリートビューをつうじて世界を眺めるだけでなく、そこで仮想の旅、ヴァーチャル・ツーリズムを楽しむことができるようになった。ただ、それが何を意味しているのかということを、私たちは上記の二冊の写真集をつうじて、より深く考える機会を得ることができるかもしれない。

●結びにかえて

本章では、ケヴィン・リンチによる都市のイメージ論、そしてロラン・バルトによる写真論を経由しながら、Googleストリートビューのデジタルシミュレーション空間のなかで都市をめぐるメンタルマップがどのように変容しつつあるのか、あるいは、写真というメディウムがどのように位置づけられつつあるのかを考察してきた。さらにそのうえで、バルトが論及する言語化不可能な細部としての「プンクトゥム」概念を導入したうえで、それがGoogleストリートビューをつうじて事後的に発見される「細部」とどのように異なるのかを確認してきた。そしてさらに、Googleストリートビューの画像群を二次創作的に活用したダグ・リカードとマイケル・ウルフの写真集をとりあげながら、それらが〝被写体の現実〟に対してどのようなアプローチを採用しているのかを比較してきた。

ＧＰＳの使用を前提とするIngressやポケモンＧＯといった新しいタイプのゲームの登場が象徴するように、人間と空間との関係、人間と地図との関係、さらには地図と空間との関係は、昨今ますます錯綜したものになりつつある。そのような現況を勘案したとき、Googleストリートビューや、そこから派生したアート作品は、それらの関係性の現代的な様態を考えようとしたときに、きわめて示唆的であるといいうる。

第10章 テクノロジーによる「行為」のシミュレーション
——トリップアドバイザーを題材に

近年、各種メディアテクノロジーの発達によって、映像と（それに付随して現前する）空間性、あるいは映像と（それを受容する人間の）身体性との関係がよりいっそう錯綜したものとなりつつある。河田学が指摘するように、たとえば私たちは、パソコンのモニターの彼岸にひろがる「サイバースペース」と呼ばれる仮想空間のなかで、実際には身体的移動を随伴しないにもかかわらず「……のサイトに行く」という空間的隠喩を使用しうるが、それは現代人が直面しつつある「移動」をめぐる状況の複雑性を示唆するものといえよう（河田 2015：52）。

じっさい、現実空間と仮想空間の関係性は錯綜したものになりつつある。たとえば都市空間を移動中に、私たちはデジタル地図と連動した各種のアプリを起動させて、ショップの情報を調べたり、レストランの口コミを探したりする。吉見俊哉によると「今日、デジタル技術はビル壁面から携帯端末までのデジタル・スクリーンとして爆発的に増殖し、都市のなかに拡散しているだけではない。より重要なことは、地理的・建築的な空間であるはずの都市そのものが、実質的にデジタルな空間として再構成され、メディア空間と建築空間の境界線を限りなくぼやけさせていることだ。つまり私たちが経験しているのは、様々なメディアが都市のなかに溶け出していった状況という以上に、都市がメディアのなかに溶け出していく状況」だとされる（吉見 2015：1）。そしてそのような視座に依拠するならば、現代における都市空間とは「地理的・建築的な空間」と「デジタルな空間」との今日的な関係性、あるいは、その相互形成性を垣間見せてくれる場として理解しうるかもしれない。

移動や旅をめぐる今日的な状況については、第8章でとりあげたポケモンGOや、第9章でとりあげたGoogleストリートビューなども、それを考察するための恰好の題材となるだろう。付言しておくと、移動や旅をめぐって「現実的なもの」と「想像的なもの」が交錯する事例は、過去にもさまざまなかたちで存在してきたといえるかもしれない。たとえばジョン・アーリは「想像による旅」に言及するなかで、その歴史的な次元を視野にいれながら、つぎのような指摘をおこなっている。

> 想像による旅は〔テレビの〕他にも数々のかたちで行われてきた。たとえば、人々は、記憶、テクスト、ガイドブックやパンフレット、旅行記、写真、葉書、ラジオ、映画などを通してよその場所に「旅」をしている。そうした旅は、時として身体の旅の代わりになることもあるが〔…〕、むしろ旅への欲望と、よその場所に身を置くことへの欲望を引き起すことの方が多いように思われる。一九世紀には、主にガイドブックなどの書き物が、想像上の旅にとって重要であった。そして、二〇世紀前半には写真とラジオが中心になり、二〇世紀後半には、映画とテレビが想像上の旅の主要なメディアになった。（アーリ 2015 : 251）

私たちはガイドブック、旅行記、テレビ番組、口コミサイトなど、それこそさまざまなメディアを活用しながら、旅への想像力をふくらませる。じっさいにアーリがこの引用で示唆するように、じつに多種多様な媒体が「想像による旅」を喚起するものになりうるのだ。

彼が列挙するもののなかには個人に帰属する「記憶」も含まれるし、また、「写真」などの記録メディアも含まれる。また、彼が語る「身体の旅の代わり」の具体例としては、既述のストリートビューによる〝横断レース〟を想起することもできるだろうし、これに対して、「旅への欲望と、よその場所に身を置くことへの欲望」を掻きたてるものとしては、紙媒体のガイドブックやウェブ上の旅行サイトなど、それはそれで、じつに数多くの媒体をあげることができる。本章では以下その一例として「トリップアドバイザー」をとりあげ、当該サイトやアプリにおける写真データの位置、さらには、それを要素として組み込んだ「トラベルタイムライン」や「三六〇度パノラマ写真」について分析を試みてみたい。さらにそのうえで、人間の「行為」や「体験」をシミュレートする各種テクノロジーの役割について考察を展開していくつもりである。

第一節　トリップアドバイザーにおける写真データのフロー

私たちの手許には多種多様なデジタル／ソーシャルメディアがあり、それらを介して、人びとは「旅」をめぐるイマジネーションを獲得することができる。とりわけトリップアドバイザーや食べログのような「CGM」（消費者生成メディア）が存在感を増しつつある昨今、一般ユーザーが投稿した口コミ情報や写真データをもとに、私たちは各種のアプリを経由して「想像による旅」へと手軽にアクセスしうるようになっているのだ。

本章で主にとりあげるトリップアドバイザーは、都市や地域ごとのホテル、レストラン、観光情報などに関する口コミ・価格比較を掲載する、旅行情報コンテンツとしては世界一の閲覧数を誇るウェブサイトである。たとえば北京の王府井エリアにある鍋料理の店、「海底撈火锅」のページ[1]（図

（1）https://www.tripadvisor.jp/Restaurant_Review-g294212-d2264025-Reviews-BeiJing_Haidilao_Hot_Pot_Wangfujing-Beijing.html（最終閲覧日：二〇一七年六月二五日）

10－1）を見てみると、店名の下には住所や電話番号などの基本情報のほかに、合計四五五件の口コミ情報があり、また、北京のレストラン一万一八六七軒のなかで五位にランクインしていることが示されている。さらにその下段には、じっさいにその訪問客が投稿した二二二枚の写真や口コミ情報を閲覧できるカテゴリーがある。また、さらにそのページによると、すべての口コミ評価の合計が五段階のうち四・五であり、高い評価を集める人気店であることが提示されている。

旅行者は自らが訪れたレストランやホテル、あるいは観光地で、料理や内装、もしくは風景を写真に撮影する。それはポータブルデバイスやパソコンに記録・保存されていくわけであるが、ユーザーがそのなかから特定の写真を選んでトリップアドバイザーにアップロードすることにより、それは他のユーザーが投稿した画像と並置され、誰でも閲覧できる状態になり、おおくの旅行者が目的地を選定する際の基準を提供することになる。

パソコンで閲覧可能なウェブサイト版に対して、トリップアドバイザーのスマートフォン向けアプリでは、移動中での、あるいは旅行先での閲覧に配慮した仕掛けが導入されている。モバイルメディアをつうじて電波の圏外でもデジタル地図を参照できるように、あらかじめ当該データをダウンロードできる仕掛けが用意されているし、また、GPSを前提に目的地までの距離が自動的に算出される仕組みも用意されている。

図10－1　トリップアドバイザーのレストラン情報（ウェブサイト版）

トラベルタイムライン機能

それに加えて、モバイル版のみで活用可能な機能として、このアプリにはトラベルタイムラインなるものが実装されている（図10−2）。これはモバイル端末のGPS機能、および、モーションセンサー機能を前提に、旅の軌跡（のみならず、日常における移動）を自動記録し、それをタイムライン上で時系列的に表示してくれるものである。それによって、自らがどのような経路をたどり、どのような場所を訪れたのか、さらに、それにどれほどの時間を要したのかが縦スクロールの画面で一目瞭然に把握できるように、記録と表示がなされているわけである。

また、そのタイムラインにはデジタル地図が紐づけられており、「地図をみる」という表示をタップすることで、一日の移動経路を空間的な位置関係のなかで視覚的に把握することができる。さらに付言しておくと、そのタイムラインには、移動の過程で撮影された画像データが選択的に自動挿入される仕組みになっており、モバイル端末に蓄積された写真がアプリをつうじて、前川修がデジタル写真にみいだした「フロー」をあらたに生成することになる（その前提となっているのは、画像撮影とともに記録されたメタデータである）。

トリップアドバイザーのサイトとアプリ、および、アプリに付属されたトラベルタイムライン機能では、写真の画像データは当該システムのなかで、あらたな位置を獲得しつつあるといえる。ウェブサイト版で認められるように、写真は他のユーザーが撮影したそれと並置され、旅をめぐる「集合知」(2)を形成している。その一方で、写真は個人的な移動経路のログとともにタイムライン上で自動的に整序され、旅をめぐる個人的な「記憶のフロー」を喚起する媒体として機能してもいる。スマートフォンというデジタル端末のなかで、写真が複数性や連続性をもとに変容していく様子がこの事例からもみえてくるのではないだろうか。

図10−2　トラベルタイムライン機能（アプリ版）

(2) 西垣通によると、集合知とは「人々のいわゆる「衆知」、とくにインターネットを利用して見ず知らずの他人同士が知恵を出しあって構築する知」のこととして説明される（西垣 2013：20）。

第二節　記録と予期の間隙で

前節でとりあげたトリップアドバイザーは、まさに「旅への欲望と、よその場所に身を置くことへの欲望」を惹起する媒体として機能しうる。近い将来に訪れる（／訪れたいと思っている）都市や地域の情報を、当該サイトをつうじて閲覧するのは、人によってはじつに楽しい経験かもしれない。どのようなホテルを利用するか、あるいは、どのような観光地を訪れるか――トリップアドバイザーが提供するのは、旅をめぐる多彩な選択肢だといえる。

この、ユーザーが「未来」に差し向ける期待は、アーリの語る「予期」の問題と関連づけて理解しうるだろう。既述のとおり彼は、人びとの移動を可能にする「システム」（たとえばチケット発行、住所、安全装置、乗換駅、ウェブサイト、送金、パッケージツアー、バーコード、橋、タイムテーブル、監視など）に論及しながら、それは「旅ができる、メッセージが通じる、小包が到着するといった「予期空間」をもたらす。システムによって、当該の移動が予想可能かつ相対的にリスクのないかたちで反復されることが可能になる」と指摘していた。アーリによると、「この反復システムの歴史は、実質的に、自然界を「支配」し、安全を確保し、管理し、リスクを減らしてきたプロセスの歴史である」とされるが、これをふまえて捉えなおしてみるならば、各種の旅行情報を提供してくれるトリップアドバイザーもまた、安全確保やリスク管理に資するものでありつつ、「予期空間」をもたらすシステムとして位置づけることができよう。

ただし、その一方で、トリップアドバイザーは「予期空間」を形成するものであると同時に、あるいはそれ以前に、個々人の記憶に直結した記録情報の集合体でもある。誰かが旅先で撮影した写真データがモバイル端末に保存され、さらに、その「被写体の過去の現実」（それは＝かつて＝あった）がサイト上にアップロードされ、しかる後に、それが多くの人びとに「画像のフロー」のなかで共有されることになる。そして「予期」の主体であるユーザーは、投稿された口コミや写真に依拠して目的地＝訪問先を選定し、類似した行為（料理を食べる、観光地を訪れる、ホテルに泊まる……）を再生産していく。ここに「記録」と「予期」を往還するある種の〝循環回路〟を認めることは、そう難しいことではないだろう。誰かの「記録」が他の誰かの「予期」につながる（そして、その予期が誘発する行為が、あらたな「記録」をうみだす）――そのような循環回路のなかで、デジタル化された写真もまた、人びとの意識と欲望を誘導するシステムのパーツとして振る舞うのである。

第三節　行為や体験をシミュレートするテクノロジー

今日におけるデジタルテクノロジーは、いかにして旅をめぐる行為や体験をシミュレートするのだろうか。本節ではまず、「想像による旅」を喚起するものとして、トリップアドバイザーに搭載された別の機能、すなわち三六〇度パノラマ写真をとりあげておこう。これは先述のトラベルタイムラインと同様に、写真を前提として「行為のシミュレーション」を実現する機能といえるが、端的にいうと、それは部屋のパノラマ写真を閲覧することにより、まるで自分がその場にいるかのような臨場感を体験できるサービスだといえる。

たとえば図10‐3aのように、あるホテルの情報が掲載されているページからパノラマ写真のサムネイルをひとつ選んでたちあげると、図10‐3bのように、スマートフォンやタブレットの画面をつうじて、あたかも自分が部屋の内部にいて、まわりの風景を自在に眺めているかのような視界が提供される（そのユーザーがタブレット越しに右を向けば、目的地のホテルの部屋にいて右を向いたかのような視界がひらけるし、逆に左を向けば、そこで左を向いたかのような視界がひらける）。つまり「ここ」（ポータブル端末を掲げる場所）にいながらにして、「そこ」（旅行の目的地）にいる体験がシミュレートされるわけである。

旅という体験のシミュレーション

三六〇度パノラマ写真は、訪問したいと思っている場所のイメージについて、その事前閲覧を可能にする。それは「出発地」にいながら、「目的地」での体験をシミュレートするものであり、アーリ流にいえば、やはり「予期空間」を提供するシステムであるといえるだろう。そしてそれを可能にしているのは、「写真」というメディウムから派生したデータの集合体（／流れ＝フロー）なのである。

先述のように、トリップアドバイザーのサイトとアプリ、および、後者に付属されたトラベルタイムライン機能では、写真の画像データは当該システムのなかで、あらたな位置を獲得しつつある、と総括することができた。ウェブサイト版における画像データ群や、タイムライン上で自動的に整序される画像のフローは、デジタル写真の現代的なあり方を如実に反映するものともいえよう。そしてそれは三六〇度パノラマ写真に関しても同様である。私たちは三六〇度パノラマ写真が嵌め込まれたその画面をつうじて、じっさいの旅行に先立って、その状況を予期することができるのである。

図 10-3 a／b　トリップアドバイザーの 360 度パノラマ写真

トラベルタイムラインと三六〇度パノラマ写真――トリップアドバイザーに搭載されたこれらの機能は、それぞれ別のかたちで、単なる「旅の記号＝表象」というよりは、むしろ旅をめぐる「体験のシミュレーション」を提供してくれるものといえる。私たちはこのうち前者、トラベルタイムラインによる経路のシミュレーションによって、過去における旅の体験をより詳細に思い返すことができる（いつ、どこで、どのような経路を通って、何か見たか等々）。また、このうち後者、三六〇度パノラマ写真による視覚体験のシミュレーションによって、未来における旅の体験をより詳細にイメージすることができる（どのホテルに泊まれば、どのような体験を得ることができるのか等々）。つまりここで、デジタル写真の画像データは、単なる被写体の代理物としての「記号＝表象」ではなく、それらのユーザーによる「体験のシミュレーション」を可能にするものとなるのだ。

「シミュレーション」とは何か

シミュレーションとは起源も現実性もない実在のモデルで形づくられたもの、つまりハイパーリアルだ。領土が地図に先行するのでも、従うのでもない。今後、地図こそ領土に先行する――シミュラークルの先行――地図そのものが領土を生み出すのであり、仮に、あえて先のおとぎ話の続きを語るなら、いま広大な地図の上でゆっくりと腐敗しつづける残骸、それが領土なのだ。（ボードリヤール 1984：1–2）

かつてジャン・ボードリヤールは『シミュラークルとシミュレーション』と題された著作のなか

で、「シミュレーション」概念について以上のように規定した。以下で改めて考えてみたいのは「シミュレーション」とは何か、それは「表象」とどこが異なるのか、という問題である。この点についての考察を深化させるために、ゲーム研究者の松永伸司による論文「行為のシミュレーションとしてのビデオゲーム」に包含される言説を参照してみたい。

松永はシミュレーション概念を規定するうえで「挙動」という要素を重視し、ゴンサロ・フラスカらが主張する見解を引用してみせる。すなわち「シミュレーションは、たんにその対象の――ふつう視聴覚的な――特徴を保持するだけでなく、その挙動のモデルを含むものでもある。このモデルは、一連の条件にしたがって、特定の刺激〈入力データ、ボタン押し、ジョイスティックの動き〉に対して反応する」（松永 2015：186）という見解である。フラスカらは「表象」と「シミュレーション」の差異を強調するが、その点に関しては、たとえば「『SimCity』は〈工場が稼働するには送電線によって発電所とつながる必要がある〉といった挙動のルールを持ち、そしてそのルールにもとづいた実際の挙動によって都市の挙動とそのルールを表わすが、都市を描く絵画や映画はそのようなしかたで都市を表すわけではない」（同書：187-188）と説明される。そして松永は、そのうえで「シミュレーション」概念を次のように規定するのである。

> シミュレーションとは、ある動的システムによって、それとは別のシステムの動的側面を、両者の挙動のルールが少なくとも部分的に同型であるものとして表わすことである。（同書：190）

松永はこのような定義を提示しながら、それを図10-4のように図式化してみせる。なお、この

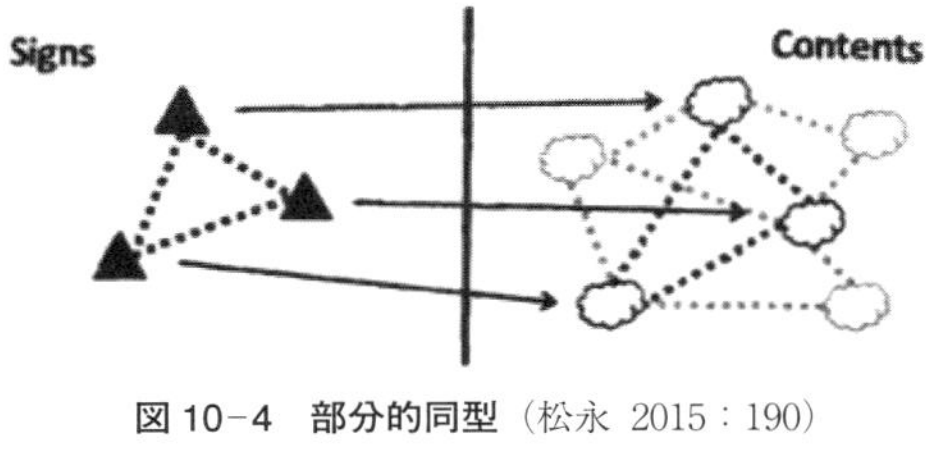

図 10-4　部分的同型（松永 2015：190）

定義に含まれる「部分的同型」に関する議論は、ユールが言及していた「簡易化」のメカニズムを考察するうえでも有用な視座を提示してくれるのではないだろうか。

あるシステムにおける動作や行為を、それとは別のシステムのなかで模倣的に再現しようとする場合、もとのシステムに含まれる要素のすべてがシミュレーションの過程で反映されるわけではない(松永の主張にしたがえば、部分的にしか同型性は維持されないわけである)。たとえば現実のスポーツであるテニスを、『Wii Sports』という別のシステムのなかでシミュレートしようとする場合、プレイヤーと選手の動作が同期することにより、「右手でリモコン/ラケットを振る」という要素は反映されるかもしれない。しかし他方では、私たちはテニスの選手が縦横無尽に駆け回るコートの面積を必要とせずにそのゲームをプレイすることができる。ようするに、プレイヤー空間とテニスコートの面積の対応、およびそこを動き回るプレイヤーの可動域と選手の可動域の対応は度外視されているわけで、たしかにここでも〝部分的〟な同型性しか成立していない、とみてとることができる。

ちなみに、これは先述の「Googleで、もっと。ストリートビューで、アメリカ横断レース」で表象される〝移動〟や〝レース〟にも見出される構図である。私たちはGoogleストリートビューのシステムの内部で、マウスを「クリックする」だけで「移動する」ことを実現することができる。この一連の手続きにおいては、指先の単純な動作によって、空間移動の錯視が獲得される限りにおいて、ユールがいう「簡易化」が施されていると解釈することができよう。ただ他方では、そこで私たちに許容されているのは、「クリックのみで移動する」ことだけであり、それ以外での当該空間内での行為は制限されている。たとえばGoogleストリートビューのシステム内を〝移動中〟に、たとえば道路脇にコンビニを見つけたとしても、店内にはいってドリンクを購入する、といった複雑な行為をユーザーは選択／遂行することができない。そのような行為の可能性は、あらかじめ当該システムからは排除されているのである（ここでも空間内の行為は、あくまでも〝部分的な同型性〟によって現実との対応を維持しているにすぎない）。

ともあれ、補助線として松永による「シミュレーション」をめぐる言説を援用してみた場合、そこから何がみえてくるだろうか。トリップアドバイザーのトラベルタイムライン機能では、旅行者が「通過した」ルート、および、その通過過程で「見て」「撮影した」写真群が時系列順に、スマートフォンの画面において空間的に再配置される。それによって、実際に当該旅行者がその体験を事後的に想起する際、タイムライン機能のログを参照することにより、時系列的にプロ・グラムされた（すなわち福田裕大の言葉を借りれば、「前もって・書きつけられた」）視覚体験が「挙動のルール」の部分的共有を前提として、旅をめぐる体験をシミュレートし、「記憶」を再構成していくことになる。その一方で三六〇度パノラマ写真では、旅行における現実の行為と、ポータブル端末をもちいた架空の行為とのあいだで「挙動のルール」が共有されており（ユーザーがタブレット越しに右を向けば、目的地のホテルの部屋にいて右を向いたかのような視界がひらけるし、逆に左を向けば、そこで左を向いたかのような視界がひらける）、それによって旅をめぐる体験がシミュレートされ、再構成される。

これは松永が論じたゲームや、あるいは筆者が論じたトリップアドバイザーのみに認められる構図というわけではない。現代社会ではこれらに限らず、人びとの行為や体験をシミュレートするテクノロジーが多種多様なかたちで存在している。それはおもに第7章で詳論したような、現実のスポーツをゲームのなかでシミュレートしようとする『Wii Sports』、あるいは、教室での講義をＩＣＴによってシミュレートしようとする「インターネット大学」、さらには、ＤＪプレイをデジタルテクノロジーの水準でシミュレートしようとする「PCDJ」など、枚挙に暇がない。現代では各種のテクノロジーによって、人間による特定の「行為」や「体験」が別の技術的なシステムのなかで合成される、あるいは再構成されるという事態がいたるところで散見されるのだ。

●結びにかえて――「シミュレーション」概念から再考するバックミラー

以上の「シミュレーション」をめぐる構図は、実はマクルーハンの「バックミラー」をめぐる構図とも接続可能である。本書の序章および第1章で展開した議論を、いまいちど思い返しておこう。ジグムント・バウマンが論及したように、世界は「リキッド」に変容しつつある。しかし他方で、マクルーハンが「バックミラー」の隠喩で示唆したように、人間の認識は新しいテクノロジーがもたらす変化に対して、すぐに対応することができない。たしかに今、多種多様なかたちで進化を遂げたデジタルメディアやソーシャルメディアによって、私たちをとりまく環境は以前にも増して流動化しつつあるわけだが、しかしその一方で、私たちは自らが直面しつつある変化がいったい何であるのか、その意味を十全に理解することができないのだ。

そこで、新しいテクノロジーを咀嚼するために必要とされるのが、古い時代に培われたイマジネーションなのである。それを論じるために、本書の第1章では、フータモによる「トポス」、タークルによる「インターフェイス・バリュー」、ユールによる「カジュアル革命」という三つの概念を紹介することで、人びとが各時代の新たなメディアテクノロジーを、それとは別の何かによって記号的に認識したり、操作する術を獲得したりしてきたことを確認した。

たとえば現代人は「妖精エンジン」のトポスを経由して、未知のテクノロジーを既知のイメージによって置換しようとし、また、デスクトップ・メタファーを経由して、コンピュータを簡単に制御する仕組みを考案しようとし、さらに、体感型のインターフェイスを経由して、身体とゲームとを連結する新たなアプローチを模索しようとしてきた。そして人間は各時代に活用可能なテクノロジーを駆使することで、そのつど、自らをとりまく情報世界を巧みに制御《コントロール》しようと試みてきたのである。

第1章では上記の諸問題をマクルーハン的な「バックミラー」の観点から考察していったが、他方でそれらは「シミュレーション」の観点からも考察しうるのではないだろうか。たとえばコカコーラの自動販売機のなかにシミュレートされた小人たちの姿、また、マッキントッシュ・パソコンの画面上にシミュレートされたゴミ箱、Wiiリモコンによってシミュレートされたテニスなどは、いずれも従来から存在するイマジネーション（小人、ゴミ箱、テニス）を、それとは別の技術的なセッティング（自動販売機、パソコン、Wiiリモコン）のなかで再構成した事例として理解できよう。そしてそれぞれの事例において、私たちは自動販売機の内部を小人の姿を経由して理解したり、また、パソコンの操作をデスクトップ・メタファーによって理解したり、テニスの選手として自らを見立てながらWiiリモコンを振ったりするのである。それらシミュレーションのメカニズムにおいて、「バックミラーごしに現在を見る」という、マクルーハンが指摘したようなイマジネーションが介在することはいうまでもない。

筆者は巻末のプロフィールにもあるように、いちおうの専門として「記号論、メディア論、映像論」を名乗っているが、研究上の出発点となったのはロラン・バルトの写真論である。この主題における著作としては、『ロラン・バルトにとって写真とは何か』（図11-1）と題する書籍を二〇一四年にナカニシヤ出版より上梓しているが、その元となったのは、二〇〇二年に京都大学大学院人間・環境学研究科に提出した同名の修士論文である。

『ロラン・バルトにとって写真とは何か』では、バルト晩年の写真論である『明るい部屋――写真についての覚書』の理論的な意義を、彼の思想全体に伏在する多元的な視座からあくまでも内在的に分析しようと試みた。そもそも『明るい部屋』という写真論は、視覚的イメージの一形式たる「写真」を論じることのみに専心した書物ではない。その謎めいた書物は、写真のレクチュールを題材としながらも、言語活動の終極を語り、身体の情動的次元を語り、愛する人と自らの死をも語る複雑で重層的なテクストである。筆者は上記の拙書でその複合性を勘案したうえで、バルトの思想から幾つかの視覚モデルを抽出したり（図11-2）、また、彼の自伝的テクストにおける自己表象を分析したり（図11-3）、さらには、議論の焦点となった写真における〝過去の現実〟の理論的な意義を考察したりした。ともあれ拙著では、バルト写真論の理論的視座に依拠してそのメディウムとしての固有性や特質を明確化するというよりは、むしろ、彼が晩年に写真というメディウムに仮託して、どのような記号学的境地を描出しようとしたのかを解明しようと試みたのである。

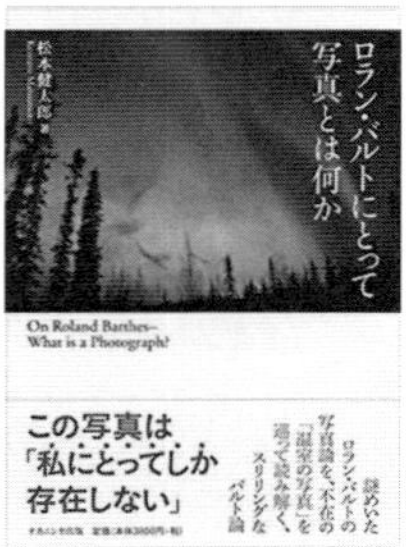

図11-1　松本健太郎『ロラン・バルトにとって写真とは何か』ナカニシヤ出版

	神話	脱神話化	エッフェル塔	皇居	「温室の写真」
視覚的操作	-	想像的な視点の移動	物理的な視点の交換	視線の遮断	他者の眼差しへの遡行
中心の体制	充実	空虚化（脱中心化）	空虚	空虚	空虚（無）
中心の可視性	不可視	中心の可視化	可視	不可視	不可視（"不在"）
中心との同一化	可能	-	可能	不可能	不可能
記号学的役割	視線・象徴	神話のオブジェ化	視線・象徴・オブジェ	オブジェ	オブジェ
IV / IM	n / 1	n / 1+a	1 / n	1 / 0	1 / 0
〈空虚〉の位置	-	言語の内部	言語（母語）の内部	言語（母語）の外部	言語の外部
関連	"意味の帝国"，西洋型都市	ブレヒトの異化理論	ブレヒトの異化理論	"記号の帝国"	-
文献	『ミトロジー』(1957)	『ミトロジー』(1957)	『エッフェル塔』(1964)	『記号の帝国』(1970)	『明るい部屋』(1980)

図 11−2　バルト思想に内在する視覚モデルの変遷（松本 2014a：77）

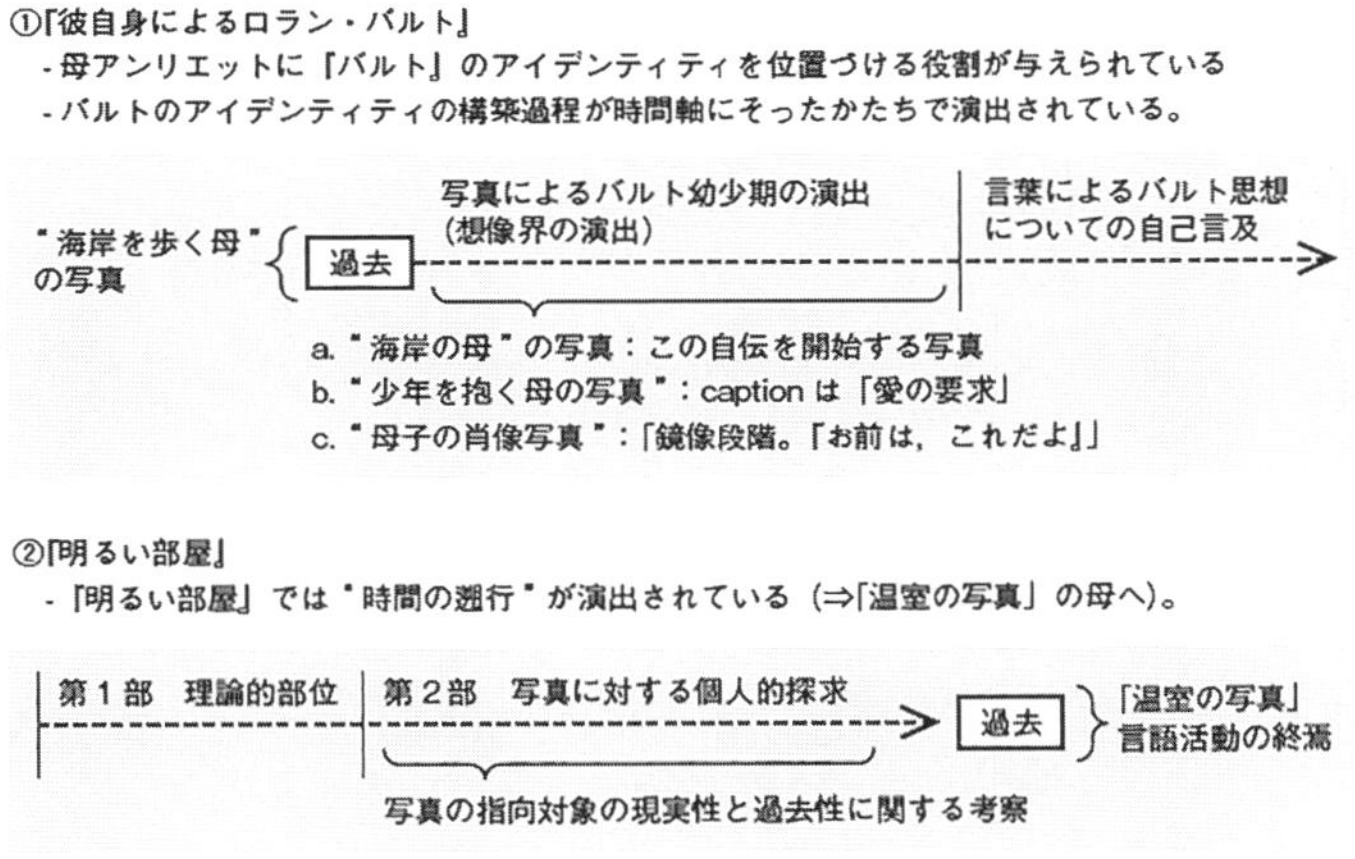

図 11−3　バルトの自伝的著作二冊における時間意識の相反性（松本 2014a：82）

『ロラン・バルトにとって写真とは何か』であるが、二〇〇二年にそれを修士論文として執筆し終えた段階で、二点ほど気がついたことがある。まず一点目は、まさに本書の主題でもある「記号とメディアの間隙」に関してである。

そもそもバルトにとって言語記号とはつねに「権力」の源泉として語られ、偏愛の対象であると同時に嫌悪の対象でもあった。そして嫌悪の対象ということでいえば、彼は言語を〝牢獄〟のごときものとして認識していた。そして彼はそのような文脈において〈ソシオレクト〉や〈権力内的言語活動／権力外的言語活動〉などの諸概念を提起しながら、社会における〝分裂〟や〝戦争〟と称される言語論的状況を素描していった。バルトは言語をあらゆる権力作用の源泉として措定し、そこに文化的な硬直性の源泉を見出していったのである。

そうしてバルトは最終的に『明るい部屋』で、〝言語の外部〟への旅を実践することになる。そもそも彼は基本的な前提として、人間から自由を剝奪する言語の抑圧的な作用に対して悲観的なヴィジョンをもちあわせていた（「言語活動の外にしか自由はありえない。不幸なことに、人間の言語活動に外部はないのである」〔Barthes 1995 : 804〕）。だが彼は〝出口なし〟という人間の言語的状況を重々承知しつつも、晩年のその写真論において、言語外現実をダイレクトに表象する「写真」というメディアの技術的特性に依拠して、みずからを主人公として言語圏からの離脱を演出してみせたのである。しかもバルトはその〝探求〟を、記号学からの離脱を宣言しながら、また（本人が意図していたかどうかは措くとして）写真に関するメディア論的な洞察を織り交ぜながら完遂していったのである。

ここであえて〝メディア論的〟と表したが、バルトは『明るい部屋』のなかで写真のレクチュールについて語るだけではなく、そのメディウム論的な特性について語り、また、その時間意識や空間意識についても語っている。そして、そのようなまなざしは、まさにメディア論者のそれと近似するものとして再評価することもできよう。

　そう考えてみると、バルトはその思想的遍歴の道程において「記号の次元」と「メディアの次元」の隔壁を越境していった、と捉えることもできる。もしかしたら私たちは、そこに彼の言説のアクチュアリティを見出すことができるかもしれない。そもそも記号学で重視される「言語」にしても、あるいはメディア論で重視される「技術的メディア」にしても、それらはともにコミュニケーションのためのツールであり、人と人との、あるいは人と世界との媒介を遂行する働きをもった広義の〝メディア〟だといえる。ただし違いがあるとすれば、言語が人間の意識に深く埋め込まれたものであるのに対して、カメラなどのメディア装置は人間の身体に対して外在的なもの、マクルーハン的にいえば人間を拡張するものとして把握することができる。

　むろんカメラは視覚装置として、あるいは写真は記録媒体として人間の能力を補完するものであるが、それ自体は非人間的なものであるといえる。しかしバルトは、身体に外在するという意味で非人間的なそのメディアに仮託して、一時は〝出口なし〟と明言した言語圏からの離脱を演じていったのである。そして、私たちはそのバルトの〝冒険〟の果てに、はからずも記号学とメディア論との間隙を乗り越えてしまった彼の思想的な転位の終着地点を確認することができるのである。「記号とメディアの間隙」ということでいえば、ここにバルト思想を再考する意味を見出すことができるかもしれない——当時そんなことを感じたりもした。

　もうひとつ、二〇〇二年の段階で気づいたこととして、「バルト写真論の限界」がある。当時、デジタルカメラが人びとの日常のなかに普及しはじめており、外見上は従来のフィルムカメラと類似するそれが「写真」というメディウムをまったくの別の何かへと変容させつつあることに思い至った。本書では「バックミラー」の問題として論及したことではあるが、それらは旧来的なイマジネーション（それは「電気紙芝居」や「電子書籍」といった表現に見出される）を借用しながら、デジタル的な技術的セッティングのなかで、「写真」やそれを撮影する「カメラ」の機能を再配置／シミュレートするもののようにみえた。そのような状況をまのあたりにして以来、『明るい部屋』という、一九八〇年に執筆され、アナログ写真に照準したバルトの言説が急速に古びていくように感じられたのである。前川修が「「メメント（・モリ）」から「モメント」への変容」として語ったように、「かつての写真がその必須の契機として「死」を連想させていたとすれば、現在の写真像は死を欠落させた現在時制によって駆動させられているのである」（前川 2016b：245）。

ともあれ筆者はそれ以降、バルトの写真論をめぐる研究から離脱し、ゲームやデジタル地図などさまざまな題材に取り組みながら、（現実を客観的に反映する写真ではなく、むしろ）現実感を技術的に合成するデジタル映像テクノロジーを考察の俎上に載せてきた。本書は、筆者が過去に執筆した以下の論考を、大幅な加筆のうえ集成して刊行するものであるが、その基盤にあるのは、デジタル時代における映像と身体の関係性についての関心である。

本書では、過去に刊行された論文を改稿したうえで使用している箇所がある。それらの既発表論文は以下の通りである。(1)

（第1章）「バックミラーのなかのメディア文化――テクノロジーの隠喩的理解をとらえなおす」（遠藤英樹＋松本健太郎＋江藤茂博編『メディア文化論［第二版］』ナカニシヤ出版、二〇一七年）

（1）なお、本書でとりあげたサービスやアプリ（たとえばポケモンGO、Google ストリートビュー、トリップアドバイザーなど）は、基本的に、既発表論文を執筆した時点のものを対象としている。

（第2章）「メディア・テクノロジーが陶冶する想像力の現在――「予めの論理」と「象徴の貧困」」（二松學舍大学人文学会『人文論叢』九二輯、二〇一四年）
（第3章）「メディアの媒介性と、その透明性を考える――ヴィレム・フルッサーの「テクノ画像」概念を起点として」（松本健太郎編『理論で読むメディア文化――「今」を理解するためのリテラシー』新曜社、二〇一六年）
（第4章）「テクノ画像の表象作用に関する多角的研究――言語と写真の差異を中心に」（二松學舍大学『二松學舍大学論集』五五号、二〇一二年）
（第5章）「タッチパネル考――視覚と連携する触覚が意味するもの」（二松學舍大学人文学会『人文論叢』九五輯、二〇一五年）
（第6章）「「接続される私」と「表象される私」――コンピュータ・ゲームをめぐる記号論的・メディア論的考察の可能性」（日本記号学会編『新記号論叢書セミオトポス⑥　いのちとからだのコミュニケーション』慶應義塾大学出版会、二〇一一年）
（第7章）「スポーツゲームの組成――それは現実の何を模倣して成立するのか」（日本記号学会編『セミオトポス⑧　ゲーム化する世界――コンピュータゲームの記号論』新曜社、二〇一三年）
（第8章）「ポケモンGOでゲーム化する世界――「ゲーミフィケーション」概念を再考する」（神田孝治＋遠藤英樹＋松本健太郎編『ポケモンGOからの問い――拡張される世界のリアリティ』新曜社、二〇一八年）
（第9章）「拡大される細部――マイケル・ウルフとダグ・リカードの写真集を比較する」（二松學舍大学人文学会『人文論叢』九七輯、二〇一六年）
（第10章）「「複数の状態」にひらかれたデジタル写真をどう認識するか――トリップアドバイザー

の「トラベルタイムライン」を題材に」（谷島貫太＋松本健太郎編『記録と記憶のメディア論』ナカニシヤ出版、二〇一七年）

本書で詳述したように、私たちは「画面＝コントローラ」と化したタッチパネルによって、自らの意のままに記号世界／情報世界を操作しようとする。タップ、フリック、スワイプ、ピンチイン、ピンチアウト——軽くふれたり、たたいたり、はじいたり、ひっぱったり、それこそさまざまなタッチジェスチャを駆使しながら、私たちはタッチパネルにうつしだされる映像を視認しつつ、それに指先で触れつづけるのだ……。本書では「視覚に従属する触覚」という図式のもとで議論を展開してきたが、これら二つの感覚器官の今日的な組合わせは、私たちが他者とコミュニケートしたり、世界を理解したり、さらには、そこから何らかのリアリティを感知したりする際の前提として介在しているように思われる。

デジタルメディアの発達は、私たちをとりまく記号世界をどのように再構成するのだろうか。また、それにともなって私たちのリアリティ感覚はどのように変質するのであろうか。『デジタル記号論——「視覚に従属する触覚」がひきよせるリアリティ』とのタイトルのもとで展開された本書での議論をつうじて、私たちが一貫して問いつづけてきたのは、端的にいえばこれらの二点である。そしてその過程において、たとえばデジタル写真、タッチパネル、コンピュータゲーム、Google ストリートビュー、トリップアドバイザーなど、それこそ多種多様な素材を分析の俎上に載せてきたが、それらはデジタル時代の技術化されたイマジネーションの組成を把捉するうえで、あるいは、現代における「記号」と「メディア」の間隙を射程に収めるうえで恰好の題材だといえる。

記号論／記号学が学術的な話題の中心から放逐されて久しい、と感じているのはむろん筆者だけではないはずである。しかし他方で「デジタル化」されたとはいえ、私たちが依然として「記号世界」に生きていることも確かなはずである。そのような現況を鑑みたとき、デジタル時代のリアリティ感覚や技術化されたイマジネーションの様態をよりよく理解するためにも、私たちは記号をめぐる既存の理論的枠組みの問題点を認識しながら、それを現代の文化的／技術的状況に即してアップデートしていく必要があるのではないだろうか。筆者は「デジタル記号論」を掲げて本書を上梓するが、これがその構想の端緒をひらくものになれば幸甚である。

本書を終えるにあたって、この刊行に御尽力いただいたすべての方々、とりわけ、厳しいスケジュールのなかでの編集作業に御協力いただいた新曜社編集部の渦岡謙一氏に心よりお礼を申し上げたい。

松本健太郎

ず書房
リンチ，ケヴィン（2007）『都市のイメージ』丹下健三＋富田玲子訳，岩波書店
ルロワ＝グーラン，アンドレ（1973）『身ぶりと言葉』荒木亨訳， 新潮社
レヴィンソン，ポール（2000）『デジタル・マクルーハン――情報の千年紀へ』服部桂訳，ＮＴＴ出版
ロウ，ジョン・カーロス（1994）「構造」フランク・レントリッキアほか編『現代批評理論――22の基本概念』大橋洋一ほか訳，平凡社
ロビンス，ケヴィン（2003）『サイバー・メディア・スタディーズ――映像社会の〈事件〉を読む』田畑暁生訳， フィルムアート社

外国語（アルファベット順）

Barthes, Roland（1994）*Roland Barthes, Œuvres completes, Tome II 1966-1973,* Éditions du Seuil.
――――（1995）*Roland Barthes, Œuvres completes, Tome III 1974-1980,* Éditions du Seuil.
Gombrich, Ernst H.（1982）*The Image and the Eye: further studies in the psychology of pictorial representation,* Phaidon.
Innis, Harold A.（1991）*The Bias of Communication,* University of Toronto Press.
Johnson, W. S. ほか（1999）*Photographs: George Eastman House, Rochester,* Taschen.
Juul, Jesper（2005）*Half-Real: Video Games between Real Rules and Fictional Worlds,* MIT Press.
――――（2010）*A Casual Revolution: Reinventing Video Games and Their Players,* MIT Press.
Luhman, Niklas 1976）“Generalized Media and the Problem of Contingency in Explorations,” J. J. Loubser, R. C. Baum, A. Effrat & V. M. Lidz, eds., *General Theory in Social Science,* Vol.2, pp. 507-532, London: Collier Macmillan.
“media” in *Oxford English Dictionary* v.9, 1989, Oxford: Clarendon Press.
Mitchell, William J. T.（1986）*Iconology : image, text, ideology,* Chicago: The University of Chicago Press.
Ong, Walter J.（2002）*Orality and Literacy : the technologizing of the word,* Routledge.
Rickard, Doug（2012）*A New American Picture,* Verlag der Buchhandlung Walther Ko nig.
Saussure, Ferdinand de（1996）*Cours de linguistique generale,* Ateliers de Normandie Roto Impression.
Wolf, Michael（2011）*Asoue. a Series of Unfortunate Events,* Peperoni Books.

――――（2018）「ポケモン GO でゲーム化する世界――「ゲーミフィケーション」概念を再考する」神田孝治＋遠藤英樹＋松本健太郎編『ポケモン GO からの問い――拡張される世界のリアリティ』新曜社
マノヴィッチ，レフ（2018）『インスタグラムと現代視覚文化論――レフ・マノヴィッチのカルチュラル・アナリティクスをめぐって』久保田晃弘＋きりとりめでる共訳・編著，ビー・エヌ・エヌ新社
丸山圭三郎（1984）『文化のフェティシズム』勁草書房
――――（1989）『欲動』弘文堂
――――（1992）『ホモ・モルタリス』河出書房新社
水越伸（2002）『新版　デジタル・メディア社会』岩波書店
水野博介（1998）『メディア・コミュニケーションの理論』学文社
ミッチェル，ウィリアム・J.（2006）『サイボーグ化する私とネットワーク化する世界』渡辺俊訳，NTT 出版
港千尋（2010）『考える皮膚――触覚文化論（増補新版）』青土社
室井尚（1999）「文化の大転換のさなかに―― 20 世紀末にフルッサーをどう読むべきか」ヴィレム・フルッサー『写真の哲学のために――テクノロジーとヴィジュアルカルチャー』深川雅文訳，勁草書房
――――（2000）『哲学問題としてのテクノロジー――ダイダロスの迷宮と翼』講談社
――――＋吉岡洋（1993）『情報と生命――脳・コンピュータ・宇宙』新曜社
メイロウィッツ，ジョシュア．（2003）『場所感の喪失――電子メディアが社会的行動に及ぼす影響（上）』安川一ほか訳，新曜社
山﨑裕行（2017）「クリエイター化するプレイヤー――「プレイヤー空間」から派生したゲーム実況動画を考察する」遠藤英樹＋松本健太郎＋江藤茂博編『メディア文化論（第 2 版）』ナカニシヤ出版
山本泰三（2016）「第 3 章　貨幣の非物質化――クレジットカードと認知資本主義」松本健太郎編『理論で読むメディア文化――「今」を理解するためのリテラシー』新曜社
ユール，イェスパー（2015）『しかめっ面にさせるゲームは成功する――悔しさをモチベーションに変えるゲームデザイン』B. スプラウト訳，ボーンデジタル
養老孟司（2004）『死の壁』新潮新書
吉岡洋（2013）「刊行によせて」日本記号学会編『セミオトポス⑧　ゲーム化する世界――コンピュータゲームの記号論』新曜社
――――（2015）「刊行によせて」日本記号学会編『音楽が終わる時――産業／テクノロジー／言説』新曜社
吉田寛（2013）「ビデオゲームの記号論的分析――〈スクリーンの二重化〉をめぐって」日本記号学会編『セミオトポス⑧　ゲーム化する世界――コンピュータゲームの記号論』新曜社
――――（2018）「メタゲーム的リアリズム――批評的プラットフォームとしてのデジタルゲーム」東浩紀編『ゲンロン 8　ゲームの時代』ゲンロン
吉見俊哉（2004）『メディア文化論――メディアを学ぶ人のための 15 話』有斐閣
――――（2015）「多孔的なメディア都市とグローバルな資本の文化地政」石田英敬＋吉見俊哉＋マイク・フェザーストーン編『デジタル・スタディーズ 3 メディア都市』NTT 出版
ライアン，ディヴィッド．（2002）『監視社会』河村一郎訳，青土社
――――（2013）「はじめに」ジグムント・バウマン＋デイヴィッド・ライアン『私たちが、すすんで監視し、監視される、この世界について――リキッド・サーベイランスをめぐる 7 章』伊藤茂訳，青土社
ラプランシュ，ジャンと J.‑B. ポンタリス（1977）『精神分析用語辞典』村上仁監訳，みす

政大学出版局
ポスター，マーク（1991）『情報様式論――ポスト構造主義の社会理論』室井尚＋吉岡洋訳，岩波書店
ホール，エドワード・T.（1979）『文化を超えて』岩田慶治＋谷泰訳，ティビーエス・ブリタニカ
ボルター，デイヴィッド＋ダイアン・グロマラ（2007）『メディアは透明になるべきか』田畑暁生訳，NTT 出版
ボルツ，ノルベルト（1999）『グーテンベルク銀河系の終焉――新しいコミュニケーションのすがた』識名章喜＋足立典子訳，法政大学出版局
――――（2009）『人間とは何か――その誕生からネット化社会まで』壽福眞美訳，法政大学出版局
前川修（2016a）「デジタル写真の現在」神戸大学芸術学研究室編『美学芸術学論集』12 号
――――（2016b）「心霊現象という映像文化」長谷正人編『映像文化の社会学』有斐閣
マクルーハン，マーシャル（1986）『グーテンベルクの銀河系――活字人間の形成』森常治訳，みすず書房
――――（1987）『メディア論――人間の拡張の諸相』栗原裕ほか訳，みすず書房
――――ほか（2015）『メディアはマッサージである――影響の目録』門林岳史訳，河出文庫
松岡慧祐（2016）『グーグルマップの社会学――ググられる地図の正体』光文社新書
松永伸司（2015）「行為のシミュレーションとしてのビデオゲーム」日本記号学会編『セミオトポス⑩　音楽が終わる時――産業 / テクノロジー / 言説』新曜社
松本健太郎（2011）「『接続される私』と『表象される私』――コンピュータ・ゲームをめぐる記号論的・メディア論的考察の可能性」 日本記号学会編『新記号論叢書セミオトポス⑥　いのちとからだのコミュニケーション』慶應義塾大学出版会
――――（2012）「テクノ画像の表象作用に関する多角的研究――言語と写真の差異を中心に」『二松學舍大学論集』第 55 号，二松學舍大学
――――（2013）「スポーツゲームの組成――それは現実の何を模倣して成立するのか」日本記号学会編『セミオトポス⑧　ゲーム化する世界――コンピュータゲームの記号論』新曜社
――――（2014a）『ロラン・バルトにとって写真とは何か』ナカニシヤ出版
――――（2014b）「メディア・テクノロジーが陶冶する想像力の現在――「予めの論理」と「象徴の貧困」」『人文論叢』92 輯，二松學舍大学人文学会
――――（2015a）「デジタル・イメージを遊歩するまなざし―― Google ストリートビューにおける写真的現実の歪み」遠藤英樹＋松本健太郎編著『空間とメディア――場所の記憶・移動・リアリティ』ナカニシヤ出版
――――（2015b）「タッチパネル考――視覚と連携する触覚が意味するもの」『人文論叢 95 輯』二松學舍大学人文学会
――――（2016a）「メディアの媒介性と、その透明性を考える――ヴィレム・フルッサーの「テクノ画像」概念を起点として」松本健太郎編『理論で読むメディア文化――「今」を理解するためのリテラシー』新曜社
――――（2016b）「拡大される細部――マイケル・ウルフとダグ・リカードの写真集を比較する」『人文論叢』97 輯，二松學舍大学人文学会
――――（2017a）「バックミラーのなかのメディア文化――テクノロジーの隠喩的理解をとらえなおす」遠藤英樹＋松本健太郎＋江藤茂博編『メディア文化論（第 2 版）』ナカニシヤ出版
――――（2017b）「「複数の状態」にひらかれたデジタル写真をどう認識するか――トリップアドバイザーの「トラベルタイムライン」を題材に」谷島貫太＋松本健太郎編『記録と記憶のメディア論』ナカニシヤ出版

チェイター, H. J. (1995)「読むことと書くこと」デイヴィッド・クローリーほか編『歴史のなかのコミュニケーション――メディア革命の社会文化史』林進ほか訳, 新曜社
チクセントミハイ, ミハイ (1996)『フロー体験――喜びの現象学』今村浩明訳, 世界思想社
土橋臣吾 (2013)「環境化するデジタルメディア」土橋臣吾＋南田勝也＋辻泉編『デジタルメディアの社会学――問題を発見し、可能性を探る』北樹出版
デリダ, ジャック. ほか (1988)『視線の権利』鈴村和成訳, 哲学書房
トゥアン, イーフー (1993)『個人空間の誕生――食卓・家屋・劇場・世界』阿部一訳, せりか書房
ドブレ, レジス (2001)『一般メディオロジー講義』西垣通監修, 嶋崎正樹訳, NTT 出版
中村豊＋岡本耕平 (1993)『地理学選書 メンタルマップ入門』古今書院
南後由和＋飯田豊 (2005)「首都圏におけるグラフィティ文化の諸相――グラフィティ・ライターのネットワークとステータス」『日本都市社会学会年報』第 23 号
西垣通 (2013)『集合知とは何か――ネット時代の「知」のゆくえ』中公新書
バウマン, ジグムント (2008)『リキッド・ライフ――現代における生の諸相』長谷川啓介訳, 大月書店
ハヴロック, エリック (1995)「ギリシャの遺産」デイヴィッド・クローリーほか編『歴史のなかのコミュニケーション――メディア革命の社会文化史』林進ほか訳, 新曜社
パース, チャールズ. S. (1986)『パース著作集 2　記号学』内田種臣編訳, 勁草書房
パノフスキー, エルヴィン (1993)『〈象徴形式〉としての遠近法』木田元監訳, 哲学書房
フィスク, ジョン (1998)『抵抗の快楽――ポピュラーカルチャーの記号論』山本雄二訳, 世界思想社
ブーニュー, ダニエル (2010)『コミュニケーション学講義――メディオロジーから情報社会へ』水島久光監訳, 西兼志訳, 書籍工房早山
深田浩嗣 (2011)『ソーシャルゲームはなぜハマるのか――ゲーミフィケーションが変える顧客満足』ソフトバンククリエイティブ
福田裕大 (2010)「監視と権力――自由の枠組みを考える」 池田理知子・松本健太郎共編『メディア・コミュニケーション論』ナカニシヤ出版
フータモ, エルキ (2015)『メディア考古学――過去・現在・未来の対話のために』太田純貴編訳, NTT 出版
ブライマン、アラン (2008)『ディズニー化する社会――文化・消費・労働とグローバリゼーション』能登路雅子＋森岡洋二訳, 明石書店
フランク, L. K. (2003)「触覚的コミュニケーション」マーシャル・マクルーハンほか編『マクルーハン理論――電子メディアの可能性』大前正臣ほか訳, 平凡社
フルッサー, ヴィレム (1996)『サブジェクトからプロジェクトへ』村上淳一訳, 東京大学出版会
―――― (1997)『テクノコードの誕生――コミュニケーション学序説』村上淳一訳, 東京大学出版会
―――― (1999)『写真の哲学のために――テクノロジーとヴィジュアルカルチャー』深川雅文訳, 勁草書房
ブルデュー, ピエール ほか (1990)『写真論――その社会的効用』山縣熙ほか訳, 法政大学出版局
ペントランド, アレックス (2015)『ソーシャル物理学――「良いアイデアはいかに広がるか」の新しい科学』小林啓倫訳, 草思社
ベンヤミン, ヴァルター (1998)『図説写真小史』久保哲司編訳, ちくま学芸文庫
ボードリヤール, ジャン 1984)『シミュラークルとシミュレーション』竹原あき子訳, 法

――――（2015）「情報と空間――テクノロジーが生み出す擬似的な空間」遠藤英樹＋松本健太郎編著『空間とメディア――場所の記憶・移動・リアリティ』ナカニシヤ出版
ギアツ，クリフォード（1987）『文化の解釈学Ⅰ』吉田禎吾ほか訳，岩波書店
北野圭介（2014）『制御と社会――欲望と権力のテクノロジー』人文書院
キットラー，フリードリヒ（1999）『グラモフォン・フィルム・タイプライター』石光泰夫ほか訳，筑摩書房
ギャロウェイ，アレクサンダー（2018）「ゲーム的行為、四つのモメント」東浩紀編『ゲンロン8　ゲームの時代』ゲンロン
グッドマン，ネルソン ほか（2001）『記号主義――哲学の新たな構想』みすず書房
クレーマー，ジュビレ（2014）『メディア、使者、伝達作用――メディア性の「形而上学」の試み』宇和川雄ほか訳，晃洋書房
クレーリー，ジョナサン（2015）『24／7――眠らない社会』石谷治寛訳，NTT 出版
ケルコフ，デリック・ドゥ（1999）『ポストメディア論――結合知に向けて』片岡みい子＋中澤豊訳，ＮＴＴ出版
小町守・木田泰夫（2011）「スマートフォンにおける日本語入力の現状と課題」『言語処理学会第 17 回年次大会論文集』言語処理学会
佐藤卓己（1998）『現代メディア史』岩波書店
さやわか（2018）「ボタンの原理とゲームの倫理」東浩紀編『ゲンロン8　ゲームの時代』ゲンロン
椹木野衣（2001）『増補　シミュレーショニズム』ちくま学芸文庫
サンダース，バリー（1998）『本が死ぬところ暴力が生まれる――電子メディア時代における人間性の崩壊』杉本卓訳，新曜社
ジェイ，マーティン（2000）「近代性における複数の「視の制度」」ハル・フォスター編『視覚論』榑沼範久訳，平凡社
重田園江（2003）『フーコーの穴――統計学と統治の現在』木鐸社
シャマユー，グレゴワール（2018）『ドローンの哲学――遠隔テクノロジーと〈無人化〉する戦争』渡名喜庸哲訳，明石書店
シュナイアー，ブルース（2016）『超監視社会――私たちのデータはどこまで見られているのか？』池村千秋訳，草思社
シルバーストーン，ロジャー（2001）「テレビジョン、存在論、移行対象」土橋臣吾ほか訳，吉見俊哉編『メディア・スタディーズ』せりか書房
――――（2003）『なぜメディア研究か――経験・テクスト・他者』吉見俊哉ほか訳，せりか書房
スティグレール，ベルナール（2006）『象徴の貧困〈1〉――ハイパーインダストリアル時代』ガブリエル・メランベルジェほか訳，新評論
ソンタグ，スーザン（1979）『写真論』近藤耕人訳，晶文社
――――（1996）『反解釈』高橋康也ほか訳，ちくま学芸文庫
高橋裕行（2015）『コミュニケーションのデザイン史――人類の根源から未来を学ぶ』フィルムアート社
多木浩二（1985）「パトス／現実／想像的なもの」『現代詩手帖 12 月臨時増刊　ロラン・バルト』思潮社
――――（1995）『スポーツを考える――身体・資本・ナショナリズム』ちくま新書
タークル，シェリー（1998）『接続された心――インターネット時代のアイデンティティ』日暮雅通訳，早川書房
谷島貫太（2016）「ベルナール・スティグレールの「心権力」の概念――産業的資源としての「意識」をめぐる諸問題について」松本健太郎編『理論で読むメディア文化――「今」を理解するためのリテラシー』新曜社

引用・参考文献

日本語（五十音順）

アイゼンステイン，エリザベス（1987）『印刷革命』小川昭子ほか訳，みすず書房
東浩紀（2014）『弱いつながり――検索ワードを探す旅』幻冬舎
アーリ，ジョン（2015）『モビリティーズ――移動の社会学』吉原直樹＋伊藤嘉高訳，作品社
石岡良治（2014）『視覚文化「超」講義』フィルムアート社
石田英敬（2003）『記号の知／メディアの知――日常生活批判のためのレッスン』東京大学出版会
――――編（2006）『知のデジタル・シフト――誰が知を支配するのか？』弘文堂
――――（2010）『現代思想の教科書――世界を考える知の地平15章』ちくま学芸文庫
――――（2016）『大人のためのメディア論講義』ちくま新書
伊藤俊治（1987）『「写真と絵画」のアルケオロジー』白水社
――――（1992）『20世紀写真史』筑摩書房
イングリス，フレッド（1992）『メディアの理論――情報化時代を生きるために』伊藤誓ほか訳，法政大学出版局
ウィリアムズ，レイモンド（2001）「生産手段としてのコミュニケーション手段」小野俊彦訳，吉見俊哉編『メディア・スタディーズ』せりか書房
ヴィリリオ，ポール（2002）『情報エネルギー化社会――現実空間の解体と速度が作り出す空間』土屋進訳，新評論
上野俊哉（2005）『アーバン・トライバル・スタディーズ――パーティ、クラブ文化の社会学』月曜社
ウォーカー，ジョン．A. ほか（2001）『ヴィジュアル・カルチャー入門』岸文和ほか訳，晃洋書房
ウルマー，G. L.（1987）「ポスト批評の対象」ハル・フォスター編『反美学――ポストモダンの諸相』室井尚＋吉岡洋訳，勁草書房
エーコ，ウンベルト（1996a）『記号論Ⅰ』池上嘉彦訳，岩波書店
――――（1996b）『記号論Ⅱ』池上嘉彦訳，岩波書店
エリオット，アンソニー＋ジョン・アーリ（2016）『モバイル・ライブズ――「移動」が社会を変える』遠藤英樹監訳，ミネルヴァ書房
遠藤薫（2009）『メタ複製技術時代の文化と政治――社会変動をどうとらえるか2』勁草書房
角田隆一（2016）「コミュニケーションをつくる映像文化」長谷正人編『映像文化の社会学』有斐閣
ガタリ，フェリックス（1998）『分裂分析的地図作成法』宇波彰ほか訳，紀伊國屋書店
門林岳史（2009）『ホワッチャドゥーイン、マーシャル・マクルーハン？――感性論的メディア論』NTT出版
カリオーティ，ジュゼッペ（2001）『イメージの現象学――対称性の破れと知覚のメカニズム』鈴木邦夫訳， 白揚社
カルキン，J. M.（2003）「マクルーハン理論とは何か」マーシャル・マクルーハンほか編『マクルーハン理論――電子メディアの可能性』大前正臣ほか訳，平凡社
河島茂生（2014）「序章　デジタル・ナルシス」河島茂生『デジタルの際――情報と物質が交わる現在地点』聖学院大学出版会
河田学（2007）「映画――僕たちが映画を「わかる」まで」葉口英子＋河田学＋ウスビ・サコ編『知のリテラシー　文化』ナカニシヤ出版

や 行

ら・わ 行

な　行

は　行

ま　行

た　行

さ　行

事項索引

マ 行

ヤ 行

ラ 行

人名索引

著者紹介

松本健太郎（まつもと けんたろう）
1974年生まれ。群馬県桐生市出身。国際基督教大学卒業後、京都大学大学院に進学し博士号（人間・環境学）を取得。専門領域は記号論・メディア論・映像論。二松學舍大学文学部教授。日本記号学会理事・第31回大会実行委員長、観光学術学会第7回大会実行委員長などをつとめる。
著書：『ロラン・バルトにとって写真とは何か』（ナカニシヤ出版）、編著に『理論で読むメディア文化――「今」を理解するためのリテラシー』（新曜社）、共編『メディアとメッセージ――社会のなかのコミュニケーション』（ナカニシヤ出版）、共編『〈みる／みられる〉のメディア論』（同）、共編『よくわかる観光コミュニケーション論』（ミネルヴァ書房）など。

新曜社

デジタル記号論
「視覚に従属する触覚」がひきよせるリアリティ

初版第1刷発行　2019年2月8日
初版第3刷発行　2022年11月8日

著　者　松本健太郎
発行者　塩浦　暲
発行所　株式会社 新曜社
〒101-0051 東京都千代田区神田神保町3-9
電話（03）3264-4973㈹・Fax（03）3239-2958
E-mail：info@shin-yo-sha.co.jp
URL：https://www.shin-yo-sha.co.jp/
印　刷　メデューム
製　本　積信堂

ISBN978-4-7885-1606-9　C1036